일본어
문법의
정석

강성광 지음

J PLUS

Language Publishing Co.

강 성 광

저자 강성광 선생님은 현재 서울통역학원 JPT 전문강사이며, JPT,JLPT 독해 만점
자로, 최단기간 동안 100점 이상을 올릴 수 있는 오답정리식 강의를 구사하여 고득점
을 노리는 많은 학생들의 열렬한 지지를 얻고 있다.

서경대학 일어일문학과를 수석으로 졸업하고, 일본 문부성 국비유학생으로 교토대
학에서 수학하였다. 중앙대학교 교육대학원 일어교육학과를 졸업한 후 중앙대 일본어
교육원과 경북대 어학교육원, YBM, 파고다 등 다수의 강단에서 일본어를 강의했다.

오랜 강의 노하우를 바탕으로 양질의 일본어 어휘, 문법, JPT 서적을 다수 발간하
였으며, 성실하고 알찬 강의로 학원가에 정평이 높다. 주요 저서로는 『130점 더 올려
주는 JPT 숙어표현 900』『JPT 회화표현 1400』『JPT 문법문제 350』시리즈가 있다.

‐ Daum 단어장 전문가
‐ http://cafe.daum.net/KingJPT (강성광선생님과 JPT 달인되기)
‐ http://cafe.naver.com/Kingofjpt (강성광 JLPT, JPT 완전공략/어학특기자 전문)

일본어 문법의 정석

초판인쇄 2011년 5월 5일
초판발행 2011년 5월 10일

저자 강성광
발행인 이기선
발행처 제이플러스
주소 서울시 마포구 월드컵로 31길 62
전화 (02)332‐8320
팩스 (02)332‐8321
등록번호 제10‐1680호
등록일자 1998년 12월 9일
홈페이지 www.jplus114.com
ISBN 978‐89‐94632‐23‐0 (03730)

● 파본은 구입하신 서점이나 본사에서 바꾸어 드립니다.

값 13,500원

머리말

　이 책은 혼자서 일본어 초급 문법을 끝내려는 독자들과, 수업에서 회화능력을 살려주며 동시에 체계적으로 일본어 문법을 가르치려는 분들을 위한 교재이다.

　지금까지 나온 일본어 문법 교재는 다음의 둘 중 하나에 속한다고 볼 수 있다. 먼저 "일본어 문법의 모든 것, 이 손 안에 있소이다."식의 어려운 그야말로 문법 이론만을 강조한 교재이다. 또 하나는 "한방에 끝내 준다." 식의 초 단기간 완성을 자랑하는 축소판 교재이다. 최근 또 매우 걱정스러운 것이 기본기가 없는 아무개의 개인의 학습 체험을 마치 무슨 비법이나 되는 양 부풀려 써서 독자를 현혹하는 책도 많다는 점이다. 이러한 문제를 극복하기 위해 문법 그 자체에 충실하면서도 효과적인 일본어 교육 접근 방식을 비교적 교재에 충실하게 담으려고 이 책을 썼다. 이제는 암기만을 요구하는 이론적인 문법이 아니라 회화를 병행하는 실용적인 일본어 문법을 배울 차례이다.

　나는 한국에서 기초적인 일본어를 배웠다. 강의를 하다보면 학생들은 일본어 회화를 잘 하는 지름길이 무엇인가라고 묻는다. 지름길은 없다. 그러나 같은 시간에 공부를 해도 효과를 보는 학생들이 대체로 어떤 부류인가는 말할 수 있다.

　첫째 그런 사람은 기본적으로 일본과 일본에 관한 것을 좋아한다. 이것은 인지상정(人之常情)이다.

　두 번째는 일본인 발음을 흉내 내려고 노력한다. 열심히 입을 벌린다. 외국어 공부를 하면서 「눈으로」 하는 사람이 있는데 그런 학생들은 오래 가지 못한다. 여러분은 이 책의 예문과 문형 연습을 큰 소리 내어 반복하기 바란다.

　여러분이 한국에서 일본어를 정복하고자 한다면 무조건 회화부터 접근하는 무모함을 버려라. 책만 덮으면 한국말을 해야 하는 상황에선 별로 효과가 없다. 일본어는 초급 문법을 확실히 해두면 곧 회화 능력에 직결된다고 확신한다. 어째서 그런가?

　어순이 같다. 이 점을 너무 가볍게 보지 말았으면 좋겠다. 가장 핵심적인 품사인 「동사, 형용사」 나아가 「조동사」까지의 활용과 의미를 먼저 확실하게 잡아주고 어휘가 따라준다면 바로 회화는 터지는 것이다. 생각한 것을 일본어로 말할 수 있게 된다.

　과거 일본어교육은 고전적인 문법이나 어휘를 설명적하는 독해 수업이 많았다. 그후 듣기와 말하기를 중시하는 방식으로 전환되고 최근에는 다시 커뮤니케이션 능력을 향상시키는 실제 언어생활에 얼마나 근접한 학습을 하는가를 중시하고 있다. 모든 학습 방식이 장단점을 가지고 있다.

　따라서 이 책은 문법 및 문형 연습을 통해 철저히 기본을 익히게 하고 그것을 적절한 표현으로 바꿔 상대에 전달할 수 있도록 만들었다. 기본기를 튼튼히 하라. 그리고 일본인을 만나라. 세월이 여러분을 유창함을 줄 것이다.

　주변의 많은 분들의 도움과 늘 성실하게 인도하시는 하나님의 은혜로 이 책을 만들 수 있었음을 고백하며 진심으로 감사드린다.

강 성광

일러두기

일본어 문법 완전정복을 위해

첫째, 일본어 입문자라면~

문자 및 정확한 발음부터 시작하고 있어서 일본어를 처음부터 시작하는 학습자들의 이해를 돕기에 충분하다.

둘째, 일본어를 다시 시작하려는 분이라면~

명사, 형용사, 동사, 조동사, 경어, 조사 등 일본어문법의 기본과정이 빈틈없이 정리되어 있고, 또한 그에 따른 풍부한 연습문제와 회화문으로 연관성 있게 구성되어 있는 것이 장점이다. 따라서 일본어를 공부한지 상당한 시간이 지난 학습자나 그동안 일본어를 공부해왔지만, 시간에 비해 좀처럼 정리가 되지 않고 체계가 잡혀 있지 않은 학습자들에게는 필수 정리교재가 될 것이다.

셋째, 시험에 대비하려는 분이라면~

완성도 있는 문법 및 어휘 구성과 다양한 연습문제로 각종 시험에 대비할 수 있도록 하였다. 특히 새로운 일본어능력시험에서 기본과정의 완성도를 테스트하는 N3에 대비한 필수문법 및 어휘 등이 실려 있어서, 완벽하게 시험에 대비할 수 있게 되어 있는 것이 특징이다. 특히, 언어지식영역인 문자, 어휘, 문법에 대한 모의고사가 3회분 실려 있어 시험에 대비하여 독학으로도 충분히 준비할 수 있도록 구성된 기본서이다.

이 책의 사용법

회화로 익히는 문법

각 장에서 배워야 할 기본 문법사항을
회화문으로 확인하고 익히도록 하였다.

확인연습

각 장에서 배운 문법사항을 바로 확인
할 수 있는 연습문제이다. 정답은 홈페
이지에서 다운로드 서비스

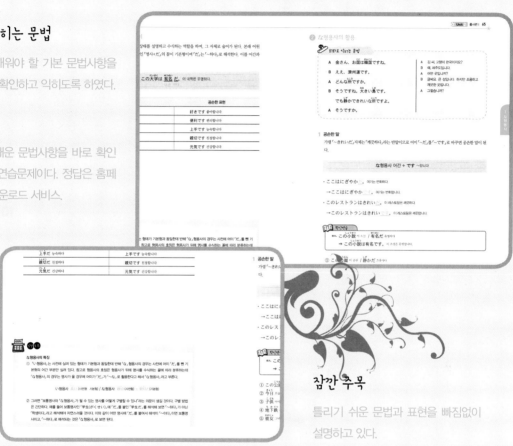

잠깐 주목

틀리기 쉬운 문법과 표현을 빠짐없이
설명하고 있다.

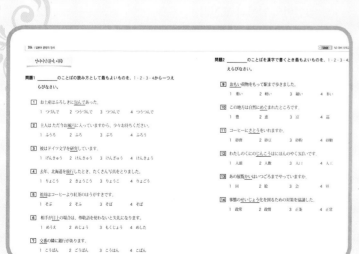

N3모의고사

실제 시험 유형에 맞춘 모의고사문제로
자신의 실력을 확인하고 시험에 대비할
수 있도록 하였다. 단, 언어지식 영역만
을 다루고 있음을 밝혀 둔다.

Unit 2
품사편

Unit 3
일본어능력시험 모의고사

잠깐 주목 찾아보기

Unit 1
문자와 발음

이번 과에서 배울 내용은?

1_ 일본어를 구성하는 문자

2_ 일본어의 구성

3_ 일본어의 구어와 문어

4_ 일본어의 발음과 표현법

5_ 악센트(アクセント)

6_ 외래어와 장음

7_ 표준어 · 공통어 · 방언

❶ 일본어를 구성하는 문자

일본어 학습에서 가장 먼저 익혀야 하는 것은 「히라가나」와 「가타카나」이다. 일본어는 여기에 「한자」를 같이 사용하고 있다. 일본어 문자는 영어의 알파벳을 인쇄체와 필기체로 나누어 쓰는 것처럼 발음은 같으나 글자 모양이 다르다. 우리말을 「한글」이라 하듯 「히라가나」와 「가타카나」는 「가나」라고 한다.

1 히라가나(ひらがな)

한자의 초서체(草書体)를 바탕으로 하여 더욱 간결하게 만든 것이 현재 쓰이고 있는 히라가나(平仮名)이다. 9~10세기경 주로 귀족 여성들에 의해 쓰였으며, 1945년 이전에는 공식 문서에서 한자와 가타카나를 쓰고, 히라가나는 주로 여성들이 썼다. 그러나 지금은 한자와 함께 인쇄, 필기 등에 널리 쓰이는 현대 일본어를 표기하는 가장 중요한 문자이다.

2 가타카나(カタカナ)

헤이안 시대(平安時代; 794~1192) 초기에 승려들이 불경을 공부할 때 한자의 음을 달기 위해 만든 문자이다. 주로 외래어 및 의성어, 의태어, 인명, 지명 등과 특별히 강조하는 어구에 사용한다.

3 한자(漢字)

한자 본래의 형태를 쓰다가 일본식으로 간단하게 만든 한자를 주로 사용하고 있다. 특히 중국이나 한국에서는 한자를 음(音)으로만 읽는 데 비해 일본에서는 음독(音読)과 훈독(訓読)을 한다.

① 음독(音読): 한자를 원래의 중국어 발음인 자음(字音)대로 읽는 것을 뜻한다.

예 生活 생활, 春夏秋冬 춘하추동

② 훈독(訓読): 한자가 가지고 있는 뜻을 일본말로 읽는 것을 뜻한다.

예 生きる 살다, 生 날 것, 生じる 발생하다

春 봄, 夏 여름, 秋 가을, 冬 겨울

한국한자
[학]

일본한자
[がく]

4 국자(国字)

일본에서 만들어진 한자를 뜻한다.

우리말 음이 없고 일본에서만 쓰는 한자.

예 峠 고갯마루, 畑 밭, 嵐 폭풍우

5 교육한자와 상용한자

교육한자는 총 996자로 의무교육 기간 동안 학습하도록 한 것이다. 상용한자는 어려운 한자와 평소 쓰지 않는 한자를 빈도 순으로 제한하여 교육한자를 포함한 1945자를 사용하도록 정한 것이다. (1981. 10. 1 발표)

② 일본어의 구성

오십음도(五十音図)

일본어의 가나(かな)문자를 발음 체계에 따라서 세로 10행과 가로 5단으로 나열해 놓은 것을 50음도(五十音図)라 한다. 총 50개의 음이지만 중복되는 것을 제외하면 46개만 외우면 된다.

	あ단	い단	う단	え단	お단	ア단	イ단	ウ단	エ단	オ단
あ행	あ	い	う	え	お	ア	イ	ウ	エ	オ
	a	i	u	e	o	a	i	u	e	o
か행	か	き	く	け	こ	カ	キ	ク	ケ	コ
	ka	ki	ku	ke	ko	ka	ki	ku	ke	ko
さ행	さ	し	す	せ	そ	サ	シ	ス	セ	ソ
	sa	si	su	se	so	sa	si	su	se	so
た행	た	ち	つ	て	と	タ	チ	ツ	テ	ト
	ta	chi	tsu	te	to	ta	chi	tsu	te	to
な행	な	に	ぬ	ね	の	ナ	ニ	ヌ	ネ	ノ
	na	ni	nu	ne	no	na	ni	nu	ne	no
は행	は	ひ	ふ	へ	ほ	ハ	ヒ	フ	ヘ	ホ
	a	i	u	e	o	a	i	u	e	o
ま행	ま	み	む	め	も	マ	ミ	ム	メ	モ
	a	i	u	e	o	a	i	u	e	o
や행	や	い	ゆ	え	よ	ヤ	イ	ユ	エ	ヨ
	a	i	u	e	o	a	i	u	e	o
ら행	ら	り	る	れ	ろ	ラ	リ	ル	レ	ロ
	a	i	u	e	o	a	i	u	e	o
わ행	わ	い	う	え	を	ワ	イ	ウ	エ	ヲ
	a	i	u	e	o	a	i	u	e	o
			ん					ン		
			n					n		

히라가나 · 가타카나

단이란 아카사타나 히마야라와, 즉, 「a음」이 공통으로 들어가는 것을 알 수 있다. 일본어에서 모음은 「あ, い, う, え, お」로 5개이며 모음이 공통으로 들어간 것이 단(段)이다. 따라서 「あ단, い단, う단, え단, お단」처럼 5개의 단이 있다.

행이란 카키쿠케코 사시스세소… 각각 /k음/과 /s음/이 공통으로 들어가 있다. 이를 행(行)이라 하며 맨 앞 자를 선택하여 「あ행, か행, さ행 た행…」등의 이름을 붙인 것이다.

③ 일본어의 구어와 문어

1 구어(口語)

구어는 현재 일본의 일상생활에서 회화나 문장에 사용하고 있는 말과 글을 말한다. 다시 말하면, 현대어를 구어라고 한다.

2 문어(文語)

문어는 옛날부터 전해 내려온 문장체(文章体)의 말이며 현재는 쓰지 않으나 속담이나 관용구 같은 말에 많이 남아 있다. 문법에도 구어 문법과 문어 문법이 다르며, 구어는 현대어, 문어는 고전으로 분류된다.

④ 일본어의 발음과 표현법

일본어의 문자는 한 음절을 나타내며, 한 음절은 한 박자로 발음한다. 발음은 편의상 로마자로 표기하나, 반드시 원음에 일치된다고는 할 수 없으므로 주의해야 한다.

1 청음(清音)

청음이란 맑은 소리를 말한다.

① 모음(母音)

일본어의 모음은「あ・い・う・え・お」다섯 개이며, 발음은 우리말의「아・이・우・에・오」와 같다.

あ행

あ	い	う	え	お
(a, 아)	(i, 이)	(u, 우)	(e, 에)	(o, 오)
ア	イ	ウ	エ	オ

다만「い」발음은 이가 드러나도록 입을 넓게 벌려 짧게 발음해야 하며,「う」발음은 우리말의「우」와「으」의 중간 음으로 우리말「우」처럼 달리 입을 둥글게 하거나 입술이 튀어 나오지 않도록 주의해야 한다. 입술 모양을 자연스럽게 유지하며「う」라고 발음해 보자.「え」발음은 혀를 낮게 해서 짧게 발음한다.

예

あい	いぬ	うち	えいが	おう
[ai]	[inu]	[uchi]	[eiga]	[owu]
사랑	개	집	영화	왕

② 반모음(半母音)

や행   우리말의 「야 · 유 · 요」와 발음이 같다.

や	ゆ	よ
(ya, 야)	(yu, 유)	(yo, 요)
ヤ	ユ	ヨ

예

やま	ゆめ	よる
[yama]	[yume]	[yoru]
산	꿈	밤

わ행   우리말의 「와 · 오」와 발음이 같다. 단 「を」는 목적격조사 「~을, ~를」로만 쓰인다. 가타카나 「ヲ」는 현대어에서는 쓰지 않는다.

わ		を
(wa, 와)		(o, 오)
ワ		ヲ

예

わたし	わたあめ	ゆびわ	ごはんを たべる
[watasi]	[wataame]	[yubiwa]	[gohanwotaberu]
나, 저	솜사탕	반지	밥을 먹다

③ 자음(子音)

일본어의 자음은 자음과 모음이 합쳐져서 한 음절을 이룬다.

か행   우리말의 「카」와 「가」의 중간 음에 해당하며, 단어의 첫머리에 올 때는 「카 · 키 · 쿠 · 케 · 코」와 같이 발음하나, 단어의 중간이나 끝에 올 때에는 「ㄲ」발음에 가까운 것이 특징이다.

か	き	く	け	こ
(ka, 카)	(ki, 키)	(ku, 쿠)	(ke, 케)	(ko, 코)
カ	キ	ク	ケ	コ

예

かに	きかい	くま	けしき	こい
[kani]	[kikai]	[kuma]	[kesiki]	[koi]
게	기계	곰	경치	잉어

さ행   우리말의 「사·시·스·세·소」와 같고, 「す」는 역시 입술이 너무 튀어나오지 않도록 주의한다.

さ (sa, 사) サ	し (si, 시) シ	す (su, 스) ス	せ (se, 세) セ	そ (so, 소) ソ

예

さる	しお	すし	せいと	そら
[saru]	[sio]	[susi]	[seito]	[sora]
원숭이	소금	초밥·스시	학생, 생도	하늘

た행   「た·て·と」는 우리말의 「다·데·도」와 「타·테·토」의 중간음으로 「ㄷ」음 보다는 「ㅌ」음에 가까우며, 단어의 중간이나 끝에 올 때는 「ㄸ」로 발음한다. 주의해야 할 발음은 「ち」하고 「つ」이다. 「ち」는 입을 옆으로 넓게 벌려 「ㅉ」을 발음하는 모양을 하되 「ㅊ」에 가까운 음으로 마무리 하고, 「つ」는 우리말의 「ㅉ」발음을 기본으로 하되 「ㅆ」발음이 살짝 새어나오도록 하면 된다.

た (ta, 타) タ	ち (chi, 치·찌) チ	つ (tsu, 츠·쯔) ツ	て (te, 테) テ	と (to, 토) ト

예

たこ	ちち	つり	てぶくろ	とら
[tako]	[chichi]	[tsuri]	[tebukuro]	[tora]
문어	아버지	낚시	장갑	호랑이

な행   우리말의 「나·니·누·네·노」와 비슷하나 「ぬ」는 우리말의 「누」와 「느」의 중간 발음이므로 입술이 튀어나오지 않게 주의 한다. 구개음화로 혀를 안쪽으로 넣어서 발음한다.

な (na, 나) ナ	に (ni, 니) ニ	ぬ (nu, 누) ヌ	ね (ne, 네) ネ	の (no, 노) ノ

예

なまえ	にわ	ぬいぐるみ	ねこ	のり
[namae]	[niwa]	[nuigurumi]	[neko]	[nori]
이름	정원	봉제인형	고양이	풀

| は행 | 우리말의 「하・히・후・헤・호」와 거의 같다. 「ふ」는 입술이 너무 튀어나오지 않게 한다. |

は	ひ	ふ	へ	ほ
(ha, 하)	(hi, 히)	(hu, 후)	(he, 헤)	(ho, 호)
ハ	ヒ	フ	ヘ	ホ

예	はる	ひる	ふね	へや	ほし
	[haru]	[hiru]	[hune]	[heya]	[hosi]
	봄	낮	배	방	별

| ま행 | 우리말의 「마・미・무・메・모」와 같다. |

ま	み	む	め	も
(ma, 마)	(mi, 미)	(mu, 무・므)	(me, 메)	(mo, 모)
マ	ミ	ム	メ	モ

예	まめ	みかん	むしば	めいし	もり
	[mame]	[mikan]	[musiba]	[meisi]	[mori]
	콩	귤	충치	명함	숲

| ら행 | 우리말의 「라・리・루・레・로」와 비슷하다. 영어처럼 어렵게 혀를 굴릴 필요는 없다. |

ら	り	る	れ	ろ
(ra, 라)	(ri, 리)	(ru, 루)	(re, 레)	(ro, 로)
ラ	リ	ル	レ	ロ

예	さくら	りす	はる	れきし	ろく
	[sakura]	[risu]	[haru]	[rekisi]	[roku]
	벚꽃	다람쥐	봄	역사	육(6)

2 탁음(濁音, 흐린소리)

탁음이란 「か・さ・た・は」행 문자 오른쪽 윗부분에 탁점(濁り) 「゛」을 붙여 표기하며 「が(ga)・ざ(za)・だ(da)・ば(ba)」와 같이 성대의 진동에 의해서 나는 유성음이다. 이 탁음은 우리나라 사람이 발음할 때 다른 발음에 비해 많이 틀리고 가장 까다로운 음이라 할 수 있다.

が행 단어의 첫머리에 올 때는「g」음으로 발음하지만, 둘째 음절 이하에서는 콧소리가 들어간 비탁음이 되어「g」는「ŋ」로 발음하는 경향도 있다. (*아가 [아가]라고 발음할 때의 [가]와 비슷하다.)

が	ぎ	ぐ	げ	ご
(ga, 아가)	(gi, 아기)	(gu, 가구)	(ge, 비싸게)	(go, 사고)
ガ	ギ	グ	ゲ	ゴ

がいこく	ぎし	ぐんかん	げた	ごみ
[gaikoku]	[gisi]	[gunkan]	[geta]	[gomi]
외국	기사(技師)	군함	나막신	쓰레기

ざ행 우리말의「ㅈ」과 비슷하나「ㅈ」보다는 부드러운 소리로, 영어의「z」음과 비슷하다.

ざ	じ	ず	ぜ	ぞ
(za, 과자)	(zi, 가지)	(zu, 요즈음)	(ze, 구제)	(zo, 시조)
ザ	ジ	ズ	ゼ	ゾ

ざぶとん	じかん	みず	ぜいきん	ぞう
[zabuton]	[zikan]	[mizu]	[zeikin]	[zou]
방석	시간	물	세금	코끼리

だ행 우리말「ㄷ」보다 흐린소리로, 영어의「d」와 같다.「ぢ」「づ」는「ざ」행의「じ」「ず」와 발음이 같다. 이 경우 현대어에서는 원래「じ」「ず」로 표기하는 것이 원칙이지만, 어원이 독립적으로 있는 말, 가령 통조림「缶詰め」는「缶」과「詰め」의 복합어이므로 어원을 따라「かんづめ」로 표기한다.

だ	ぢ	づ	で	ど
(da, 바다)	(zi, 가지)	(zu, 요즈음)	(de, 가운데)	(do, 파도)
ダ	チ	ツ	デ	ド

だいがく	はなぢ	みかづき	でんし	せいど
[daigaku]	[hanazi]	[mikazuki]	[densi]	[seido]
대학	코피	초승달	전자	제도

ば행　우리말의 「ㅂ」음보다 가벼운 소리이며, 영어의 「b」음과 비슷하다.

ば	び	ぶ	べ	ぼ
(ba, 시바)	(bi, 이비)	(bu, 마부)	(be, 삼베)	(bo, 바보)
バ	ビ	ブ	ベ	ボ

예

ばら	びじん	ぶどう	かべ	ぼうし
[bara]	[bizin]	[budou]	[kabe]	[bousi]
장미	미인	포도	벽	모자

3 반탁음(半濁音)

「は行」의 「は・ひ・ふ・へ・ほ」의 오른쪽 어깨에 반탁점 「°」을 붙여 표기한다. 발음은 「ㅍ」음에 가깝지 만 단어 중간이나 끝에 올 경우에는 「ㅃ」음에 가까울 정도로 세게 발음한다. 첫음절이 「ぱ・ぴ・ぷ・ぺ・ ぽ」로 시작되는 순수한 일본어 단어는 거의 없으며 주로 의성어, 의태어, 외래어 표기에 많이 쓰인다.

ぱ행

ぱ	ぴ	ぷ	ぺ	ぽ
(pa, 파)	(pi, 피)	(pu, 푸)	(pe, 페)	(po, 포)
パ	ピ	プ	ペ	ポ

예

パン	えんぴつ	プール	ぺこぺこ	ポーズ
[paN]	[empitsu]	[puuru]	[pekopeko]	[poozu]
빵	연필	수영장	배가 몹시 고픔	포즈, 자세

4 요음(拗音)

일본어에서 요음이란 「뒤틀린 음, 꼬여 있는 음」이라는 뜻으로 자음과 모음이 합쳐진 복합음을 말한다. 자음의 「い단음」 중에서 「き・ぎ・し・じ・ち・ぢ・に・ひ・び・み・り」의 오른쪽 밑에 「や・ゆ・ よ」를 작은 글자로 써서 한 음절로 발음하는 것이 요음이다.

きゃ	きゅ	きょ
(kya, 캬)	(kyu, 큐)	(kyo, 쿄)
キャ	キュ	キョ

예
きゃく	きゅうり	きょうだい
[kyaku]	[kyuuri]	[kyoudai]
손님	오이	형제

しゃ	しゅ	しょ
(sya,sha, 샤)	(syu,shu, 슈)	(syo,sho, 쇼)
シャ	シュ	ショ

예
しゃかい	しゅみ	しょくじ
[syakai]	[syumi]	[syokuzi]
사회	취미	식사

ちゃ	ちゅ	ちょ
(cha, 쨔)	(chu, 쮸)	(cho, 쬬)
チャ	チュ	チョ

예
ちゃいろ	ちゅうい	ちょちく
[chairo]	[chuui]	[chochiku]
갈색	주의	저축

にゃ	にゅ	にょ
(nya, 냐)	(nyu, 뉴)	(nyo, 뇨)
ニャ	ニュ	ニョ

예
こんにゃく	にゅうきん	にょうぼう
[konnyaku]	[nyuukin]	[nyoubou]
곤약(구약나물)	입금	처 · 마누라

ひゃ	ひゅ	ひょ
(hya, 햐)	(hyu, 휴)	(hyo, 효)
ヒャ	ヒュ	ヒョ

예

ひゃく	ヒューマン	ひょうげん
[hyaku]	[hyuuman]	[hyougen]
백(百)	휴먼, 인간적	표현

みゃ	みゅ	みょ
(mya, 먀)	(myu, 뮤)	(myo, 묘)
ミャ	ミュ	ミョ

예

みゃく	ミュージカル	みょうじ
[myaku]	[myuujikaru]	[myouzi]
맥	뮤지컬	성씨

りゃ	りゅ	りょ
(rya, 랴)	(ryu, 류)	(ryo, 료)
リャ	リュ	リョ

예

りゃくじ	りゅうがく	りょこう
[ryakuzi]	[ryuugaku]	[ryokou]
약자	유학	여행

ぎゃ	ぎゅ	ぎょ
(gya, 갸)	(gyu, 규)	(gyo, 교)
ギャ	ギュ	ギョ

예

ぎゃく	ぎゅうにく	ぎょうせい
[gyaku]	[gyuuniku]	[gyousei]
반대	쇠고기	행정

じゃ (zya, ja, 쟈) ジャ	じゅ (zyu, ju, 쥬) ジュ	じょ (zyo, jo, 죠) ジョ

| 예 | かんじゃ
[kanzya]
환자 | じゅうよう
[zyuuyou]
중요 | じょうむ
[zyoumu]
상무 |

びゃ (bya, 뱌) ビャ	びゅ (byu, 뷰) ビュ	びょ (byo, 뵤) ビョ

| 예 | さんびゃく
[sanbyaku]
삼백(三百) | びゅうびゅう
[byuubyuu]
윙윙(세찬 바람소리) | びょういん
[byooin]
병원 |

ぴゃ (pya, 퍄) ピャ	ぴゅ (pyu, 퓨) ビュ	ぴょ (pyo, 표) ピョ

| 예 | はっぴゃく
[happyaku]
팔백(八百) | コンピューター
[kompyuuta]
컴퓨터 | ぴょんぴょん
[pyonpyon]
깡충깡충 |

5 촉음(促音) そくおん

촉음이란 「つ」를 작게 표기하여, 다른 글자 밑에서 받침으로만 사용되는 것을 말한다. 발음을 하다가 잠깐 숨이 막힌 듯이 발음을 하면 되고, 한 음절의 길이를 가지고 있다. 그리고 「っ」다음에 오는 음의 영향을 받아서 자연스럽게 음이 변하므로 억지로 외울 필요가 없다. 다만 발음 요령은 한음절의 길이를 명심하고 정확히 잘라 발음하도록 한다.

> 촉음은 받침역활을 하지만 음의 길이는 한 박자를 가진다는 것 꼭 기억하자.

① 「か」행 앞은 「k(ㄱ)」로 발음한다.

예 がっこう [gakkou] 학교　　　　さっか [sakka] 작가

いっかい [ikkai] 1층　　　　ほっかいどう [hokkaidou] 홋카이도(지명)

実感 [zikkaN] 실감 ⇔ 時間 [zikaN] 시간

②「さ」행 앞은 「s(ㅅ)」로 발음한다.

예 いっさい[issai] 한 살　　　　けっせき[kesseki] 결석

ざっし [zassi] 잡지　　　　実習[zissyuu] 실습 ⇔ 自習 [zisyuu] 자습

③「た」행 앞은 「t(ㄷ)」로 발음한다.

예 あさって [asatte] 모레　　　　みっつ [mittu] 셋

ちょっと [chyotto] 조금, 약간　　　　しゅっちょう [syuttyou] 출장

行った[itta] 갔다 ⇔ 居た [ita] 있었다

④「ぱ」행 앞은 「p(ㅂ)」로 발음한다.

예 やっぱり [yappari] 역시　　　　いっぴき [ippiki] 한 마리

きっぷ [kippu] 표　　　　コップ [koppu] 컵

· 받침역할을 하는 글자

촉음	발음
っ(ッ)	ん(ン)
ㄱ · ㅅ · ㄷ · ㅂ	ㅇ · ㄴ · ㅁ · 「ㅇ」과 「ㄴ」의 중간음

6 발음(撥音)

발음은 「はねる音」이라고도 한다. 콧소리가 나며 다른 글자 다음에 붙어 받침으로 사용되나 우리말과는 달리 한 음절의 길이 즉 한 박자의 길이를 가지고 있다. 표기는 「ん」으로 하며 다음에 오는 음에 따라 「m(ㅁ) · n(ㄴ) · ŋ(ㅇ)」 및 콧소리 모음 등으로 자연스럽게 발음이 변한다.

①「ば · ぱ · ま」행 앞은 「m(ㅁ)」으로 발음한다.

예 せんまん [semman] 천만　　　　さんま [samma] 꽁치

こんぶ [kombu] 다시마　　　　せんぱい [sempai] 선배

②「さ · ざ · た · だ · な · ら」행 앞은 「n(ㄴ)」으로 발음한다.

예 けんさ [kensa] 검사　　　　げんざい [genzai] 현재

しんし [sinsi] 신사　　　　はんたい [hantai] 반대

③「か・が」행 앞은「ŋ(ㅇ)」으로 발음한다.

예 かんけい [kaŋkei] 관계　　　　　かんこく [kaŋkoku] 한국

　　まんが [maŋga] 만화　　　　　　にほんご [nihoŋgo] 일본어

④「あ・さ・は・や・わ」행 앞과「ん」이 단어 끝에 오는 경우는「n(ㄴ)」과「ŋ(ㅇ)」의 중간음으로 발음한다. 편의상「N」으로 표기한다.

예 ほんや [hoNya] 책방　　　　　　こんやく [koNyaku] 약혼

　　でんわ [deNwa] 전화　　　　　　うどん [udoN] 우동

7 장음(長音)

장음이란 연속되는 두 개의 모음을 따로따로 발음하지 않고 길게 늘여서 발음하는 것으로 한 박자의 길이를 갖는다.「히라가나」에서는 해당하는「모음」을 쓰면 되고, 가타카나 장음표기는「ー」로 표기한다. 일본어는 모음이 연속되는 경우가 많고 장·단음에 따라 단어의 의미가 전혀 달라지는 경우가 많으므로 장·단의 구별을 확실히 해야 한다.

①「あ단」+「あ」

예 おかあさん [okaasan] 어머니

　　おばあさん [obaasan] 할머니 ⇔ おばさん [obasan] 아주머니

②「い단」+「い」

예 おいしい [oisii] 맛있다

　　おじいさん [oziisan] 할아버지 ⇔ おじさん [ozisan] 아저씨

　　います [imasu] 있습니다 ⇔ 言います [iimasu] 말합니다

　　ビル [biru] 빌딩 ⇔ ビール [biiru] 맥주

③「う단」+「う」

예 すうがく [suugaku] 수학

　　ふうふ [huuhu] 부부

　　勇気 [yuuki] 용기 ⇔ 雪 [yuki] 눈

　　苦痛 [kutsuu] 고통 ⇔ くつ [kutsu] 구두

④「え단」+「え」또는「い」 ┈┈┈┈┈┈┈┈▶「ええ」「えい」둘 다 [에~]로 발음한다.

예 ええ [ee] 예[대답하는 말] ⇔ 絵 [e] 그림

　　おねえさん [oneesan] 언니, 누나

문자와 발음

せんせい [sensee] 선생님
平野 [heiya] 평야 ⇔ 部屋 [heya] 방

⑤「お단」+「お」또는「う」 ⤏ 「おお」「おう」둘 다 [오~]로 발음한다.

예 おおきい[ookii] 크다

おとうさん[otoosan] 아버지

おとうと[otooto] 남동생
通る [tooru] 다니다 ⇔ 取る [toru] 잡다
郵送 [yuusou] 우송 ⇔ 輸送 [yusou] 수송

⑤ 악센트(アクセント)

일본어 악센트에는 각 음절이 대응하게 발음되는 평판식(平板式) 악센트와 음절에 따라 높게 또는 낮게 발음되는 기복식(起伏式)이 있다. 기복식 악센트에는 다음과 같은 것이 있다.

1 제1음절은 높게, 제2음절은 낮게 발음되는 것
예 あさ [asa] 아침
いのち [inochi] 생명

2 제2음절만이 높게 발음되는 것
예 やま [yama] 산
あさがお [asagao] 나팔꽃

3 제2음절과 제3음절이 높게 발음되는 것
예 おとこ [otoko] 남자
やまざくら [yamazakura] 산 벚나무

4 제2, 제3, 제4음절이 높게 발음되는 것
예 おとうと [ototo] 남동생
わたしぶね [watasibune] 나룻배

5 제2, 제3, 제4, 제5음절이 높게 발음되는 것
예 なみだもるい[namidamoroi] 눈물을 잘 흘리다
ひとくちばなし[hitokuchibanasi] 한 마디 짤막한 이야기

6 외래어와 장음

외래어는 카타카나「カタカナ」로 표기한다. 한자어에서 온 말은 제외된다. 원래의 외래어도 일본어로 동화된 말은「ひらがな」로 쓴다. 외래어의「장음」은 글자로 표기하지 않고 글자의 길이와 같은 길이의「一」로 표기하여 긴소리 발음을 한다.

> 예 ユニホーム [yuniho-mu] 유니폼(uniform)
>
> コーヒー [ko-hi-] 커피(coffee)
>
> ハーモニカ [ha-monika] 하모니카(harmonica)
>
> ビール [bi-ru] 맥주(beer)
>
> ボールペン [bo-rupen] 볼펜(ballpen)
>
> ジュース [zyu-su] 주스(juice)

7 표준어 · 공통어 · 방언

표준어란 일본의 수도인 도쿄(東京)의 중 · 상류층에서 통용되던 말을 뜻했으나 일본에서 표준어라고 하는 개념은 점차 쓰이지 않고 있다. 지금은 어느 한 지방에서 쓰는 말이라 할지라도, 그 말이 공통적으로 일반화되어 많이 쓰이면 공통어라는 범주에 들며, 현대 일본어에 있어서는 사실상의 표준화가 되어 있다.

방언이란, 각 지방에 따라 그 지방에서만 통용되는 말과, 또 직업이나 남녀노소 등에 따라서 전 국민의 공통적이 아닌, 한 지방과 한정된 사람만이 사용하는 말을 뜻한다.

Unit 2 - 품사편

명사

이번 과에서 배울 내용은?

① 지시대명사

지시대명사는 거리 감각에 따라 「こ(근칭) · そ(중칭) · あ(원칭) · ど(부정칭)」로 나누어진다.

가리키는 것	자기 쪽에 가까운 경우 [근칭]	상대 쪽에 가까운 경우 [중칭]	둘 다 먼 경우 [원칭]	모를 경우 [부정칭]
사물	これ 이것	それ 그것	あれ 저것	どれ(なに) 어느 것
장소	ここ 여기	そこ 거기	あそこ 저기	どこ 어디, 어느 곳
방향	こちら(こっち) 이쪽	そちら(そっち) 그쪽	あちら(あっち) 저쪽	どちら(どっち) 어느 쪽

지시어「こ·そ·あ·ど」의 규칙

일본어에서 무엇인가를 가리킬 때 이름 대신에 쓰이는 말들은 「こ·そ·あ·ど」로 시작하는 일정한 규칙이 있다.

· 「こ」 상대방과 같은 자리에서 자기 쪽에 가까운 것을 가리킬 때
· 「そ」 상대방과 같은 자리에서 상대 쪽에 가까운 것을 가리킬 때
· 「あ」 상대방과 같은 자리에서 서로에게 먼 것을 가리킬 때
· 「ど」 많은 것 중에서 확실히 단정 지을 수 없는 경우나 확실하지 않은 의문을 나타낼 때

그러나 눈앞에 보이는 여러 가지 사물을 가리키는 위의 경우와는 달리, 대화중에 나오는 「そ」와 「あ」의 의미는 다음과 같다.

· 「そ」 자신과 상대방 중 어느 한쪽이 대화중 나온 내용을 알고 있지 못한 경우
· 「あ」 자신과 상대방이 대화 내용에 나온 사실(사람)을 서로 알고 있는 경우

② 인칭대명사

인칭대명사는 1인칭, 2인칭, 3인칭, 부정칭으로 나누어진다.

1인칭	2인칭	3인칭	부정칭
わたし 저	あなた 당신	かれ 그 사람	だれ 누구
わたくし 저	君(きみ) 자네	かのじょ 그 여자	どなた 어느 분
ぼく 나	おまえ 너		
おれ 나			

1 1인칭의 경우

「私」 나

보다 격식을 차린 말은 「わたくし」이다.

1
명
사

「僕・俺」나

주로 남성이 사용하는 말이다.

2 2인칭의 경우

「あなた」당신

이 말은 주로 여성이 남편이나 연인에게, 혹은 허물없는 여성끼리 사용한다. 우리말로「당신」의 뜻이지만, 영어의「you」처럼 가볍게 쓸 수 있는 말이 아니다. 특히 윗사람에게 사용하는 것은 삼가야 하며, 가능하면 이름에「さん」을 붙여 부르는 것이 무난하다. 「さん」은 우리말의「~씨, ~님」의 뜻으로 남녀노소 구별 없이 성(姓)에 붙여서 부르며 일본어에서 상대방을 부를 때 일반적으로 가장 많이 쓰이는 접미어이다.

「君」「おまえ」너, 자네

남성어로 동년배끼리 혹은 윗사람이 아랫사람에게 허물없이 부를 때 사용한다. 특히「おまえ」는 주로 남성이 자신의 아내나 연인에게 사용하는 호칭이다.

3 3인칭의 경우

「彼」「彼女」는 남자, 혹은 여자 애인을 지칭하는 의미로 사용되기도 한다.

③ 수사

수량과 순서를 나타내는 명사를 수사(数詞)라 한다.

1 순서를 세는 말

1	いち	10	じゅう	100	ひゃく	1000	せん
2	に	20	にじゅう	200	にひゃく	2000	にせん
3	さん	30	さんじゅう	300	さんびゃく	3000	さんぜん
4	よん(し)	40	よんじゅう	400	よんひゃく	4000	よんせん
5	ご	50	ごじゅう	500	ごひゃく	5000	ごせん
6	ろく	60	ろくじゅう	600	ろっぴゃく	6000	ろくせん
7	なな(しち)	70	ななじゅう	700	ななひゃく	7000	ななせん
8	はち	80	はちじゅう	800	はっぴゃく	8000	はっせん
9	きゅう(く)	90	きゅうじゅう	900	きゅうひゃく	9000	きゅうせん
10	じゅう	100	ひゃく	1000	せん	10000	いちまん

*「一 (いち) , 二 (に) …」는 우리말의「일, 이…」에 해당한다. 주로 시간, 날짜, 화폐 등을 셀 때 사용한다.

2 조수사

	개수	~人 (にん) 명	~円 (えん) 엔	~枚 (まい) 장	~台 (だい) 대	~本 (ほん) 자루	~杯 (はい) 잔	~匹 (ひき) 마리
1	一つ (ひと)	一人 (ひとり)	一円 (いちえん)	一枚 (いちまい)	一台 (いちだい)	一本 (いっぽん)	一杯 (いっぱい)	一匹 (いっぴき)
2	二つ (ふた)	二人 (ふたり)	二円 (にえん)	二枚 (にまい)	二台 (にだい)	二本 (にほん)	二杯 (にはい)	二匹 (にひき)
3	三つ (みっ)	三人 (さんにん)	三円 (さんえん)	三枚 (さんまい)	三台 (さんだい)	三本 (さんぼん)	三杯 (さんばい)	三匹 (さんびき)
4	四つ (よっ)	四人 (よにん)	四円 (よえん)	四枚 (よんまい)	四台 (よんだい)	四本 (よんほん)	四杯 (よんはい)	四匹 (よんひき)
5	五つ (いつ)	五人 (ごにん)	五円 (ごえん)	五枚 (ごまい)	五台 (ごだい)	五本 (ごほん)	五杯 (ごはい)	五匹 (ごひき)
6	六つ (むっ)	六人 (ろくにん)	六円 (ろくえん)	六枚 (ろくまい)	六台 (ろくだい)	六本 (ろっぽん)	六杯 (ろっぱい)	六匹 (ろっぴき)
7	七つ (なな)	七人 (しちにん)	七円 (ななえん)	七枚 (しちまい)	七台 (しちだい)	七本 (ななほん)	七杯 (ななはい)	七匹 (ななひき)
8	八つ (やっ)	八人 (はちにん)	八円 (はちえん)	八枚 (はちまい)	八台 (はちだい)	八本 (はっぽん)	八杯 (はっぱい)	八匹 (はっぴき)
9	九つ (ここの)	九人 (きゅうにん)	九円 (きゅうえん)	九枚 (きゅうまい)	九台 (きゅうだい)	九本 (きゅうほん)	九杯 (きゅうはい)	九匹 (きゅうひき)
10	十 (とお)	十人 (じゅうにん)	十円 (じゅうえん)	十枚 (じゅうまい)	十台 (じゅうだい)	十本 (じゅっぽん)	十杯 (じゅっぱい)	十匹 (じゅっぴき)
何 (なん)	いくつ	何人 (なんにん)	何円 (なんえん)	何枚 (なんまい)	何台 (なんだい)	何本 (なんぼん)	何杯 (なんばい)	何匹 (なんびき)
		사람	일본의 화폐 단위	종이, 손수건	카메라, 자동차	연필, 우산 넥타이	컵, 술잔	개, 고양이, 작은 동물

숫자를 읽을 때의 주의사항

① 숫자 + さ행: 「三 (さん)」 다음에는 탁점을 찍는 경우가 있다. 예 3,000 – さんぜん

　　「いち, はち, じゅう」는 끝 음이 촉음으로 변한다. 예 8,000 – はっせん

② 숫자 + ば행: 「三 (さん)」 다음에는 탁점을 찍는다. 예 300 – さんびゃく

　　「いち, ろく, はち, じゅう」는 끝이 촉음으로 바뀌고, 뒤에 오는 「は행」은 반탁점을 찍어 「ぱ」 행으로 바뀐다.

③ 「0」은 「れい」 또는 「ゼロ」로 읽으며, 「만, 억, 조」는 반드시 「一 (いち)」를 붙여 「一万 (いちまん)」 「一億 (いちおく)」 「一兆 (いっちょう)」라고 읽는다.

1 명사

	〜足 (そく) (켤레)	〜個 (こ) 개	〜回 (かい) 회	〜階 (かい) 층	〜軒 (けん) 채	〜箱 (はこ) 상자	〜皿 (さら) 접시	〜冊 (さつ) 권
1	いっそく 一足	いっこ 一個	いっかい 一回	いっかい 一階	いっけん 一軒	ひとはこ 一箱	ひとさら 一皿	いっさつ 一冊
2	にそく 二足	にこ 二個	にかい 二回	にかい 二階	にけん 二軒	ふたはこ 二箱	ふたさら 二皿	にさつ 二冊
3	さんぞく 三足	さんこ 三個	さんかい 三回	さんがい 三階	さんげん 三軒	さんばこ 三箱	さんさら 三皿	さんさつ 三冊
4	よんそく 四足	よんこ 四個	よんかい 四回	よんかい 四階	よんけん 四軒	よんはこ 四箱	よんさら 四皿	よんさつ 四冊
5	ごそく 五足	ごこ 五個	ごかい 五回	ごかい 五階	ごけん 五軒	ごはこ 五箱	ごさら 五皿	ごさつ 五冊
6	ろくそく 六足	ろっこ 六個	ろっかい 六回	ろっかい 六階	ろっけん 六軒	ろくはこ 六箱	ろくさら 六皿	ろくさつ 六冊
7	ななそく 七足	ななこ 七個	ななかい 七回	ななかい 七階	ななけん 七軒	ななはこ 七箱	ななさら 七皿	ななさつ 七冊
8	はっそく 八足	はっこ 八個	はっかい 八回 (はちかい)	はちかい 八階 (はっかい)	はっけん 八軒	はちはこ 八箱 (はっぱこ)	はちさら 八皿 (はっさら)	はっさつ 八冊
9	きゅうそく 九足	きゅうこ 九個	きゅうかい 九回	きゅうかい 九階	きゅうけん 九軒	きゅうはこ 九箱	きゅうさら 九皿	きゅうさつ 九冊
10	じゅっそく 十足 (じっそく)	じゅっこ 十個 (じっこ)	じゅっかい 十回 (じっかい)	じゅっかい 十階 (じっかい)	じゅっけん 十軒 (じっけん)	じゅっぱこ 十箱 (じっぱこ)	じゅっさら 十皿 (じっさら)	じゅっさつ 十冊 (じっさつ)
なん 何	なんそく 何足	なんこ 何個	なんかい 何回	なんがい 何階	なんげん 何軒	なんばこ 何箱	なんさら 何皿	なんさつ 何冊
	구두, 양말	사과, 귤, 비누	회수	건물층수	집, 건물을 셀 때	상자, 담배, 갑	요리	책, 노트

3 때를 나타내는 말

ごぜん 午前 오전			ごご 午後 오후			
あさ 朝 아침		ひる 昼 점심			よる ばん 夜・晩 저녁・밤	
にちようび 日曜日 일요일	げつようび 月曜日 월요일	かようび 火曜日 화요일	すいようび 水曜日 수요일	もくようび 木曜日 목요일	きんようび 金曜日 금요일	どようび 土曜日 토요일

おととい 一昨日 그저께	きのう 昨日 어제	きょう 今日 오늘	あした 明日 내일	あさって 明後日 모레
せんせんしゅう 先々週 지지난주	せんしゅう 先週 지난주	こんしゅう 今週 금주	らいしゅう 来週 다음주	さらいしゅう 再来週 다다음주
せんせんげつ 先先月 지지난달	せんげつ 先月 지난달	こんげつ 今月 이달	らいげつ 来月 다음달	さらいげつ 再来月 다다음달
おととし 一昨年 재작년	きょねん 去年 작년	ことし 今年 금년	らいねん 来年 내년	さらいねん 再来年 내후년

4 시간·날짜·기간을 나타내는 말

순서	읽기	～時 (시)	～分 (분)	～月 (월)	～日 (일)	～週間 (주간)	～カ月 (개월)	～年 (년)	～泊 (박)
1	いち 一	いちじ 一時	いっぷん 一分	いちがつ 一月	ついたち 一日	いっしゅうかん 一週間	いっかげつ 一カ月	いちねん 一年	いっぱく 一泊
2	に 二	にじ 二時	にふん 二分	にがつ 二月	ふつか 二日	にしゅうかん 二週間	にかげつ 二カ月	にねん 二年	にはく 二泊
3	さん 三	さんじ 三時	さんぷん 三分	さんがつ 三月	みっか 三日	さんしゅうかん 三週間	さんかげつ 三カ月	さんねん 三年	さんぱく 三泊
4	(じ)(よん) 四	よじ 四時	よんぷん 四分	しがつ 四月	よっか 四日	よんしゅうかん 四週間	よんかげつ 四カ月	よねん 四年	よんぱく 四泊
5	ご 五	ごじ 五時	ごふん 五分	ごがつ 五月	いつか 五日	ごしゅうかん 五週間	ごかげつ 五カ月	ごねん 五年	ごはく 五泊
6	ろく 六	ろくじ 六時	ろっぷん 六分	ろくがつ 六月	むいか 六日	ろくしゅうかん 六週間	ろっかげつ 六カ月	ろくねん 六年	ろっぱく 六泊
7	しち なな 七	しちじ 七時	ななふん 七分	しちがつ 七月	なのか 七日	ななしゅうかん 七週間	ななかげつ 七カ月	しちねん 七年	ななはく 七泊
8	はち 八	はちじ 八時	はっぷん 八分	はちがつ 八月	ようか 八日	はっしゅうかん 八週間	はっかげつ 八カ月	はちねん 八年	はっぱく 八泊
9	きゅう 九(く)	くじ 九時	きゅうふん 九分	くがつ 九月	ここのか 九日	きゅうしゅうかん 九週間	きゅうかげつ 九カ月	きゅうねん 九年	きゅうはく 九泊
10	じゅう 十	じゅうじ 十時	じゅっぷん 十分	じゅうがつ 十月	とおか 十日	じゅっしゅうかん 十週間	じゅっかげつ 十カ月	じゅうねん 十年	じゅっぱく 十泊
?	なん 何	なんじ 何時	なんぷん 何分	なんがつ 何月	なんにち 何日	なんしゅうかん 何週間	なんかげつ 何カ月	なんねん 何年	なんぱく 何泊

1 시간읽기

5分	ごふん	5분	1時間	いちじかん	1시간
10分	じゅっぷん	10분	2時間	にじかん	2시간
15分	じゅうごふん	15분	3時間	さんじかん	3시간
20分	にじゅっぷん	20분	4時間	よじかん	4시간
25分	にじゅうごふん	25분	5時間	ごじかん	5시간
30分	さんじゅっぷん	30분	6時間	ろくじかん	6시간
35分	さんじゅうごふん	35분	7時間	しちじかん	7시간
40分	よんじゅっぷん	40분	8時間	はちじかん	8시간
45分	よんじゅうごふん	45분	9時間	くじかん	9시간
50分	ごじゅっぷん	50분	10時間	じゅうじかん	10시간
1時間半	いちじかん はん		1시간 반		
1時間10分	いちじかん じゅっぷん		1시간 10분		
1時間15分	いちじかん じゅうごふん		1시간 15분		

1
명
사

2 날짜읽기

一日	ついたち 1일	十一日	じゅういちにち 11일
二日	ふつか 2일	十二日	じゅうににち 12일
三日	みっか 3일	十三日	じゅうさんにち 13일
四日	よっか 4일	十四日	じゅうよっか 14일
五日	いつか 5일	十五日	じょうごにち 15일
六日	むいか 6일	十六日	じゅうろくにち 16일
七日	なのか 7일	十七日	じゅうしちにち 17일
八日	ようか 8일	十八日	じゅうはちにち 18일
九日	ここのか 9일	十九日	じゅうくにち 19일
十日	とおか 10일	二十日	はつか 20일
何日	なんにち 며칠		

3 숫자읽기

10,000	一万	いちまん 일만	100,000,000	一億	いちおく 일억
100,000	十万	じゅうまん 십만	1,000,000,000	十億	じゅうおく 십억
1,000,000	百万	ひゃくまん 백만	10,000,000,000	百億	ひゃくおく 백억
10,000,000	千万	せんまん 천만	100,000,000,000	千億	せんおく 천억

명사의 기본 문형

02

이번 과에서 배울 내용은?

1_ 명사를 이어주는 조사
   (1) 「の」
   (2) 「は」
   (3) 「へ」
   (4) 「～から～まで」
   (5) 「～を」

2_ 명사의 기본 문형
   (1) 명사+だ(=명사+である)
   (2) 명사+です(=명사+であります)
   (3) 명사+ですか
   (4) 명사+では(じゃ)ありません
   (5) 명사+でした(=だったんです)
   (6) 명사+では(じゃ)ありませんでした
   (7) 명사+でしょう
   (8) 명사+じゃありませんか
   (9) 「～は ～で、～は ～です」

회화로 익히는 문법

A	すみません。このラジオはいくらですか。	A	저기요, 이 라디오는 얼마입니까?
B	どれですか。	B	어느 것입니까?
A	これです。	A	이것입니다.
B	それは9,500円です。	B	그것은 9,500엔입니다.
A	そうですか。じゃ、これをください。	A	그렇습니까. 그럼, 이것을 주세요.
B	どうもありがとうございます。	B	대단히 감사합니다.

① 명사를 이어주는 조사

1 「の」 ~의 / ~의 것

앞의 명사가 뒤의 명사를 수식할 때는 「명사+の」의 꼴로 뒤의 명사를 수식한다. 「の」는 우리말의 「의」와는 달리 특별한 경우 외에는 생략하지 않는다. 소유, 존재 등을 나타낸다.

- わたしの本 내 책, 나의 책
- 日本語の先生 일본어 선생님
- 山の上 산 위

2 「は」 ~은(는)

원래 음은 「ha」이지만 조사로 쓰일 때는 [wa]로 발음한다. 우리말의 「~은, ~는」에 해당한다.

- わたしは中田です。 저는 나카타입니다.

A いらっしゃいませ。ご注文は。 어서 오십시오. 주문은?

B コーラ。 콜라.

3 「へ」 ~에, ~로

원래 음은 [he]이나 조사로 쓰일 경우 [e]로 발음한다. 우리말의 「~에, ~로」에 해당하며 방향을 나타낸다.

- 日本へ 일본에

- どこへ 어디에

▶ 조사로 쓰일 때 음이 바뀌는 것은 「は」「へ」 두 개뿐이다.

2 명 사 의 기 본 문 형

4 「～から～まで」 ～에서 ～까지

범위를 나타낸다. 「～から」는 출발점을 나타내며 「～まで」는 도착, 한계를 나타내는 조사이다.

· 駅^{えき}から家^{いえ}まで。 역에서 집까지.

· いちからじゅうまで。 일에서 십까지.

5 「～を」 ～을(를)

동작, 작용의 대상을 나타낸다.

A ハンバーガーをください。 햄버거를 주세요.

B はい、2500^{にせんごひゃく}ウォンです。 예, 2,500원입니다.

2 명사의 기본 문형

 회화로 익히는 문법

A 失礼^{しつれい}ですが、李さんのお仕事^{しごと}はなんですか。	A 실례지만, 이씨의 직업은 무엇입니까?
B 会社員^{かいしゃいん}です。	B 회사원입니다.
A そうですか。何^{なん}の会社^{かいしゃ}ですか。	A 그렇습니까? 무슨 회사입니까?
B コンピューターの会社^{かいしゃ}です。田中^{たなか}さんは。	B 컴퓨터 회사입니다. 다나카 씨는요?
A 私^{わたし}は日本語^{にほんご}の先生^{せんせい}です。	A 저는 일본어 선생입니다.

1 명사 + だ (= 명사 + である) : ～이다

명사에 반말 「～だ」를 붙이면 회화체 「～이다」가 되고, 「～である」는 의미는 같으나 신문, 논문 등의 문장체에서 사용한다.

· 会社員^{かいしゃいん}だ。 회사원이다.

· 学生^{がくせい}である。 학생이다.

2 명사 + です (= 명사 + であります) : ～입니다

명사에 공손한 말 「～です」를 붙이면 「～입니다」가 된다. 「～であります」는 연설문이나 편지 등에 사용한다.

· あそこは私^{わたし}の部屋^{へや}です。 저기는 내 방입니다.

· 私^{わたし}は学生^{がくせい}であります。 저는 학생입니다.

📖 **확인연습** 주어진 단어를 이용하여 보기와 같이 말해보세요.

> **ex.** ここ 여기 / **会議室**(かいぎしつ) 회의실
>
> → ここは**会議室**(かいぎしつ)です。 여기는 회의실입니다.

① **私**(わたし) 나 / **韓国人**(かんこくじん) 한국인
② **田中**(たなか)さん 다나카 씨 / **先生**(せんせい) 선생님
③ **今**(いま) 지금 / **12時**(じ) 12시
④ **今日**(きょう) 오늘 / **休**(やす)み 휴일
⑤ **お手洗**(てあら)い 화장실 / こちら 이쪽

3 명사＋ですか : ～입니까?

「～です」에 의문을 나타내는 조사 「か」를 붙여 의문, 또는 질문의 뜻을 나타낸다. 단, 일본어에서는 원칙적으로 「?」부호를 사용하지 않고 마침표 「。」를 붙인다. 문장체는 「～でありますか」이다. 또한 질문에 대한 긍정의 대답은 「はい(예)」, 부정은 「いいえ(아니오)」이다.

A あなたは **高校生**(こうこうせい)ですか。 당신은 고등학생입니까?

B はい、**私**(わたし)は高校生です。 예, 저는 고등학생입니다.

A **鈴木**(すずき)さんはいくつですか。 스즈키 씨는 몇 살입니까?

B **十七**(じゅうなな)です。 17살입니다.

A ハンバーガーはいくらですか。 햄버거는 얼마입니까?

B **二百五十円**(にひゃくごじゅうえん)です。 250엔입니다.

> ▶ 「いくつ」(몇 개, 몇 살)는 물건의 수나 나이를 묻는 말이며, 「いくら」(얼마)는 물건의 가격을 묻는 말이다.

A これは**本**(ほん)ですか。 이것은 책입니까?

B はい、[それは]**本**(ほん)です。 예, [그것은] 책입니다

= はい、そうです。 그렇습니다.

📖 **확인연습 1**

> **ex** これ 이것 / **何**(なん) 무엇 → これは何ですか。 이것은 무엇입니까?

① **お名前**(なまえ) 이름 / **何**(なん) 무엇
② **お住**(す)まい 사는 곳 / どちら 어디
③ **お仕事**(しごと) 직업 / **何**(なん) 무엇
④ **お国**(くに) 고향 / どちら 어디
⑤ テスト 시험 / いつ 언제

4 명사 + では(じゃ)ありません : ~이 아닙니다

「~です」의 부정은 「~ではありません」이고 줄임말은 「~じゃありません」이다. 회화체에서는 「~では」보다 「~じゃ」로 간단히 줄여서 표현하는 경우가 많다.

A あなたは会社員ですか。 당신은 회사원입니까?

B いいえ、私は会社員じゃありません。 아니요, 저는 회사원이 아닙니다.

A それはカメラですか。 그것은 카메라입니까?

B いいえ、これはカメラじゃありません。 (= いいえ、そうじゃありません。)
아니요, 이것은 카메라가 아닙니다.

5 명사 + でした (= だったんです) : ~이었습니다

「~です」의 과거는 「~でした」이다. 반말 「~だ」의 과거는 「~だった」이며 뒤에 「~んです」를 붙여 「~だったんです」하면, 「~でした」와 같은 의미가 된다.

· 3年前私はまだ学生でした。 3년 전 저는 아직 학생이었습니다.

· 以前、ここは学校だったんです。 전에 여기는 학교였습니다.

확인연습

ex 彼 그 / 会社員 회사원

→ 彼は会社員でした。 그는 회사원이었습니다.

① 彼女 그녀 / 銀行員 은행원

② ここ 여기 / ロッテデパート 롯데 백화점

③ ここ 여기 / すしや 초밥 집

④ ケーキ 케이크 / 100円 100엔

⑤ 金さん 김 씨 / 日本語の先生 일본어 선생

6 명사 + では(じゃ)ありませんでした : ~이 아니었습니다

「~です」의 과거부정은 「では(じゃ)ありませんでした」이다.

· 昔、この店はあまり有名では(じゃ)ありませんでした。

옛날 이 가게는 별로 유명하지 않았습니다.

· 刺身はあまり新鮮では(じゃ)ありませんでした。 회는 별로 신선하지 않았습니다.

확인연습

> **ex** 約束^{やくそく} 약속 / 10時^じ 10시
>
> → 約束は10時じゃありませんでした。 약속은 10시가 아니었습니다.

① 山田^{やまだ}さん 야마다 씨 / 銀行員^{ぎんこういん} 은행원

② あそこ 거기 / 図書館^{としょかん} 도서관

③ カメラ 카메라 / 6万円^{まんえん} 6만엔

④ あそこ 거기 / もりさんの部屋^{へや} 모리 씨의 방

⑤ きのう 어제 / 休^{やす}み 휴일

7 명사＋でしょう : ~이지요? / ~이겠지요

「~です」를 「~でしょう」로 바꾸면 다음과 같이 문장 끝의 억양에 따라 의미가 달라진다. 끝을 올려 발음하면 상대방의 동의나 의향을 확인하는 것이고, 끝을 내리면 자신의 추측을 나타낸다.

· 会社^{かいしゃ}は9時^じからでしょう。(↗) 회사는 9시부터이지요?

　会社は9時からでしょう。(↘) 회사는 9시부터일겁니다.

· あしたも雨^{あめ}でしょう。(↗) 내일도 비가 오겠지요?

　あしたも雨でしょう。(↘) 내일도 비가 올 거예요.

 확인연습

> **ex** あの建物^{たてもの} 저 건물 / 何^{なん} 무엇
>
> → あの建物は何でしょうか。 저 건물은 무엇입니까?

① あの人^{ひと} 저 아이 / だれ 누구

② この写真^{しゃしん} 이 사진 / どこ 어디

③ あの子^こ 저 아이 / いくつぐらい 몇 살 정도

④ その女^{おんな}の人^{ひと} 그 여자 / どこの国^{くに}の人^{ひと} 어느 나라 사람

⑤ 田中^{たなか}さん 다나카 씨 / どんな先生^{せんせい} 어떤 선생님

8 명사＋じゃありませんか : ～가 아닙니까?

이 표현은 부정과는 관계없이 상대방에게 되묻는 반어적인 표현이다.

· これ、あなたの財布じゃありませんか。 이것, 당신 지갑 아니에요?

· 一人では危険じゃありませんか。 혼자서는 위험하지 않아요?

📖 확인연습

> ex あれ 저것 / あなたの本 당신의 책
>
> ➜ あれはあなたの本じゃありませんか。
>
> 저것은 당신의 책이 아닙니까?

① ここ 여기 / 喫茶店 다방(커피숍)

② そこ 그곳 / 本屋 서점

③ あそこ 거기 / ホテル 호텔

④ これ 이것 / あなたの財布 당신 지갑

⑤ 明日 내일 / 休み 휴일

9 「～は ～で、～は～です」 : ～은(는) ～이고, ～입니다

「～です。～です。」의 두 문장을 한 문장으로 만들려면 앞의 「～です」를 「～で」로 바꾸고 쉼표를 찍으면 된다.

· おとなは140円です。＋ 子供は70円です。 어른은 140엔입니다. + 아이는 70엔입니다.

　→おとなは140円で、子供は70円です。 어른은 140엔이고, 아이는 70엔입니다.

📖 확인연습

> ex 兄は 大学生です / 弟は 高校生です 형은 대학생입니다 / 동생은 고등학생입니다
>
> ➜ 兄は 大学生で、弟は 高校生です。 형은 대학생이고, 동생은 고등학생입니다.

① これは日本語の本です / これは英語の本です

이것은 일본어 책입니다 / 이것은 영어 책입니다

② あそこは図書館です / あそこは食堂です

저기는 도서관입니다 / 저기는 식당입니다

③ こちらは鈴木さんです / こちらは田中さんです

이쪽은 스즈키 씨입니다 / 이쪽은 다나카 씨입니다

명사 응용 표현

03

이번 과에서 배울 내용은?

1_ 명사＋の
2_ ～でも ～でもありません
3_ 명사＋になる
4_ 명사＋に行く/来る
5_ 명사＋だったら

① 명사 + の: ~의 것

앞에 나온 명사를 반복하지 않고 「~の」로 받아 「~의 것」이라는 뜻을 나타낸다. 이 경우의 「~の」는 「~の もの」(~의 물건)와 뜻이 같다. 소유, 존재 등을 나타낸다.

· これは<ruby>本<rt>ほん</rt></ruby>です。この本はだれ の ですか。 ＝ だれの もの(本)

　이것은 책입니다. 이 책은 누구 것입니까?

· その本は私 の です。 ＝ 私のもの(本) 그 책은 내 것입니다.

확인연습

ex <ruby>田中<rt>た なか</rt></ruby>さん　다나카 씨

→ この<ruby>車<rt>くるま</rt></ruby>は田中さんのです。 이 차는 다나카 씨 것입니다.

---

① <ruby>担当者<rt>たんとうしゃ</rt></ruby> 담당자
② <ruby>木村課長<rt>き むら か ちょう</rt></ruby> 기무라 과장님
③ <ruby>社長<rt>しゃちょう</rt></ruby> 사장님
④ 朴さんの<ruby>妹<rt>いもうと</rt></ruby>さん 박 씨의 여동생
⑤ <ruby>日本語<rt>に ほん ご</rt></ruby>の<ruby>先生<rt>せんせい</rt></ruby> 일본어 선생님

② ～でも ～でもありません: ~도 ~도 아닙니다

선택을 요구하는 질문에 대하여 이것도 저것도 아니라는 뜻으로 양자를 부정하는 표현이다.

· <ruby>田中<rt>た なか</rt></ruby>さんは<ruby>会社員<rt>かいしゃいん</rt></ruby>でも<ruby>銀行員<rt>ぎんこういん</rt></ruby>でもありません。<ruby>学生<rt>がくせい</rt></ruby>です。

　다나카 씨는 회사원도 은행원도 아닙니다. 학생입니다.

· テストは<ruby>月曜日<rt>げつよう び</rt></ruby>でも<ruby>水曜日<rt>すいよう び</rt></ruby>でもありません。<ruby>火曜日<rt>か よう び</rt></ruby>です。

　시험은 월요일도 수요일도 아닙니다. 화요일입니다.

확인연습

ex <ruby>兄<rt>あに</rt></ruby> / <ruby>大学生<rt>だいがくせい</rt></ruby> / <ruby>高校生<rt>こうこうせい</rt></ruby> / <ruby>会社員<rt>かいしゃいん</rt></ruby> 오빠 / 대학생 / 고등학생 / 회사원

→ 兄は大学生でも高校生でもありません。会社員です。

오빠는 대학생도 고등학생도 아닙니다. 회사원입니다.

---

① これ / <ruby>日本語<rt>に ほん ご</rt></ruby>の本 / <ruby>英語<rt>えい ご</rt></ruby>の本 / <ruby>中国語<rt>ちゅうごく ご</rt></ruby>の本 이것 / 일본어 책 / 영어 책 / 중국어 책
② あそこ / <ruby>図書館<rt>と しょかん</rt></ruby> / <ruby>食堂<rt>しょくどう</rt></ruby> / <ruby>教室<rt>きょうしつ</rt></ruby> 저기 / 도서관 / 식당 / 교실
③ こちら / <ruby>鈴木<rt>すず き</rt></ruby>さん / <ruby>田中<rt>た なか</rt></ruby>さん / <ruby>山田<rt>やま だ</rt></ruby>さん 이쪽 / 스즈키 씨 / 다나카 씨 / 야마다 씨

③ 명사 + になる : ~가(이) 되다, ~게 되다

명사에 조사 「に」와 동사 「なる」를 붙이면 「~가(이) 되다」라는 뜻이다. 의미상 「그런 상태가 되다」라는 표현이다.

· 日本語の先生になる。 일본어 선생이 되다.

· もう二十歳になりました。 벌써 스무살이 되었습니다.

· このプールは、冬はスケート場になります。 이 풀장은 겨울에는 스케이트장이 됩니다.

> **확인연습**
>
> ex 会社員 회사원
>
> → もうすぐ会社員になります。 이제 곧 회사원이 됩니다.

① 春 봄
② 夏 여름
③ 9時 9시
④ 母 엄마
⑤ 部長 부장

④ 명사 + に行く / 来る : ~하러 가다 / 오다

· 山登りに行く。 등산 가다.

· 買い物に出かける。 물건을 사러 나가다.

· ぜひ、遊びに来てください。 꼭 놀러 오세요.

> **확인연습**
>
> ex テニス 테니스
>
> → 土曜日にはいつもテニスに行きます。 토요일에는 언제나 테니스 하러 갑니다.

① スキー 스키
② 散歩 산책
③ ハイキング 하이킹
④ 水泳 수영

3 명사의 응용표현

5 명사 + だったら: 만일 ~라면

「명사」에 「だったら」를 접속하면 「만일 ~라면」의 의미가 된다.

- 明日(あした)は雨(あめ)だ。 내일은 비가 온다.

  →(もし)明日雨だったら、学校(がっこう)を休(やす)みます。

    만일 내일 비가 오면, 학교를 쉽니다.

- あの店(みせ)は休(やす)みだ。 그 가게는 휴일이다.

  →あの店が休みだったら、どうしますか。

    그 가게가 휴일이면, 어떻게 하죠?

- わたしは大統領(だいとうりょう)だ。 나는 대통령이다.

  →もし、わたしが大統領だったら、困(こま)っている人(ひと)を助(たす)けたい。

    만일 내가 대통령이라면 어려운 사람을 돕고 싶다.

04

접두어와
접미어

이번 과에서 배울 내용은?

1_ 접두어(接頭語)
2_ 접미어(接尾語)

① 접두어(接頭語)

1 「**お**」: 주로 순수 일본어에 붙어 미화어, 존경어로 쓰인다. 단 한자어 앞에는 「ご」가 쓰인다.

- お金 돈, お茶 차, お菓子 과자, ご飯 밥 ── 말을 부드럽게 하는 미화어

- お名前 이름, お国 고향, ご両親 양친, ご主人 남편 ── 상대를 높이는 존경어

2 「**真**」: 「ま, まっ, まん」 등으로 읽히고 단어의 뜻을 강하게 해준다.

- 真夜中 한밤중, 真っ赤 새빨간, 真ん中 한가운데

② 접미어(接尾語)

1 「**たち, ら**」: …들 명사에 붙어 복수를 나타낸다.

- 親たち 부모들, わたしたち 우리들, 彼ら 그들

2 「**目**」: …째 명사에 붙어 차례, 서열을 나타낸다.

- 一番目 첫 번째, 二年目 이 년째, 三時間目 세 시간째

3 「**ごと**」: …째, …마다

- 安かったからケースごと買いました。 (가격이) 싸서 상자째 샀습니다.
- 一月ごとに記録する。 한 달마다 기록하다.

4 「**ずつ**」: …씩 일정한 수를 할당하거나 동일한 양을 반복할 때.

- 一台に五人ずつ乗る。 한 대에 5명씩 탄다.
- 毎日少しずつ食べました。 매일 조금씩 먹었습니다.

5 「屋(や)」: ~가게 명사에 붙어서, 직업으로서 뭔가를 팔거나 취급하고 있는 사람 또는 가게를 나타낸다. 또한 「~さん」을 붙여 그 가게 주인을 부르는 호칭으로 사용한다.

魚屋(さかなや) 생선 가게	花屋(はなや) 꽃집	本屋(ほんや) 서점
肉屋(にくや) 정육점	果物屋(くだものや) 과일 가게	薬屋(くすりや) 약방, 약국
パン屋(や) 제과점	クリーニング屋(や) 세탁소	不動産屋(ふどうさんや) 부동산 중개소
文房具屋(ぶんぼうぐや) 문방구	八百屋(やおや) 채소 가게	

6 「だらけ」: ~투성이, ~범벅

· 男(おとこ)が血(ち)だらけで倒(たお)れていた。 남자가 피투성이가 되어 쓰러져 있었다.

· この作文(さくぶん)の漢字(かんじ)は間違(まちが)いだらけだ。 이 작문의 한자는 오자투성이이다.

7 「がてら」「かたがた」: ~하는 김에, ~을 겸하여

· 散歩(さんぽ)がてら、手紙(てがみ)を出(だ)してきます。 산책하는 김에 편지를 부치고 오겠습니다.

· 散歩(さんぽ)かたがた友(とも)だちを訪(たず)ねる。 산책도 할 겸 친구를 방문하다.

い형용사

05

이번 과에서 배울 내용은?

1 い형용사의 어간과 어미

형용사란 주어의 성질이나 상태를 설명하고 수식하는 역할을 하며, 그 자체로 술어가 되는 말이다. 특징은 기본형 어미가 반드시「~い」로 끝난다. 예를 들어「寒い」와 같은 い형용사를 어간과 어미로 나눠보면 다음과 같다. 활용하지 않는 부분은「어간」, 활용하는 부분은「어미」라 한다.

韓国の冬は寒 い。 한국의 겨울은 춥다.
　　　　　　어간 어미

기본형	공손한 표현
安い 싸다	安いです 쌉니다
大きい 크다	大きいです 큽니다
新しい 새롭다	新しいです 새롭습니다
おいしい 맛있다	おいしいです 맛있습니다
おもしろい 재미있다	おもしろいです 재미있습니다

2 い형용사의 활용

회화로 익히는 문법

A ユナさん、日本のせいかつはどうですか。

B ぶっかが高いですね。

A そうですね。

B とてもたいへんです。でもおもしろいです。

A そうですか。

A 유나 씨, 일본 생활은 어떻습니까?

B 물가가 비싸요.

A 그렇겠죠.

B 너무 힘들어요. 하지만 재미있습니다.

A 그래요?

1 공손한 표현

가령「寒い」자체는「춥다」라는 반말이므로 어미「~い」에「~です」를 연결하여 공손한 말을 만든다.

寒い ＋ です ⇒ 寒いです
춥다　 ~ㅂ니다 ⇒ 춥습니다

・山田さんの時計は高いです。 야마다 씨의 시계는 비쌉니다.

・日本語の勉強はおもしろいですか。 일본어 공부는 재미있습니까?

확인연습 1

ex. 東京の生活 도쿄의 생활 / おもしろい 재미있다

→ 東京の生活はおもしろいです。 도쿄의 생활은 재미있습니다.

① ソウルのふゆ 서울의 겨울 / さむい 춥다

② 日本語 일본어 / むずかしい 어렵다

③ ハンバーガー 햄버거 / おいしい 맛있다

2 い형용사 + 명사

뒤에 명사가 올 때는 어미가 기본형과 똑같다. 즉 기본형 그대로 연결한다. 이를 연체형 또는 명사 수식형이라 부른다.

おもしろい + 映画　おもしろい映画
재미있다 ＋ 영화　재미있는 영화

・高い時計です。 비싼 시계입니다.

・美しい花です。 아름다운 꽃입니다.

・赤いくつです。 빨간 구두입니다.

기본형	연체형(명사수식형)
いい 좋다	いい天気 좋은 날씨
おいしい 맛있다	おいしい果物 맛있는 과일
面白い 재미있다	面白い日本語 재미있는 일본어
難しい 어렵다	難しい本 어려운 책
小さい 작다	小さいレストラン 작은 레스토랑

확인연습 1

ex. 小さい 작다 / 町 마을

→ 小さい町です。 작은 마을입니다.

① ふるい 오래되다 / 建物 건물
② おもしろい 재미있다 / 小説 소설
③ 新しい 새롭다 / 先生 선생님
④ 安い 싸다 / ケイタイ 휴대폰
⑤ かわいい 귀엽다 / イヤリング 귀고리

잠깐 주목!

「大きい荷物」와 「大きな荷物」

1. 「大きい荷物」
   객관적으로 짐의 크기를 문제시하는 경우에 작은 짐과 대비하여 부피를 염두에 두고 하는 말이다.
2. 「大きな荷物」
   표현하는 사람의 주관성이 강한 표현으로 감각적으로 느낀 짐의 크기를 나타내는 표현이다. 만약 혼자 들고 가기에 부담스러움을 느낀다면 「이렇게 큰 짐을 어떻게 나 혼자」라고 말할 때 적합한 표현이다.

3 い형용사 어간 + くて ~하고

한 사물의 두 가지 성질을 나열하거나 원인, 이유를 표현하려면 어미 「い」를 「く」로 바꾸고 조사 「て」와
연결한다.

い형용사 어간 + くて ~하고

---

① 상태의 나열 「~하고」

・冬は寒い。 겨울은 춥다. + 風も強い。 바람도 세다.

　冬は寒くて風も強い。 겨울은 춥고 바람도 세다.

・彼女はやさしい。 그녀는 상냥하다. + 彼女は美しい。 그녀는 아름답다.

　彼女はやさしくて美しい。 그녀는 상냥하고 아름답다.

A 彼はどんな人ですか。 그는 어떤 사람입니까?

B 背が高くてハンサムな人です。 키가 크고 미남입니다.

확인연습 1

ex ふるい 오래되다 / 小さい 작다 / ビル 빌딩

　→ ふるくて小さいビルです。 오래되고 작은 빌딩입니다.

① 値段が安い 가격이 싸다 / 狭い 좁다 / ホテル 호텔
② 海が近い 바다가 가깝다 / 涼しい 시원하다 / 家 집
③ 暖かい 따뜻하다 / 明るい 밝다 / 部屋 방
④ 目が大きい 눈이 크다 / 顔が丸い 얼굴이 둥글다 / 男の人 남자
⑤ 背が高い 키가 크다 / 髪が長い 머리가 길다 / 女の人 여자

---

② 원인, 이유 「~해서」

・このアイスクリームは甘くて体に悪いです。 이 아이스크림은 달아서 몸에 안 좋습니다.

・あの山はけわしくて一人では無理です。 저 산은 험해서 혼자서는 무리입니다.

・まずくて残した。 맛이 없어서 남겼다.

4 부정표현

어미 「い」를 「く」로 바꾼 다음 부정을 나타내는 「~ない」를 연결한다. 공손한 말은 「~ない」에 「です」를 붙이거나 「~ありません」을 쓰면 된다. 회화체에서는 「~くないです」 형태를 더 많이 쓰는 편이다.

> **い형용사 어간 + <u>くありません</u>** (~지 않습니다)
> **= くないです**

· 今日は忙しい。 오늘은 바쁘다.

→ 今日は忙<u>しくない</u>。 오늘은 바쁘지 않다.

→ 今日は忙<u>しくないです</u>。 오늘은 바쁘지 않습니다. −회화체에서 많이 사용한다.

　今日は忙しくありません。

▶ 보기와 같이 표를 완성하세요

ex	大きい 크다	大きいです 큽니다	大きくないです 크지 않습니다
①	小さい 작다		
②	広い 넓다		
③	せまい 좁다		
④	高い 비싸다		
⑤	安い 싸다		
⑥	やさしい 쉽다		
⑦	むずかしい 어렵다		
⑧	さむい 춥다		
⑨	あつい 덥다		
주의	いい 좋다	いいです 좋습니다	よくないです 좋지 않습니다

5 과거형

어미「い」를「かっ」으로 고치고 과거조동사「た」에 연결하면「かった」가 된다. 즉「い」를「かった」로 고치면 과거형「~했다」가 된다. 공손한 표현은 뒤에「~(ん)です」를 붙이면 된다.

い형용사 어간 + かった ~했다

・今日は暑い。 오늘은 덥다.

→きのうは暑かった。 어제는 더웠다.

→きのうは暑かった+(ん)です。 어제는 더웠습니다.
　　　　　　　　　　　　➘ 문장의 뜻을 강조할 때 쓰는 말.

・刺身は安くておいしい。 회는 싸고 맛있다.

→刺身は安くておいしかったです。 회는 싸고 맛있었습니다.

📖 **확인연습**

ex ソウル 서울 / くるま 차 / 多い 많다

　→ ソウルはくるまが多かったんです。 서울은 차가 많았습니다.

---

① 日本 일본 / 物価 물가 / 高い 비싸다
② 山田さん 야마다 씨 / 背 키 / 高い 크다
③ ロンドン 런던 / 雨 비 / 多い 많다

---

6 과거부정

부정을 나타내는「ない」는 그 꼴이「い형용사」와 동일하므로 활용 역시「い형용사」식으로 하면 된다. 즉,「~ない」를 과거로 고쳐「~なかった」를 연결하면「~하지 않았다」라는 과거부정이 된다. 공손한 표현은 뒤에「です」를 붙이면 된다. 또한「~なかった(ん)です」는「~くありませんでした」와 같다.

い형용사 어간 + くなかった ~하지 않았다

・パーティーは楽しくない。 파티는 즐겁지 않다.

→昨日のパーティーは楽しくなかった。 어제 파티는 즐겁지 않았다.

・この教科書はあまり難しくない。 이 교과서는 별로 어렵지 않다.

→この教科書はあまり難しくなかったです。 이 교과서는 별로 어렵지 않았습니다.

(=くありませんでした)

▶ 다음 보기와 같이 표를 완성하세요.

ex	冬は寒い 겨울은 춥다	冬は寒かったです 겨울은 추웠습니다	冬は寒くなかったです 겨울은 춥지 않았습니다
①	家から遠い 집에서 멀다		
②	旅行は楽しい 여행은 즐겁다		
③	レストランは大きい 레스토랑은 크다		
④	映画はおもしろい 영화는 재미있다		
⑤	天気がいい 날씨가 좋다		

7 가정형

① 어미 「い」를 「けれ」로 바꾸고 가정의 의미를 가진 조사 「ば」를 붙이면 된다. 즉, 「い」를 「ければ」로 바꾸면 가정이 된다.

い형용사 어간 + **ければ** ~하면

- 明日は忙しい。 내일은 바쁘다.　明日は忙しければ　내일 바쁘면
- 品質がよい。 품질이 좋다.　品質がよければ　품질이 좋으면

② 「い형용사 가정형」 + 「ば」에 「い형용사 원형」 + 「ほど」를 연결하면 「~하면 ~할수록」의 문형이 만들어진다.

- 映画はおもしろければおもしろいほどいいです。 영화는 재미있으면 재미있을수록 좋습니다.
- パソコンは軽ければ軽いほど高いです。 PC는 가벼우면 가벼울수록 비쌉니다.

8 가정조건형

「い형용사」의 어미 「い」를 조건을 나타내는 말 「たら」에 접속하면 「~かったら(만일 ~하면)」가 된다.

い형용사 어간 + **かったら** 만일 ~하면

- 暑い 덥다
  → 暑かったら、窓を開けてください。 더우면 창문을 여세요.

・近い 가깝다
→もっと学校が近かったら、いいのになあ。 좀 더 학교가 가까우면 좋을 텐데.

▶ 다음 도표를 완성하세요.

기본형	공손한 표현 어간+です	공손한 부정 어간+くありません =くないんです	공손한 과거 어간+かったです	공손한 과거부정 어간+くありませんでした =くなかったんです	연결형 어간+くて
暑い 덥다	暑いです	暑くありません	暑かったです	暑くありませんでした	暑くて
寒い 춥다					
涼しい 시원하다					
暖かい 따뜻하다					
大きい 크다					
小さい 작다					
多い 많다					
少ない 적다					
太い 굵다					
細い 가늘다					
楽しい 즐겁다					
長い 길다					
短い 짧다					
高い 비싸다, 높다					
安い 싸다					
低い 낮다					
面白い 재미있다					
良い 좋다					
悪い 나쁘다					
重い 무겁다					
軽い 가볍다					
広い 넓다					
狭い 좁다					
新しい 새롭다					
古い 낡다					

5
い형용사

近_{ちか}い 가깝다					
遠_{とお}い 멀다					
難_{むずか}しい 어렵다					
易_{やさ}しい 쉽다					
忙_{いそが}しい 바쁘다					
固_{かた}い 딱딱하다					
柔_{やわ}らかい 부드럽다					

い형용사의 응용

06

이번 과에서 배울 내용은?

① 「い형용사」 + くなる: ~해지다

상황이나 성질의 변화를 나타내는 표현이다.

- 来週^{らいしゅう}から忙^{いそが}しい。 다음 주부터 바쁘다.　　来週から忙しくなります。 다음 주부터 바빠집니다.

- 背^せが高^{たか}い。 키가 크다.　　　　　　　　背が高くなりました。 키가 커졌습니다.

- 体^{からだ}がだるい。 몸이 나른하다.　　　　　体がだるくなりました。 몸이 나른해졌습니다.

② 「い형용사」의 부사화 「~(하)게 」

い형용사 어미 「い」를 「く」로 바꾸면 된다. 이런 형태로 바뀐 것 중에는 부사화 외에 「遠^{とお}く」(먼 곳, 멀리) 「近^{ちか}く」(근처, 부근)처럼 명사로 굳어져 사용되는 표현도 있다.

- 日本語^{にほんご}をおもしろく教^{おし}える。 일본어를 재미있게 가르치다.

- 名前^{なまえ}を大^{おお}きく書^かいてください。 이름을 크게 써 주세요.

> 📖 확인연습
>
> 　ex 帰^{かえ}ります 돌아갑니다 / 早^{はや}く 빨리
>
> 　→ 早く帰ります。 빨리 돌아갑니다.

① 帰^{かえ}ります 돌아갑니다 / 遅^{おそ}く 늦게

② 起^おきます 일어납니다 / 早^{はや}く 일찍

③ 寝^ねます 잡니다 / 遅^{おそ}く 늦게

④ 寝^ねます 잡니다 / 早^{はや}く 일찍

⑤ 食^たべます 먹습니다 / おいしく 맛있게

③ 중지법 「~고」

い형용사 어미 「い」를 「く」로 바꾸어 일단 글을 중지했다가 계속한다.

- 山^{やま}は高^{たか}く、道^{みち}は険^{けわ}しい。 산은 높고, 길은 험하다.

- これは品質^{ひんしつ}もよく、値段^{ねだん}も安^{やす}いです。 이것은 품질도 좋고, 값도 쌉니다.

④ ～て ～て「너무 ~해서」

- 欲<ほ>しくて欲しくてたまりません。 너무 갖고 싶어 견딜 수 없습니다.

- 悔<くや>しくて悔しくてなりません。 너무 분해서 견딜 수 없습니다.

⑤ 「い형용사」의 명사화

1 어간에 접미어 「さ, み, け」등을 붙여 명사로 만든다.

- 美<うつく>しい 아름답다　　美<うつく>しさ 아름다움

- 高<たか>い 높다　　高<たか>さ 높이

- 深<ふか>い 깊다　　深<ふか>さ 깊이, 深<ふか>み 깊은 맛의 정도

- 寒<さむ>い 춥다　　寒<さむ>さ 추위, 寒<さむ>け 오한

- 眠<ねむ>い 졸리다　　眠<ねむ>け 졸음

2 색(色<いろ>)을 나타내는 말은 형용사와 명사형으로 나타낼 수 있다.

い형용사	白<しろ>い 하얗다	黒<くろ>い 검다	赤<あか>い 빨갛다	青<あお>い 파랗다	黄色<き いろ>い 노랗다	茶色<ちゃいろ>い 갈색나다	
명사	白<しろ> 하양	黒<くろ> 검정	赤<あか> 빨강	青<あお> 파랑	黄色<き いろ> 노랑	茶色<ちゃいろ> 갈색	桃色<ももいろ> · ピンク 분홍색 · 핑크

이외 나머지는 대부분 명사형으로 색을 나타내며 다음과 같이 표현에 주의한다.

ⓐ「무슨 색」인지에 비중을 두는 경우는 형용사형을 주로 사용한다.

- 白<しろ>い帽子<ぼう し>をかぶっている。 흰 모자를 쓰고 있다.

ⓑ 명사형은 여러 가지 색 중에서「특별히 지정하는 어떤 한 색」임을 나타내고자 할 때 사용한다.

- 黒<くろ>の靴<くつ>をはいている。 검정 구두를 신고 있다.

3 맛(味<あじ>)에 관한 표현

甘<あま>い 달다	苦<にが>い 쓰다	辛<から>い 맵다
塩辛<しおから>い 짜다	酸<す>っぱい 시다	渋<しぶ>い 떫다
脂<あぶら>っこい 느끼하다	濃<こ>い 진하다	薄<うす>い 연하다

4 「い형용사」에서 나온 명사

· 遠い 멀다 → 遠く 먼 곳

· 近い 가깝다 → 近く 근처

⑥ 「い형용사」의 동사화

1 「い형용사」의 어간에 동사형 접미어 「〜がる」를 붙이면 「〜하게 느끼다[여기다]」의 의미가 된다.

기본형	어간 + がる
嬉しい 기쁘다	嬉しがる 기뻐하다
寒い 춥다	寒がる 추워하다
うらやましい 부럽다	うらやましがる 부러워하다
悲しい 슬프다	悲しがる 슬퍼하다
欲しい 갖고 싶다	欲しがる 갖고 싶어 하다
寂しい 외롭다	寂しがる 외로워하다

· 彼女はとても悲しがっている。 그녀는 아주 슬퍼하고 있다.

· この本はみんながほしがるだろうと思います。 이 책은 누구나 갖고 싶어할 거라 생각됩니다.

2 「い형용사」의 어간에 동사형 접미어 「〜すぎる」를 붙이면 「지나치게(너무) 〜하다」의 의미가 된다. 접속 형태는 「동사ます형+すぎる, 형용사 어간+すぎる」이다.

기본형	어간 + すぎる
大きい 크다	大きすぎる 너무 크다
重い 무겁다	重すぎる 너무 무겁다
高い 비싸다	高すぎる 너무 비싸다
早い 빠르다	早すぎる 너무 빠르다
長い 길다	長すぎる 너무 길다
遅い 느리다	遅すぎる 너무 느리다

· 東京は物價が高すぎる。 도쿄는 물가가 너무 비싸다.

· 髪の毛が長すぎるから、短く切ってください。 머리카락이 너무 기니까, 짧게 잘라 주세요.

· たばこを吸いすぎるから、肺が悪くなるのです。
담배를 지나치게 피우기 때문에, 폐가 나빠지는 겁니다.

な형용사

07

이번 과에서 배울 내용은?

1_ な형용사의 어간과 어미
2_ な형용사의 활용

1 な형용사의 어간과 어미

「な형용사」는 주어의 성질이나 상태를 설명하고 수식하는 역할을 하며, 그 자체로 술어가 된다. 본래 어원이 명사로서 「명사」에 「だ」를 붙인 「명사+だ」의 꼴이 기본형이며 「だ」는 「～하다」로 해석한다. 이를 어간과 어미로 나누면 아래와 같다.

この大学は　有名だ。 이 대학은 유명하다.
　　　　　　　어간　어미

기본형	공손한 표현
好きだ 좋아하다	好きです 좋아합니다
便利だ 편리하다	便利です 편리합니다
上手だ 능숙하다	上手です 능숙합니다
親切だ 친절하다	親切です 친절합니다
元気だ 건강하다	元気です 건강합니다

な형용사의 특징

① 「い형용사」는 사전에 실려 있는 형태가 기본형과 동일한데 반해 「な」형용사의 경우는 사전에 어미 「だ」를 뺀 기본형의 어간 부분만 실려 있다. 참고로 형용사의 호칭은 형용사가 뒤에 명사를 수식하는 꼴에 따라 분류하는데 「な형용사」의 경우는 명사가 올 경우에 어미가 「だ」가 「～な」로 활용한다고 해서 「な형용사」라고 부른다.

い형용사 高い (사전형·기본형) / な형용사 親切 (사전형) · 親切だ(기본형)

② 그러면 "보통명사와 「な형용사」가 될 수 있는 명사를 어떻게 구별할 수 있나"라는 의문이 생길 것이다. 구별 방법은 간단하다. 예를 들어 보통명사인 「学生(がくせい)」에 「だ」를 붙인 「学生だ」를 해석해 보면 「～하다」가 아닌 「학생이다」라고 해석해야 자연스러울 것이다. 이와 같이 어떤 명사에 「だ」를 붙여서 해석이 「～이다」이면 보통명사이고, 「～하다」로 해석되는 것은 「な형용사」로 보면 된다.

② な형용사의 활용

회화로 익히는 문법

A　金さん、お国は韓国ですね。

B　ええ、済州道です。

A　どんな所ですか。

B　そうですね。大きい島です。
　　でも静かできれいな所ですよ。

A　そうですか。

A　김 씨, 고향이 한국이지요?

B　예, 제주도입니다.

A　어떤 곳입니까?

B　글쎄요. 큰 섬입니다. 하지만 조용하고
　　깨끗한 곳입니다.

A　그렇습니까?

7 な형용사

1 공손한 말

가령「~きれいだ」자체는「깨끗하다」라는 반말이므로 어미「~だ」를「~です」로 바꾸면 공손한 말이 된다.

な형용사 어간 + です ~합니다

· ここはにぎやかだ。 여기는 번화하다.

　→ ここはにぎやかです。 여기는 번화합니다.

· このレストランはきれいだ。 이 레스토랑은 깨끗하다.

　→ このレストランはきれいです。 이 레스토랑은 깨끗합니다.

확인연습

ex. この小説 이 소설 / 有名だ 유명하다
→ この小説は有名です。 이 소설은 유명합니다.

① この公園 이 공원 / 静かだ 조용하다
② 今日 오늘 / 暇だ 한가하다
③ 子供 아이 / 元気だ 건강하다
④ 地下鉄 지하철 / 便利だ 편리하다
⑤ 彼女 그녀 / 親切だ 친절하다

2 현재 부정

な형용사 어간 + <u>では(じゃ)ありません</u> ~지 않습니다
= では(じゃ)ないです

명사와 마찬가지로 「~です」의 부정은 「~では(じゃ)ありません」이다.

기본형	공손한 표현
好^すきだ 좋아하다	好きではありません 좋아하지 않습니다
便利^{べんり}だ 편하다	便利ではありません 편리하지 않습니다
上手^{じょうず}だ 능숙하다	上手ではありません 능숙하지 않습니다
親切^{しんせつ}だ 친절하다	親切ではありません 친절하지 않습니다
元気^{げんき}だ 건강하다	元気ではありません 건강하지 않습니다

- あのレストランは<u>親切^{しんせつ}です</u>。 저 레스토랑은 친절합니다.

  →あのレストランは<u>親切では(じゃ)ありません</u>。 저 레스토랑은 친절하지 않습니다.

- ここは<u>静^{しず}かです</u>。 여기는 조용합니다.

  →ここは<u>静かでは(じゃ)ありません</u>。 여기는 조용하지 않습니다.

확인연습

> **ex.** そのホテル 그 호텔 / 有名^{ゆうめい}だ 유명하다
>
> → 有名じゃありません。 그 호텔은 유명하지 않습니다.

① 成績^{せいせき} 성적 / 立派^{りっぱ}だ 훌륭하다
② 交通^{こうつう} 교통 / 便利^{べんり}だ 편리하다
③ その生徒^{せいと} 그 학생 / 真面目^{まじめ}だ 성실하다
④ この問題^{もんだい} 이 문제 / 簡単^{かんたん}だ 간단하다
⑤ 明日^{あした} 내일 / 暇^{ひま}だ 한가하다

3 명사 연결

な형용사 어간 + <u>な</u> + 명사 ~한+명사

명사를 수식하는 모양은 「~な+명사」로 기본형 어미 「だ」를 「な」로 바꾸어 연결한다.

기본형	연체형(명사수식형)
好^すきだ 좋아하다	好きなスポーツ 좋아하는 스포츠
親切^{しんせつ}だ 친절하다	親切な店^{みせ} 친절한 가게
元気^{げんき}だ 건강하다	元気な人^{ひと} 건강한 사람
便利^{べんり}だ 편리하다	便利な機械^{きかい} 편리한 기계
必要^{ひつよう}だ 필요하다	必要なお金^{かね} 필요한 돈

- 静^{しず}かだ。 조용하다.　静^{しず}かな部屋^{へや}です。 조용한 방입니다.
- 有名^{ゆうめい}だ。 유명하다.　有名^{ゆうめい}な大学^{だいがく}です。 유명한 대학입니다.

확인연습 1

> **ex** 静^{しず}かだ 조용하다 / 町^{まち} 마을
>
> ➡ 静かな町です。 조용한 마을입니다.

① 重要^{じゅうよう}だ 중요하다 / 書類^{しょるい} 서류

② 安全^{あんぜん}だ 안전하다 / 所^{ところ} 곳

③ にぎやかだ 변화하다 / 所^{ところ} 곳

④ 有名^{ゆうめい}だ 유명하다 / 高校^{こうこう} 고등학교

⑤ 親切^{しんせつ}だ 친절하다 / 人^{ひと} 사람

확인연습 2　　주어진 형용사로 질문에 대답하세요.

> **A** 彼^{かれ}はどんな人ですか。 그는 어떤 사람입니까?
>
> **B** 呑気^{のんき}だ 무사태평하다 ＿＿＿＿＿＿＿＿＿＿＿＿＿＿＿ 무사태평한 사람입니다.

① 건방진 사람입니다. ＿＿＿＿＿＿＿＿＿　　生意気^{なまいき}だ 건방지다

② 착실한 사람입니다. ＿＿＿＿＿＿＿＿＿　　真面目^{まじめ}だ 성실하다, 착실하다

③ 친절한 사람입니다. ＿＿＿＿＿＿＿＿＿　　親切^{しんせつ}だ 친절하다

④ 얌전한 사람입니다. ＿＿＿＿＿＿＿＿＿　　大人^{おとな}しい 얌전하다

⑤ 매우 상냥합니다. ＿＿＿＿＿＿＿＿＿　　やさしい 상냥하다

7
な
형
용
사

な형용사를 사전에서 찾을 때는?

보통 「な형용사」를 사전에서 찾아보면 「きれいだ(아름답다)」처럼 기본형이 나와 있지 않음을 알 수 있다. 다만 명사 꼴 어간인 「きれい(아름다움)」만 나와 있을 뿐이다. 또한 우리가 「い형용사」·「な형용사」라는 명칭을 쓰고 있는데 이는 명사를 수식할 때의 형태를 근거로 이름을 붙인 것이다.

· きれい(아름다움)　きれいな人(예쁜 사람)
· きらい(싫어함)　きらいな音楽(싫어하는 음악)
· ハンサム(핸섬)　ハンサムな男の人(핸섬한 남자)

☞ 「きらい·きれい」를 「い형용사」로 착각하지 않도록 주의하자.

4 열거

な형용사 어간 + で ～하고, ～해서

사물의 두 가지 성질을 나열할 때 「な형용사」의 어미는 「で」로 변한다.

· 静かです。 + 明るい部屋です。 조용합니다. + 밝은 방입니다.

→ 静かで明るい部屋です。 조용하고 밝은 방입니다.

· ユリさんはきれいです。 + 親切です。 유리 양은 예쁩니다. + 친절합니다.

→ ユリさんはきれいで親切です。 유리 양은 예쁘고 친절합니다.

확인연습

ex. 静かだ 조용하다 / きれいだ 깨끗하다 / 町 마을

→ 静かできれいな町です。 조용하고 깨끗한 마을입니다.

① 安全だ 안전하다 / 丈夫だ 튼튼하다 / マンション 맨션
② 若者が多い 젊은이가 많다 / にぎやかだ 번화하다 / 街 거리
③ きれいだ 깨끗하다 / 交通が便利だ 교통이 편리하다 / アパート 아파트
④ きれいだ 예쁘다 / 親切だ 친절하다 / 社員 사원
⑤ あたたかい 따뜻하다 / 静かだ 조용하다 / 部屋 방

5 과거형

な형용사 어간 + だった(ん)です ~했습니다

= でした

명사와 마찬가지로 어미 「だ」를 「だっ」으로 고치고 과거 조동사 「た」에 연결하면 「だった」가 된다. 즉 「だ」를 「だった」로 고치면 과거형 「~했다」가 된다. 공손한 표현은 뒤에 「~(ん)です」를 붙이면 되고, 이는 「~でした」와 같다.

・釜山の刺身は新鮮だ。 부산의 회는 신선하다.

→ 釜山の刺身は<u>新鮮だった</u>。 부산의 회는 신선했다.

→ 釜山の刺身は<u>新鮮だった+(ん)</u>です。 부산의 회는 신선했습니다.

= 新鮮でした ⟵ 문장의 뜻을 강조할 때 쓰는 말.

・彼はとてもまじめだ。 그는 매우 성실하다.

→ 彼はとてもまじめ<u>だったん</u>です。 그는 매우 성실했습니다.

= でした

📖 **확인연습**

> ex. 東京 도쿄 / 交通 교통 / 便利だ 편리함
>
> → 東京は交通が便利でした。 도쿄는 교통이 편리했습니다.

① 束草 속초 / 海 바다 / きれいだ 아름답다
② 日本語 일본어 / 文法 문법 / 簡単だ 간단하다
③ 昔 옛날 / 水泳 수영 / 上手だ 잘하다
④ 日本語 일본어 / 漢字 한자 / 面倒だ 귀찮다
⑤ この店 이 가게 / 料理 요리 / 有名だ 유명하다

6 과거 부정

な형용사 어간 + <u>ではなかったんです</u> ~지 않았습니다
= ではありませんでした

「~ではない」를 과거로 고쳐 「~ではなかった」로 하면 「~하지 않았다」라는 과거부정이 된다. 공손한 표현은 뒤에 「です」를 붙이면 된다. 또한 「~ではなかった(ん)です」는 「~ではありませんでした」와 같다.

· 昔はにぎやかでしたか。 옛날에는 번화했습니까?

　→ いいえ、昔もにぎやかでは<u>ありませんでした</u>。 아니오, 예전에도 번화하지 않았습니다.
　　　　　　　　　　　　　=なかったんです。

· 以前、ここは静かだったんですか。 옛날에, 여기는 조용했습니까?

　→ いいえ、静かではなかったです。 아니요, 조용하지 않았습니다.
　　　　　　　　=ありませんでした。

📖 확인연습

　ex. 刺身 회 / 新鮮だ 신선하다

　　➡ 刺身はあまり新鮮じゃありませんでした。 회는 별로 신선하지 않았습니다.

---

① マンション 맨션 / きれいだ 깨끗하다
② 成績 성적 / 立派だ 훌륭하다
③ 午前中 오전 중 / 暇だ 한가하다
④ 店員 점원 / 親切だ 친절하다
⑤ 日本語 일본어 / 上手だ 능숙하다

7 「な형용사」의 가정조건형

な형용사 어간 + だったら 만일 ~하면

「な형용사」의 어미 「だ」를 조건을 나타내는 말 「たら」에 접속하면 「~だったら」가 된다.

· 健康だ。 건강하다.

　→ 健康だったら、それで十分です。 건강하면, 그것으로 충분합니다.

・きれいだ。 깨끗하다.

→ この喫茶店は、もう少しきれいだったら、もっとお客が入ると思うんですが。

이 찻집은 좀 더 깨끗하면, 더 많은 손님이 올 거라고 생각합니다만….

8 가정형

な형용사 어간 + なら[ば] ~라면
---

① な형용사 + なら(ば)

어미 「だ」를 「なら」로 바꾸고 가정의 의미를 가진 조사 「ば」를 붙이면 된다. 즉, 「だ」를 「ならば」로 바꾸면 가정이 되는데 보통은 「ば」를 생략하고 「~なら」의 형태를 취한다.

・パーティーはいつもにぎやかだ。 파티는 언제나 떠들썩하다.

→ 今度のパーティーもにぎやかならいいんですがね。 이번 파티도 떠들썩했으면 좋겠는데.

A 暇ですか。 한가하십니까?

B 暇ならいいんですが、この頃、忙しくて大変です。

한가하면 좋겠는데, 요즘 바빠서 야단입니다.

② 명사 + なら : ~라면

명사에 「なら」가 붙으면 화제를 한정하는 표현이 된다.

・五日は忙しいですが、六日ならひまです。 5일은 바쁘지만, 6일이라면 한가합니다.

・食べ物なら何でも好きです。 음식은 뭐든지 좋아합니다.

📖 확인연습

> ex. 日本語 일본어 / 安部先生 아베 선생님
> → 日本語なら安部先生が一番です。 일본어라면 아베 선생님이 제일입니다.

① スポーツ 스포츠 / テニス 테니스
② 音楽 음악 / ジャズ 재즈
③ 韓国の食べ物 한국 음식 / キムチ 김치
④ 日本料理 일본요리 / しゃぶしゃぶ 샤브샤브
⑤ 電気製品 전기제품 / 秋葉原 아키하바라

▶ 보기와 같이 표를 완성하세요.

기본형	공손한 부정	공손한 과거	공손한 과거부정	연결형
～だ	어간+ではありません ＝ではない(ん)です	어간+でした ＝だった(ん)です	어간+ではありませんでした ＝ではなかった(ん)です	어간+で
好_すきだ 좋아하다	好きではありません 좋아하지 않습니다	好きでした 좋아했습니다	好きではありませんでした 좋아하지 않았습니다	好きで 좋아하고
嫌_{きら}いだ 싫어하다				
上手_{じょうず}だ 능숙하다				
下手_{へた}だ 서툴다				
便利_{べんり}だ 편리하다				
不便_{ふべん}だ 불편하다				
親切_{しんせつ}だ 친절하다				
静_{しず}かだ 조용하다				
暇_{ひま}だ 한가하다				
親鮮_{しんせん}だ 신선하다				
元気_{げんき}だ 건강하다				
丈夫_{じょうぶ}だ 튼튼하다				
簡単_{かんたん}だ 간단하다				
安全_{あんぜん}だ 안전하다				
真面目_{まじめ}だ 성실하다				
立派_{りっぱ}だ 훌륭하다				
朗_{ほが}らかだ 명랑하다				

▶ 보기와 같이 기본형을 찾아쓰세요.

공손한 표현	기본형	공손한 표현	기본형
高いです 비쌉니다	高い	高くありません	高くない
いいです 좋습니다		よくありません	
安かったです 쌌습니다		安くありませんでした	
広かったです 넓었습니다		広くありませんでした	
静かです 조용합니다		静かではありません	
問題です 문제입니다		問題じゃありません	
元気でした 건강했습니다		元気じゃありませんでした	
好きでした 좋아했습니다		好きではありませんでした	

な형용사의 응용

08

이번 과에서 배울 내용은?

① 「な형용사 어간」+「に」+ 동사

「な형용사」를 동사에 연결하여 말할 때는 어미 「だ」를 「に」로 바꾸면 된다.

- きれいだ。 깨끗하다.　　**きれいに**掃除(そうじ)する。 깨끗하게 청소하다.

특히 변화를 나타내는 표현은 동사 「なる(되다)」를 붙이면 된다.

- 日本語(にほんご)が上手(じょうず)だ。 일본어가 능숙하다.　　日本語が<u>上手になる</u>。 일본어가 능숙해지다.

A お体(からだ)の具合(ぐあ)いはいかがですか。 몸 상태는 어떻습니까?

B ええ、もう元気(げんき)になりました。 예, 이제 건강해졌습니다.

확인연습

> **ex.** お酒(さけ)がきらいだ。 술을 싫어하다.
>
> → お酒がきらいになりました。 술이 싫어졌습니다.

① 家(いえ)のまわりが静(しず)かだ。 집 주위가 조용하다.
② 掃除(そうじ)をしてきれいだ。 청소를 해서 깨끗하다.
③ 日本語が上手(じょうず)だ。 일본어가 능숙하다.
④ 田中(たなか)さんは有名(ゆうめい)だ。 다나카 씨는 유명하다.
⑤ バスより電車(でんしゃ)のほうがずっと便利(べんり)だ。 버스보다 전차가 훨씬 편리하다.

---

② 「な형용사」의 명사화

어간에 접미어 「さ」를 붙이면 명사화 된다.

기본형		어간 + ~さ	
静(しず)かだ	조용하다	静(しず)かさ	조용함
華(はな)やかだ	화려하다	華(はな)やかさ	화려함
賑(にぎ)やかだ	번화하다	賑(にぎ)やかさ	번화함
丈夫(じょうぶ)だ	튼튼하다	丈夫(じょうぶ)さ	튼튼함
素直(すなお)だ	순진하다	素直(すなお)さ	순진함

③ 「な형용사」의 동사화

1 「な형용사」의 어간에 동사형 접미어 「〜がる」를 붙이면 「〜하게 느끼다[여기다]」의 의미가 된다.

기본형	어간 + 〜がる
不思議だ 이상하다	不思議がる 이상하게 여기다
いやだ 싫다	いやがる 싫어하다

- いやがる子に無理に勉強させる。 싫어하는 아이에 억지로 공부시키다.
- 今度のことはみんなが不思議がっている。 이번 일은 모두가 이상하게 여기고 있다.

2 「な형용사」의 어간에 동사형 접미어 「〜すぎる」를 붙이면 「너무 〜하다」의 의미가 된다.

기본형	어간 + 〜すぎる
静かだ 조용하다	静かすぎる 너무 조용하다
まじめだ 성실하다	まじめすぎる 너무 성실하다
元気だ 건강하다	元気すぎる 기운이 넘치다
派手だ 화려하다	派手すぎる 너무 화려하다
暇だ 한가하다	暇すぎる 너무 한가하다
簡単だ 간단하다	簡単すぎる 너무 간단하다

- この辺は静かすぎて寂しいくらいだ。 이 근방은 너무 조용해서 쓸쓸할 정도다.
- この服は年寄りには少し派手すぎる。 이 옷은 노인에게 조금 지나치게 화려하다.

④ 취향과 능력에 관한 표현

회화로 익히는 문법

A 歌が好きですか。	A 노래를 좋아하십니까?
B ええ、好きです。	B 예, 좋아합니다.
/ あまり好きじゃありません。	/ 별로 좋아하지 않습니다.

취향이나 능력을 나타내는 말이 뒤에 오면 조사는 「〜が」를 취한다.

1 ~が好きです / きらいです : ~을 좋아합니다 / 싫어합니다

A 食べ物は何が好きですか。 음식은 무엇을 좋아하십니까?

B 私はキムチが大好きです。 나는 김치를 아주 좋아합니다.

A 林さんは猫が嫌いですか。 하야시 씨는 고양이를 싫어하십니까?

B はい、猫はちょっと。 예, 고양이는 좀.

2 ~が上手です / 下手です : ~를 잘합니다 / 못합니다

A 林さんは英語が上手ですか。 하야시 씨는 영어를 잘합니까?

B いいえ、下手です。 아뇨, 못합니다.

A テニスがお上手ですね。 테니스를 잘하시는군요.

B いいえ、まだまだです。 아뇨, 아직 멀었습니다.

▶ 上手에 お를 붙이면 '잘하시다'는 뜻의 경어가 된다.

📖 확인연습 1

> **ex.** サッカー 축구 ➡ 私はサッカーが好きです。 나는 축구를 좋아합니다.

① 秋 가을
② 読書 독서
③ 中華料理 중국 요리
④ 日本の映画 일본 영화
⑤ クラシック音楽 클래식 음악

📖 확인연습 2

> **ex.** 歌 노래 ➡ 小野さんは歌が上手です。 오노 씨는 노래를 잘합니다.

① 話 이야기
② ギター 기타
③ 運転 운전

⑤ 비교 · 선택표현

1 …と …と どちらが …ですか : ~와 ~중에서 어느 쪽이 ~(ㅂ)니까?

두 가지를 열거하고, 그 중에서 하나를 고르는 표현이다. 한쪽을 기준으로 하여 다른 한쪽과 비교하는
「~の方^{ほう}」는「~편, ~쪽」이라는 뜻이다.

A 春^{はる}と秋^{あき}とどちらが好^すきですか。 봄과 가을 중에서 어느 쪽을 좋아합니까?

B 秋^{あき}です。 가을입니다.

A 日本語^{にほんご}と英語^{えいご}とどちらが上手^{じょうず}ですか。 일본어와 영어 중에서 어느 쪽을 잘하십니까?

B 英語^{えいご}より日本語^{にほんご}の方^{ほう}が上手^{じょうず}です。 영어보다 일본어를 잘합니다.

/ 日本語の方が上手です。 일본어 쪽을 잘합니다.

📖 확인연습 1

> ex. ソウル 서울 / 日本 일본 / 物価^{ぶっか}が高^{たか}い 물가가 비싸다
>
> ➡ ソウルと日本とどちらが物価が高いですか。
>
> 서울과 일본 중에서 어느 쪽이 물가가 비쌉니까?

① ソウルタワー 서울타워 / 東京^{とうきょう}タワー 도쿄타워 / 高^{たか}い 높다

② ソウル 서울 / 釜山 부산 / 大^{おお}きい 크다

③ 韓国^{かんこく} 한국 / 日本 일본 / 面積^{めんせき}が広^{ひろ}い 면적이 넓다

④ 韓国^{かんこく} 한국 / 日本 일본 / 人口^{じんこう}が多^{おお}い 인구가 많다

⑤ 日本語 일본어 / 英語 영어 / 上手 능숙함

📖 확인연습 2

> ex. 東京^{とうきょう} 도쿄 / ソウル 서울 / 寒^{さむ}い 춥다
>
> ➡ 東京よりソウルのほうが寒いです。 도쿄보다 서울이 춥습니다.

① 釜山 부산 / ソウル 서울 / 大^{おお}きい 크다

② 春 봄 / 秋^{あき} 가을 / 好^すき 좋아함

③ 英語 영어 / 日本語 일본어 / 上手 능숙함

④ 金さん 김 씨 / 李さん 이 씨 / 歌^{うた}が上手 노래를 잘함

⑤ バス 버스 / タクシー 택시 / 便利^{べんり} 편리

8 な형용사의 응용

2 (…の中で)…が一番…です : (~중에서) ~가 제일 ~(ㅂ)니다

세 개 이상 많은 것 중에서, 또는 어느 것 하나를 선택하는 표현으로 총체적인 것 중에서 「~이 제일 ~
하다」라는 표현이다. 비교하는 내용에 따라 의문사도 바뀐다.

의문사	だれ	なに	どこ	いつ	どれ	どうやって
뜻	누구	무엇	어디	언제	어느 것	어떻게
비교하는 내용	사람	종류	장소	시간	열거한 것 중에 선택	방법

A 季節の中でいつが一番好きですか。 계절 중에서 언제를 가장 좋아합니까?

B 秋が一番好きです。 가을을 가장 좋아합니다. … 대답할 때는 꼭 「一番」을 넣도록 한다. 주의할 것!

A 外国語の中で何が一番上手ですか。 외국어 중에서 무엇을 가장 잘합니까?

B 日本語が一番上手です。 일본어를 제일 잘합니다.

확인연습 1

ex. キムチ 김치

→ キムチが一番好きです。 김치를 가장 좋아합니다.

① サッカー 축구
② 京都 교토
③ ぶどう 포도
④ 春 봄
⑤ 日本語 일본어

확인연습 2

ex. 韓国料理 한국요리 / 何 무엇 / 好き 좋아함

→ 韓国料理では何が一番好きですか。 한국요리 중에서 무엇을 가장 좋아합니까?

① スポーツ 스포츠 / 何 무엇 / 上手 능숙함
② 日本の観光地 일본의 관광지 / どこ 어디 / きれい 아름다움
③ 果物 과일 / 何 무엇 / 好き 좋아함
④ 季節 계절 / いつ 언제 / 暑い 덥다
⑤ このクラス 이 반 / 誰 누구 / 背が高い 키가 크다

확인연습 3

ex. ハンラ山 / 韓国 / 高い山 한라산 / 한국 / 높은 산

→ ハンラ山は韓国で一番高い山です。 한라산은 한국에서 가장 높은 산입니다.

① 太平洋 / 世界 / 広い海 태평양 / 세계 / 넓은 바다
② マレーシア / アジア / 雨が多い国 말레이시아 / 아시아 / 비가 많은 나라
③ 中国 / 世界 / 人口が多い国 중국 / 세계 / 인구가 많은 나라
④ 日本 / 世界 / 物価が高い国 일본 / 세계 / 물가가 비싼 나라
⑤ 彼 / クラスの中 / よくできる学生 그 / 반(학생) / 공부를 잘하는 학생

8 な형용사의 응용

 잠깐주목!

1. 세 개 이상을 비교하여 선택하는 경우라도 아래와 같이 화자가 내용을 구체적으로 한정하여 제시할 경우는 보통 「〜のうちで」를 사용한다.

· バスと地下鉄とタクシーのうちで、どれが一番速いですか。

(버스와 지하철과 택시 중에서 어느 것이 가장 빠릅니까?)

· 三人のうちで私が一番背が低いです。 (세 사람 중에서 내가 가장 키가 작습니다.)

2. 세 개 이상을 비교하여 선택하는 경우 아래와 같이 화자가 내용을 구체적으로 열거하여 제시할 경우는 「何・何」이 아니라 「どれ」를 사용한다.

A りんごとバナナといちごの中でどれが一番好きですか。

(사과와 바나나와 딸기 중에서 어느 것을 가장 좋아합니까?)

B いちごが一番好きです。 (딸기를 가장 좋아합니다.)

존재를 나타내는 표현

이번 과에서 배울 내용은?

회화로 익히는 문법

A 近くにいい電気屋がありますか。

B ありますよ。駅の前にしろいビルがありますね。あのビルの後ろです。

A 근처에 좋은 전파상이 있습니까?

B 있습니다. 역 앞에 흰 빌딩이 있지요? 저 빌딩 뒤쪽입니다.

電気屋:전기제품을 따로 파는 가게, 또는 수리, 전기공사 등을 업으로 하는 사람.

① 무생물의 경우

(사물)은 (장소)에 あります ~은 ~에 있습니다

존재를 나타내는 표현으로, 「に」는 존재하는 장소를 나타내며, 「あります」는 사물의 경우에 쓴다.

▶ 기본형은 ある(있다).

・つくえの上に新聞があります。 책상 위에 신문이 있습니다.

・ソファーのうしろにラケットがあります。 소파 뒤에 라켓이 있습니다.

A 学校はどこにありますか。 학교는 어디에 있습니까?

B 駅のそばにあります。 역 근처에 있습니다.

확인연습

ex. 店の前 / 電話 가게 앞 / 전화

→ 店の前に電話があります。 가게 앞에 전화가 있습니다.

① ベッドの横 / テレビ 침대 옆 / 텔레비전

② 机の上 / 書類 책상 위 / 서류

③ 公園の前 / レストラン 공원 앞 / 레스토랑

④ 階段の右 / お手洗い 계단 오른 쪽 / 화장실

⑤ かごの中 / りんご 바구니 속 / 사과

② 사람·동물의 경우

> **(사람·동물)は (장소)に います ~은 ~에 있습니다**

존재를 나타내는 표현으로, 「に」는 존재하는 장소를 나타내며, 「います」는 사람이나 동물의 경우에 쓴다.
▼ 기본형은 いる(있다)

A ユリさん、課長はどこにいますか。 유리 씨, 과장님은 어디에 있습니까?
B 課長は3階の会議室です。 과장님은 3층 회의실에 있습니다.

☞ 「~はどこにいますか」에 대한 대답으로 「~は会議室です」라는 표현을 했는데 이는 「~にいます」를 간단히 말한 형태이다.

· 猫は冷蔵庫の後ろにいます。 고양이는 냉장고 뒤에 있습니다.

> **확인연습**
>
> ex. 部屋 방 / 中 안 / 子供 아이
>
> → 部屋の中に子供がいます。 방 안에 아이가 있습니다.

① ビデオショップ 비디오 숍 / 前 앞 / 弟 남동생
② 母 어머니 / 後ろ 뒤 / 妹 여동생
③ 恋人 애인 / となり 옆 / 彼女のお父さん 그녀의 아버지
④ 姉 누나 / 左 왼쪽 / 猫 고양이
⑤ 本屋 서점 / 先生 선생님
⑥ 会議室 회의실 / 課長代理 과장 대리

③ 존재 표현의 응용

1 부정과 과거

	사물		사람, 동물
현재	있습니다	あります	います
부정	없습니다	ありません	いません
과거	있었습니다	ありました	いました
과거부정	없었습니다	ありませんでした	いませんでした

- 引き出しの中にはありません。 서랍 안에는 없습니다.

- テーブルの上にもありませんでした。 테이블 위에도 없었습니다.

A 田中さん、会社の近くにプールはありますか。 다나카 씨, 회사 근처에 수영장은 있습니까?

B 会社の近くにはありませんけど…。 회사 근처에는 없습니다만….

- 部長はさっきまで会議室にいましたが…。 부장님은 조금 전까지 회의실에 있었습니다만….

- 姉は結婚して、今釜山にいます。 누나는 결혼해서 지금 부산에 있습니다.

〈사람에 ある를 쓰는 경우〉

「장소+に」가 아닌 경우에는 사람의 경우라도 소유의 의미로「あります」를 쓸 수 있다. 특히 배우자, 가족, 친구, 부부, 애인 등의 유무를 말할 때는「ある」를 사용하는 경우가 많다. 단, 구체적인 이름을 거명할 때는 반드시「ある」가 아닌「いる」를 써야 한다.

- 私には妹があります。 나에게는 여동생이 있습니다.

- 姉は子供が3人あります。 언니는 아이가 세 명 있습니다.

- 私には妹の景子がいます。 나에게는 여동생인 게이코가 있습니다.

2 何か / 何が / 何も : 무엇인가 / 무엇이 / 아무것도

ⓐ「何か」 「何かがありますか。」에서「が」가 생략된 표현이다. 사물의 존재 유무(有無) 즉「있느냐, 없느냐」를 묻는 말이며, 그에 대한 대답은 존재 여부를 확인해 주는「はい」또는「いいえ」로 시작해야 한다.

ⓑ「何が」 「무엇이 있느냐」라는 질문으로 사물의 내용을 묻는 말이다.

ⓒ「何も」 부정 표현에 이어져「아무것도 없습니다.」라는 의미가 된다.

なに 무엇	なにか 무엇인가	なにが 무엇이	なにも 아무것도
だれ 누구	だれか 누군가	だれが 누가	だれも 아무도
どこ 어디	どこか 어딘가	どこが 어디가	どこにも 어디에도
いくつ 몇 개	いくつか 몇 개인가	いくつが 몇 개가	ひとつも 한 개도

A テーブルの上に何かありますか。 테이블 위에 무언가 있습니까?

B はい、あります。 / いいえ、何もありません。 예, 있습니다. / 아니요, 아무것도 없습니다.

A 何か質問がありますか。 무언가 질문 있습니까?

B いいえ、別に…。 아니요, 별로….

A 教室にだれかいますか。 교실에 누군가 있습니까?
きょうしつ

B はい、います。 예, 있습니다.

A だれがいますか。 누가 있습니까?

B 先生がいます。 선생님이 있습니다.
せんせい

「何」와「何」읽는 법
なに　　　なん

한자 읽기에 관한 문제는 자연스럽게 하나씩 익혀 가는 것이 가장 좋은 방법이나, 몇 가지의 규칙이 있다.

① 「何」
なに

「何」 뒤에 내용, 이름을 묻는 말이 와서 여러 종류 중에서 어느 것에 해당되느냐를 묻는 말이나, 조사 「に・も・
なに
か・が・を・から・まで・より」 등이 이어지는 경우는 「なに」로 읽는다.

예 何新聞(무슨 신문), 何色(무슨 색), 何事(무슨 일), 何から何まで(하나부터 끝까지),
なにしんぶん　　　　　なにいろ　　　　　なにごと　　　　　　なに　　　なに

何が欲しいですか。 (무엇을 갖고 싶습니까?)
なに　　ほ

② 「何」
なん

「何」 뒤에 수량을 나타내는 말이 와서 「몇」이라는 의미로 쓰일 때, 조사 「の・で・と」나 조동사 「だ・です」가 이
なん
어지는 경우는 「なん」으로 읽는다.

예 何時(몇 시), 何人(몇 사람), 何階(몇 층), 何枚(몇 장), 何の話(무슨 이야기),
なんじ　　　なんにん　　　　なんがい　　　なんまい　　　なに　はなし

何の用事ですか。 (무슨 용무이십니까?)
なん　ようじ

3 열거표현 「と」「や」「も」의 용법

「と」는 명사를 열거할 때 존재하는 모든 것을 제시하는 말로 「AとB」는 「A와 B」 두 가지만 있다는 뜻이
고, 「や」는 예로서 제시하는 말로 「AやBやC(等)」는 「A랑 B랑 C(등등)」의 뜻으로 이 외에도 다른 것이
など
더 있는데 그 중에서 「A와 B와 C」만을 대표로 열거한 것이다. 「も」는 열거할 것을 순차적으로 나열한
표현으로 「AもBもCも」(A도 B도 C도)와 같이 쓴다.

・会議室には吉田さんと課長がいます。 회의실에는 요시다 씨와 과장님이 있습니다.
かいぎしつ　　よしだ　　　かちょう

・机の上には雑誌や手紙やコーヒーカップがあります。
つくえ　うえ　　ざっし　てがみ

책상 위에는 잡지랑 편지랑 커피 잔이 있습니다.

📖 **확인연습 1**

ex. 受付^{うけつけ} 접수처 / 前^{まえ} 앞 / 田中^{た なか}さん 다나카 씨 / 林^{はやし}さん 하야시 씨

➡ 受付^{うけつけ}の前^{まえ}に田中^{た なか}さんと林^{はやし}さんがいます。 접수처 앞에 다나카 씨와 하야시 씨가 있습니다.

① 電話^{でん わ} 전화 / そば 옆 / 山田^{やま だ}さん 야마다 씨 / 課長^{か ちょう} 과장님
② 私^{わたし} 나 / 後^{うし}ろ 뒤 / 社長^{しゃちょう} 사장님 / 部長^{ぶ ちょう} 부장님
③ 教室^{きょうしつ} 교실 / 中^{なか} 안 / 学生^{がくせい} 학생 / 先生^{せんせい} 선생님

📖 **확인연습 2**

ex. 受付^{うけつけ} 접수처 / そば 근처 / ソファー 소파 / テーブル 테이블

➡ 受付^{うけつけ}のそばにソファーやテーブルがあります。 접수처 근처에 소파랑 테이블이 있습니다.

① 本棚^{ほんだな} 책꽂이 / 上^{うえ} 위 / 本^{ほん} 책 / アルバム 앨범
② テーブル 테이블 / 下^{した} 아래 / 雑誌^{ざっ し} 잡지 / 新聞^{しんぶん} 신문
③ ソウル駅^{えき} 서울역 / 近^{ちか}く 근처 / 喫茶店^{きっ さ てん} 찻집 / 食堂^{しょくどう} 식당
④ 6·3ビル 6·3빌딩 / 中^{なか} 안 / 会社^{かいしゃ} 회사 / いろいろな店^{みせ} 여러 가지 가게

4 사물의 위치

上^{うえ}(위) ↔ 下^{した}(아래)	中^{なか}(속/안) ↔ 外^{そと}(밖)
右^{みぎ}(오른쪽) ↔ 左^{ひだり}(왼쪽)	裏^{うら}(뒤, 뒤쪽) ↔ 表^{おもて}(앞쪽, 겉쪽, 표면)
前^{まえ}(앞) ↔ 後^{うし}ろ(뒤)	近^{ちか}く(근처, 근방)
隣^{となり}(옆, 이웃, 옆 사람)	向^むかい(맞은편) = 真向^{ま む}かい(정면)
横^{よこ}(옆)	向^{むこ}う(반대 쪽, 건너편)
そば(옆, 곁, 부근)	隅^{すみ}(구석) = 角^{かど}(모서리)

· 皿^{さら}の右^{みぎ}にフォークがあります。 접시 오른쪽에 포크가 있습니다.

· 階段^{かいだん}の左^{ひだり}にトイレがあります。 계단 왼쪽에 화장실이 있습니다.

· 鍵^{かぎ}はソファーの上^{うえ}にあります。 열쇠는 소파 위에 있습니다.

· 猫^{ねこ}はいすの下^{した}にいます。 고양이는 의자 밑에 있습니다.

· レストランの前^{まえ}に公園^{こうえん}があります。 레스토랑 앞에 공원이 있습니다.

· 私^{わたし}の後^{うし}ろに弟^{おとうと}がいます。 내 뒤에 남동생이 있습니다.

확인연습

ex. 中 / デパート 안 / 백화점
なか

→ 貿易センターの中にデパートがあります。 무역센터 안에 백화점이 있습니다.
ぼうえき

① 前 / コーヒーショップ 앞 / 커피숍
まえ

② 後ろ / 病院 뒤 / 병원
うし   びょういん

③ そば / 本屋 옆 / 서점
ほん や

④ 右 / 銀行 오른쪽 / 은행
みぎ ぎんこう

⑤ 左 / 食堂 왼쪽 / 식당
ひだり しょくどう

 잠깐 주목!

「となり」「よこ」「そば」의 구별

우리말로는 모두 「옆」으로 해석된다. 때문에 어느 때 어떤 말을 써야 할지 혼동하는 경우가 많다. 비슷한 의미이나 다음과 같이 구별해서 사용해야 할 경우도 있다.

父のとなりに母がいます。 아버지 옆에 어머니가 있습니다.
ちち   はは

男の人の横に公衆電話があります。 남자 옆에 공중전화가 있습니다.
おとこ ひと よこ こうしゅうでん わ

駅のそばに郵便局があります。 역 근처에 우체국이 있습니다.
えき   ゆうびんきょく

ⓐ 「A隣B」는 이웃(집),(좌우로)바로 옆, 옆자리의 의미가 강하며, 「A와 B가 서로 독립되어 동등한 느낌을 나타내는 같은 종류의 사물」인 경우에만 사용할 수 있다.
となり

ⓑ 「A横B」는 좌우로 가까운 방향을 나타낼 때 주로 사용하며 「A와 B중에서 어느 한 쪽이 부속되는 느낌을 주며 대체로 서로 다른 사물」인 경우가 많다.
よこ

ⓒ 「AそばB」는 A를 기준으로 볼 때 B가 가까이 근접해 있음을 나타내며, B의 위치는 기준 A와 일렬로 있는 경우가 아닌 전후좌우인 경우가 많다. 그리고 정서적으로 가깝게 옆에 있다고 할 때도 「そば」를 쓴다.

동사

10

이번 과에서 배울 내용은?

① 동사의 기본형

자립어로서 활용이 있고, 사물의 동작, 작용, 존재를 나타낸다. 일본어 동사의 기본형 어미는 항상 「う단음」으로 끝난다.

② 동사의 종류

일본어 동사는 활용 형태에 따라 1Group동사 · 2Group동사 · 3Group동사로 나누어진다.

③ 동사의 구별

1Group동사 (5단동사)

1 「う단」으로 끝나되, 「る」로 끝나지 않는 모든 동사, 즉 「く · ぐ · す · つ · ぬ · ぶ · む · う」로 끝나는 동사이다.

行く(가다)	買う(사다)	話す(말하다)
まつ(기다리다)	呼ぶ(부르다)	死ぬ(죽다)

2 어미가 「る」로 끝나는 것 중에서 「る」바로 앞의 음이 「あ단 · う단 · お단」인 경우.

ある(있다)	ぬる(칠하다)	取る(취하다)

2Group동사 (상 · 하1단동사)

어미가 「る」로 끝나며, 「る」앞에 있는 어미가 「い단 · え단」음인 경우.

見る(보다)	起きる(일어나다)	食べる(먹다)

3그룹동사 (변격동사)

3그룹동사는 불규칙활용을 하는 동사로 2개뿐이다.

来る(오다)	する(하다)	勉強する(공부하다)

◀ 한자어 + する형태도 여기에 속한다.

④ 예외 1Group동사

모양은 2Group이지만 1Group에 속하는 동사를 말한다.

帰る(돌아가다, 돌아오다)	入る(들어가다, 들어오다)	知る(알다)
切る(자르다)	要る(필요하다)	走る(달리다)
減る(줄다)	練る(반죽하다, 단련하다)	握る(쥐다)

동사의 「ます형」

11

이번 과에서 배울 내용은?

① 동사의 「ます형」이란?

동사 기본형에 정중체 「ます」를 붙여 「~합니다, ~하겠습니다」라는 공손한 의미를 나타내고, 규칙적으로 반복되는 동작이나 미래 시제를 나타낸다. 동사의 「ます형」 만드는 법을 알아보자.

회화로 익히는 문법

A	すみません。このバスはソウル駅へ行きますか。	A 저기요, 이 버스는 서울역에 갑니까?
B	ソウル駅へは行きませんよ。新村へ行きます。	B 서울역으로는 안 갑니다. 신촌에 갑니다.

1Group동사 (5단동사) 기본형의 「ウ단음」 어미를 「イ단음」으로 바꾸고 「~ます」를 붙인다.

会う	만나다	会います	死ぬ	죽다	死にます
書く	쓰다	書きます	遊ぶ	놀다	遊びます
泳ぐ	헤엄치다	泳ぎます	読む	읽다	読みます
話す	말하다	話します	帰る	돌아가다	帰ります
待つ	기다리다	待ちます	入る	들어가다	入ります

2Group동사 어미 「る」를 떼고 「~ます」를 붙인다.

見る	보다	見ます	寝る	자다	寝ます
起きる	일어나다	起きます	落ちる	떨어지다	落ちます
食べる	먹다	食べます	立てる	세우다	立てます
教える	가르치다	教えます	生きる	살다	生きます

3Group동사(변격동사) 불규칙동사로 별도로 암기해야 한다.

来る	오다	来ます	する	하다	します

※ 「帰る(돌아가다)」, 「入る(들어가다)」는 예외 1Group동사이다.

▶ 다음 동사의 그룹명과 「ます형」을 쓰세요.

동사	Group	ます형	동사	Group	ます형
休む(쉬다)	1	休みます	歩く(걷다)		
行く(가다)			売る(팔다)		
書く(쓰다)			作る(만들다)		
聞く(듣다)			する(하다)	3	します
泳ぐ(헤엄치다)			食べる(먹다)		
脱ぐ(벗다)			来る(오다)	3	
話す(말하다)			寝る(자다)		
消す(끄다)			見る(보다)		
出す(꺼내다)			開ける(열다)		
買う(사다)			死ぬ(죽다)		
起きる(일어나다)	2	起きます	読む(읽다)		
使う(사용하다)			飲む(마시다)		
待つ(기다리다)			遊ぶ(놀다)		

📖 확인연습

ex. ジュース 주스 / 飲む 마시다
→ ジュースを飲みます。 주스를 마십니다.

① 本 책 / 読む 읽다
② 映画 영화 / 見る 보다
③ 音楽 음악 / 聞く 듣다
④ 日本料理 일본요리 / 食べる 먹다
⑤ 運動 운동 / する 하다

❷ 동사「ます」의 변형

시제	「ます」의 변형	의미
현재	～ます	～합니다 / ～하겠습니다
현재부정	～ません	～하지 않습니다
과거	～ました	～했습니다
과거부정	～ませんでした	～하지 않았습니다
권유	～ましょう	～합시다

1 「ません」: 「ます」의 현재부정

A 買いますか。 사시겠습니까?

B いいえ、買いません。 아뇨, 안 삽니다.

📖 확인연습

> ex. コーヒーを飲む 커피를 마시다
>
> → コーヒーはあまり飲みません。 커피는 그다지 마시지 않습니다.

① 音楽を聞く 음악을 듣다
② 映画を見る 영화를 보다
③ 買い物をする 쇼핑을 하다

2 「ました」: 「ます」의 과거

A きのうだれか会いましたか。 어제 누군가 만났습니까?

B はい、高校時代の友だちに会いました。 예, 고등학교 때 친구를 만났습니다.

📖 확인연습

> ex. 本屋へ行く 서점에 가다
>
> → きのう本屋へ行きましたか。 어제 서점에 갔었습니까?

① 何をする 무엇을 하다
② テレビを見る 텔레비전을 보다
③ 新聞を読む 신문을 읽다

3 「ませんでした」: 「ます」의 과거부정

A 夕べ、ご飯を食べましたか。 어젯밤, 밥을 먹었습니까?

B いいえ、食べませんでした。 아니요, 안 먹었습니다.

A 部屋の中にだれかいましたか。 방안에 누군가 있었습니까?

B いいえ、だれもいませんでした。 아뇨, 아무도 없었습니다.

확인연습

ex. 釜山へ行く 부산에 가다

→ 行きます │ 行きました │ 行きません │ 行きませんでした

갑니다 | 갔습니다 | 가지 않습니다 | 가지 않았습니다

① 英語を習う 영어를 배우다
② 相撲を見る 스모를 보다
③ 日本語を勉強する 일본어를 공부하다
④ 日本料理を食べる 일본요리를 먹다
⑤ 日本へ来る 일본에 오다

11 동사의 ます형

4 「ましょう(か)」: 「ます」의 권유

▸ 권유할 때도 쓰지만 정중하게 '제가 ~할까요?' 라고 물을 때도 많이 쓴다.

A 窓を開けましょうか。 창을 열까요?

B すみません。お願いします。 미안합니다. 부탁해요.

A 手伝いましょうか。 도와드릴까요?

B いいえ、けっこうです。 아뇨, 괜찮습니다.

확인연습

ex. いつ 언제 / 行く 가다

→ いつ行きましょうか。 언제 갈까요?

① 何を 무엇을 / 食べる 먹다
② 何曜日に 무슨 요일에 / 練習する 연습하다
③ どこへ 어디에 / 行く 가다

5 **「ませんか」** : **「ます」**의 부드러운 권유

「~ましょうか」가 적극적인 권유인 반면 「~ませんか」는 조심스러운 권유의 표현이다.

A ちょっとお茶でも飲みませんか。 잠깐 차라도 마시겠습니까?

B ええ、いいですよ。 예, 좋습니다.

A あした山登りに行きませんか。 내일 등산 가지 않겠습니까?

B あしたですか。明日はちょっと…。 내일 말입니까? 내일은 좀….

📖 **확인연습**

ex. いっしょに食事に行く 함께 식사하러 가다

➜ いっしょに食事に行きませんか。 함께 식사하러 가지 않겠습니까?

---

① お茶を飲む 차를 마시다
② 晩ご飯を食べる 저녁밥을 먹다
③ 試合を見に行く 시합을 보러 가다

---

③ **「ます형」의 명사화**

1 **「ます형」**은 그 자체가 명사가 된다.

기본형		ます형	기본형		ます형
書く(쓰다)	→	書き(씀)	答える(대답하다)	→	答え(답, 대답)
帰る(돌아가다)	→	帰り(귀가)	遊ぶ(놀다)	→	遊び(놀이)
通る(통과하다)	→	通り(길, 거리)	話す(이야기하다)	→	話し(이야기)
踊る(춤추다)	→	踊り(춤, 무용)	休む(쉬다)	→	休み(휴일)
終わる(끝나다)	→	終り(끝, 마지막)	問う(묻다)	→	問い(질문)

2 **い형용사 어간 + 동사**

· 安い 싸다 + 売る 팔다 → 安売り 염가 판매

3 **명사 + 동사**

· 月 달 + 見る 보다 → 月見 달구경

4 동사＋명사

- 入る 들어가다 + 口 입 → 入り口 입구
- 出る 나오다 + 口 입 → 出口 출구

5 동사＋동사

- 出る 나가다 + 稼ぐ 벌다 → 出稼ぎ 돈벌이 나감

4 중지법

한 문장을 중지시키고, 다음 문장으로 연결시킬 수도 있다.

- 図書館へ行き、そこで勉強しました。 도서관에 가서, 거기서 공부했습니다.
- 花は咲き、鳥は歌う。 꽃은 피고, 새는 노래한다.

5 복합동사(複合動詞)

두 개의 동사를 합하여 한 개의 동사를 만든 것으로 「동사ます형+동사」의 꼴을 취한다.

- 合う　서로 ～하다　　助け合う 서로 돕다, 向かい合う 마주 보다, 話し合う 대화하다
- 落とす ～을 빠뜨리다　書き落す 빠뜨리고 쓰다, 言い落とす 깜박 할 말을 빠뜨리다
- 終わる 다 ～하다　　食べ終わる 다 먹다, 飲み終わる 다 마시다
- 換える 바꿔 ～하다　乗り換える 바꿔 타다, 着替える 갈아입다
- 過ぎる 너무 ～하다　食べすぎる 너무 먹다, 飲みすぎる 너무 마시다
- 出す　～하기 시작하다　逃げ出す 도망치기 시작하다, 降り出す 내리기 시작하다
- 続ける 계속 ～하다　歌い続ける 계속 노래하다, 泣き続ける 계속 울기만 하다
- 直す　다시 ～하다　考え直す 다시 생각하다, 書き直す 다시 쓰다
- 残す　～하다가 남기다　食べ残す 먹다 남기다, やり残す 일을 하다가 남겨두다
- 始める ～하기 시작하다　書き始める 쓰기 시작하다, 読み始める 읽기 시작하다

⑥ 동사「ます형」의 주요 문형

1 동사「ます형」+方^{かた} : ~하는 법(방법)

· このカードの使^{つか}い方^{かた}を教^{おし}えてください。 이 카드의 사용법을 가르쳐 주십시오.

· 銀行^{ぎんこう}への行^いき方^{かた}を教^{おし}えてください。 은행가는 법을 가르쳐 주십시오.

> 📖 확인연습
>
> **ex.** この漢字^{かんじ} 이 한자 / 読^よむ 읽다
>
> → すみません。この漢字^{かんじ}の読^よみ方^{かた}を教^{おし}えてください。
>
> 죄송하지만, 이 한자 읽는 법을 가르쳐 주세요.

① キムチ 김치 / 作^{つく}る 만들다

② ワイン 와인 / 選^{えら}ぶ 고르다

③ この本^{ほん} 이 책 / 借^かりる 빌리다

④ 手紙^{てがみ} 편지 / 書^かく 쓰다

2 동사「ます형」・동작성명사＋に 行^いく / 来^くる : ~하러 가다 / ~하러 오다

왕래를 나타내는 동사「行^いく, 来^くる, 出^でる, 出^でかける」앞에 목적을 나타내는 조사「に」가 오면「~하러」의 뜻이 된다. 동작, 작용의 목적을 나타낸다.

· 本^{ほん}を買^かいに行^いく。 책을 사러 가다.

· 日曜日^{にちようび}、買^かい物^{もの}に行^いきました。 일요일에 쇼핑하러 갔습니다.

· 公園^{こうえん}へ散歩^{さんぽ}に行^いきます。 공원에 산책하러 갑니다.

> 📖 확인연습 1
>
> **ex.** 映画^{えいが}を見^みる 영화를 보다
>
> → 映画^{えいが}を見^みに行^いきます。 영화를 보러 갑니다.

① サンプルを送^{おく}る 샘플을 보내다

② 手紙^{てがみ}を出^だす 편지를 부치다

③ 本^{ほん}を借^かりる 책을 빌리다

📖 확인연습 2

ex. 買い物 쇼핑 ➡ 買い物に行きました。 쇼핑하러 갔습니다.

　　　　　　 ➡ 買い物に来ました。 쇼핑하러 왔습니다.

① コンサート 콘서트　　② 洗濯 세탁
③ 旅行 여행　　　　　　④ 散歩 산책
⑤ 仕事 일

3 동사「ます형」＋やすい / にくい ：～하기 쉽다 / ～하기 어렵다

· 間違いやすいから注意しなさい。 틀리기 쉬우니 주의하세요.

· この頃は風邪を引きやすいです。 요즘은 감기에 걸리기 쉽습니다.

· 漢字が多くて読みにくいです。 한자가 많아서 읽기 어렵습니다.

· このボールペンは書きにくいです。 이 볼펜은 쓰기 불편합니다.

· 映画は暗いほうが見やすい。 영화는 어두운 편이 보기 쉽다.

· この説明書は分かりにくいです。 이 설명서는 이해하기 어렵습니다.

📖 확인연습 1

ex. 座る 앉다 / ソファー 소파

　　➡ 座りやすいソファーですね。 앉기 편한 소파군요.

① 持つ 들다 / かばん 가방
② 勉強する 공부하다 / 静かな部屋 조용한 방
③ 使う 사용하다 / 辞書 사전

📖 확인연습 2

ex. 見る 보다 / 古いテレビ 낡은 텔레비전

　　➡ 古いテレビは見にくいです。 낡은 텔레비전은 잘 안보입니다.

① 書く 쓰다 / このペン 이 펜
② 乗る 타다 / この自転車 이 자전거
③ 分かる 알다 / 李先生の説明 이 선생님의 설명

11 동사의 ます형

4 　동사「ます형」· 명사＋かねる　：(사정이 있어) ～하기 어렵다, ～할 수 없다

마음이 내키지 않아 「못한다」고 말할 때, 완곡하게 표현하는 말투이다.

・朝早くは起きかねます。 아침 일찍은 일어나기 어렵습니다.

・そんなにたくさんの仕事を一週間ではいたしかねますが…。

　그렇게 많은 일을 일주일 가지고는 하기 곤란합니다만...

5 　동사「ます형」· 명사＋がち　：～하기 쉽다, 자주 ～하다

・冬の朝は学校に遅れがちだ。 겨울 아침은 학교에 늦기 십상이다.

・雨がちな日が続いて、気分が晴れ晴れしない。

　툭하면 비가 오는 날이 계속되어, 기분이 상쾌하지 않다.

6 　동사「ます형」＋次第　：～하는 대로

・できしだい、お届けいたします。 되는 대로 보내드리겠습니다.

・都合がつきしだい、お返事いたします。 형편이 되는 대로 답장 드리겠습니다.

7 　동사「ます형」＋っこない　：～할 리가 없다, ～할 턱이 없다

・そんな難しいことを子供に言ってもわかりっこないよ。

　그런 어려운 일을 아이에게 말해도 알 턱이 없다.

동사의 「て형」

12

이번 과에서 배울 내용은?

1 동사의 「て형」이란?

「~하고, ~해서」를 뜻하는 조사 「て」에 연결되는 꼴이다. 2Group동사와 3Group동사는 「ます형」과 동일하게 「て」에 연결하나, 1Group동사의 경우는 음편(音便)현상이 일어난다. 음편이란 1Group동사에 한하여 일어나는 발음을 편하게 하기 위한 현상으로 「て・た・たり」등에 연결될 때 1Group동사의 어미가 「い・っ・ん」등으로 바뀌는 현상을 말하며 꼭 암기해야 한다.

> ・て: ~하고(열거), ~해서(이유)
> ・た: ~했다(과거)
> ・たり: ~하기도 하고(동작의 나열)

2 음편의 종류

く ぐ ⇒ い	う つ ⇒ っ る	ぬ ぶ ⇒ ん む
例 かく+て かいて	うたう+て うたって	とぶ+て とんで

1 **い음편**: 어미가 「く・ぐ」인 경우 「て・た・たり」에 연결될 때 「い」로 변하며, 다만 「ぐ」로 끝나는 동사는 탁음 처리가 되어 「で・だ・だり」가 된다.

2 **촉음편**: 어미가 「う・つ・る」인 경우 「て・た・たり」에 연결될 때 「っ」으로 변한다.

3 **발음편**: 어미가 「ぬ・ぶ・む」인 경우는 「ん」으로 변하며, 이때는 발음상 「で・だ・だり」가 된다.

동사	음편	기본형	ます형	て (~하고, ~해서)	た (~했다)	たり (~하기도하고)
1Group	い음편	書く(쓰다) 泳ぐ(헤엄치다)	書きます 泳ぎます	書いて 泳いで	書いた 泳いだ	書いたり 泳いだり
	촉음편	買う(사다) 待つ(기다리다) 帰る(돌아가다)	買います 待ちます 帰ります	買って 待って 帰って	買った 待った 帰った	買ったり 待ったり 帰ったり
	발음편	死ぬ(죽다) 呼ぶ(부르다) 飲む(마시다)	死にます 呼びます 飲みます	死んで 呼んで 飲んで	死んだ 呼んだ 飲んだ	死んだり 呼んだり 飲んだり
2Group		見る(보다) 食べる(먹다)	見ます 食べます	見て 食べて	見た 食べた	見たり 食べたり
3Group		来る(오다) する(하다)	来ます します	来て して	来た した	来たり したり

3 예외동사

1 1Group동사지만 어미가 「~す」로 끝나는 동사는 「ます형」과 동일하게 「て・た・たり」에 연결한다.

2 「行く」는 어미가 「く」로 끝나므로 원칙대로라면 「い음편」에 해당하나 예외로 「촉음편」이 되어 아래와 같이 활용한다.

동사	ます형	て(~하고, ~해서)	た(~했다)	たり(~하기도하고)
話す(말하다)	話します	話して	話した	話したり
行く(가다)	行きます	行って	行った	行ったり

▶ 다음 표를 완성하세요.

기본형	ます형	て형	た형	たり형
買う(사다)	買います(삽니다)	買って(사고)	買った(샀다)	買ったり(사기도 하고)
	待ちます			
	呼びます			
	吸います			
	帰ります			
	思います			
	死にます			
	行きます			
	起きます			
	寝ます			
	騒ぎます			
	飲みます			
	来ます			
	勉強します			

④ 동사「て형」의 주요 문형

1 ~てください : ~해 주세요

「~てください」는 의뢰를 나타내거나 부드러운 명령의 뜻으로 쓰인다. 그다지 정중한 표현이 아니므로 손윗사람에게는 쓰지 않는 것이 좋다.

· こちらを見てください。 이쪽을 보세요.

· 6時に起きてください。 6시에 일어나세요.

A そのネクタイを見せてください。 그 넥타이를 보여 주세요.

B はい、どうぞ。 예, 여기 있습니다.

확인연습 1

ex. これ 이것 / 2枚 두 장
→ これを2枚ください。 이것을 두 장 주세요.

① 葉書 엽서 / 3枚 세 장
② すいか 수박 / 2個 두 개
③ ビール 맥주 / 1本 한 병

확인연습 2

ex. お名前を書く 이름을 쓰다
→ お名前を書いてください。 이름을 쓰십시오.

① 宿題をする 숙제를 하다
② もう少し待つ 조금 더 기다리다
③ 写真を見せる 사진을 보여주다
④ 書類を渡す 서류를 넘기다
⑤ お医者さんを呼ぶ 의사를 부르다

확인연습 3

ex. この道をまっすぐ行く 이 길을 곧장 가다

→ この道をまっすぐ行ってください。 이 길을 곧장 가세요.

① ゆっくり待つ 느긋하게 기다리다
② 次の角を右に曲がる 다음 모퉁이를 오른쪽으로 돌다
③ 二つ目の信号を左に曲がる 두 번째 신호에서 왼쪽으로 돌다
④ 銀行の前で止める 은행 앞에서 세우다
⑤ 横断歩道を渡る 횡단보도를 건너다

2 〜て 〜する : 〜하고 〜하다

동작의 순서를 나타낸다.

· 電灯を消して、ベッドに入った。 전등을 끄고 잠자리에 들었다.

· 朝起きて、顔を洗って、朝ごはんを食べます。 아침에 일어나, 세수를 하고, 밥을 먹습니다.

· 本を読んで感想を書きました。 책을 읽고 감상을 썼습니다.

확인연습 1

ex. 7時に起きる / 朝御飯を食べる / 会社へ行く

7시에 일어나다 / 아침을 먹다 / 회사에 가다

→ 7時に起きて、朝御飯を食べて、会社へ行きます。

7시에 일어나, 아침을 먹고, 회사에 갑니다.

① うちへ帰る / 着替える / パーティーに行く

집에 오다 / 옷을 갈아입다 / 파티에 가다

② 駅を出る / この道をまっすぐ行く / 左に曲がる

역에서 나오다 / 이 길을 곧장 가다 / 왼쪽으로 돌다

③ 晩御飯を食べる / ビデオを見る / 寝る

저녁을 먹다 / 비디오를 보다 / 자다

12 동사의 て형

확인연습 2 다음 예와 같이 밑줄친 부분을 ❶, ❷를 사용하여 말해보자.

ex. A すみませんが、<u>急(いそ)いでこれをコピーしてください。</u>❶

　　　미안하지만, 서둘러 이것을 복사해 주세요.

　　B コピーですか。 복사 말입니까?

　　A ええ、それから<u>この書類(しょるい)をファックスで送(おく)ってください。</u>❷

　　　예, 그리고, 이 서류를 팩스로 보내 주세요.

　　B これをコピーして、この書類(しょるい)をファックスで送(おく)るんですね。

　　　이것을 복사하고, 이 서류를 팩스로 보내란 말이지요.

❶	❷
本社(ほんしゃ)へ行(い)く 본사에 가다	この書類(しょるい)を森(もり)さんに渡(わた)す 이 서류를 모리 씨에게 전하다
工場(こうじょう)へ行(い)く 공장에 가다	こちらに電話(でんわ)する 이쪽으로 전화하다
金さんの家(いえ)へ行(い)く 김 씨 집에 가다	これを奥(おく)さんに渡(わた)す 이것을 부인에게 전하다
田中(たなか)さんに会(あ)う 다나카 씨를 만나다	いっしょに本社(ほんしゃ)へ行(い)く 함께 본사에 가다
部長(ぶちょう)の部屋(へや)へ行(い)く 부장님 방에 가다	この写真(しゃしん)を見(み)せる 이 사진을 보여주다

3　～てもいいですか / ～てもかまいませんか : ~해도 됩니까? 〈허가〉

・はい、(～ても)いいです 예, ~해도 좋습니다

・はい、(～ても)かまいません 예, ~해도 상관없습니다

회화로 익히는 문법

A あのう、ここに座(すわ)ってもいいですか。
　A 저, 여기에 앉아도 됩니까?

B あ、ここはちょっと。田中さんがいますので。
　B 아, 여기는 좀. 다나카 씨가 있기 때문에.

A そうですか。
　A 그렇습니까?

B あ、こちらにどうぞ。
　B 아, 이쪽으로 앉으세요.

A はい。失礼(しつれい)します。
　A 예, 실례하겠습니다.

상대방의 허가(許可(きょか))를 구하는 표현이다. 이에 대한 대답으로는 「はい、(～ても)いいです。(예, (~해도) 좋습니다.)」「ええ、どうぞ。(예, 그럼요.)」라고 하면 된다.

A 午後から買い物に行くつもりです。 오후부터 쇼핑을 갈 생각입니다.

B 私も一緒に行ってもいいですか。 나도 함께 가도 됩니까?

A 電話を借りてもいいですか。 전화를 써도 됩니까?

B はい、(借りても)いいです / かまいません。 예, 써도 됩니다. / 괜찮습니다.

📖 **확인연습**

> **ex.** ここに座る 여기에 앉다
>
> → ここに座ってもいいですか。 여기에 앉아도 됩니까?

① 窓を開ける 창문을 열다
② 鉛筆で書く 연필로 쓰다
③ 今晩、電話をかける 오늘밤 전화를 걸다
④ 4時ごろ帰る 4시경 귀가하다
⑤ 月曜日にごみを出す 월요일에 쓰레기를 버리다

---

4 ~てはいけません / ~ては駄目です ：~해서는 안 됩니다 〈금지〉

강한 금지(禁止)나 규제를 나타내는 표현이다.

A ここでタバコを吸ってもいいですか。 여기서 담배를 피워도 됩니까?

B あのう、タバコはちょっと…。 저, 담배는 좀… (곤란합니다).

A ここに車を止めてもいいですか。 여기에 차를 세워도 됩니까?

B いいえ、(止めては)いけません / 駄目です。 아니오, (세워서는) 안 됩니다. / 안 됩니다.

📖 **확인연습**

> **ex.** ここに駐車する 여기에 주차하다
>
> → ここに駐車してはいけません。 여기에 주차해서는 안 됩니다.

① 左に曲がる 왼쪽으로 돌다
② この部屋に入る 이 방에 들어가다
③ ここで道を渡る 여기에서 길을 건너다
④ 時速30キロより速く運転する 시속 30킬로보다 빨리 운전하다
⑤ 教室で携帯電話を使う 교실에서 휴대전화를 사용하다

12 동사의 て형

5 ～てみる : ～해 보다

회화로 익히는 문법

A トニさん、しゃぶしゃぶを食^たべましたか。

B いいえ、まだです。

A おいしいですよ。

B そうですか。じゃあ、今度^{こんど}食^たべてみます。

A 토니 씨, 샤브샤브를 먹었습니까?

B 아뇨, 아직 안 먹어봤습니다.

A 맛있어요.

B 그래요. 그럼 다음에 먹어 보겠습니다.

본동사의 「て」형에 보조동사 「みる」가 붙어 어떤 일을 시험 삼아 해 보다는 뜻을 나타낸다.

A すみません。探^{さが}している本^{ほん}が見^みつからないんですが。

실례합니다. 찾고 있는 책이 안 보이는데요.

B そちらのコンピューターで探^{さが}してみてください。 그쪽에 있는 컴퓨터로 한번 찾아보세요.

확인연습 1

ex. このシャツを着^きる 이 셔츠를 입다

→ このシャツを着てみてください。 이 셔츠를 입어 보세요.

① テストを受^うける 시험을 보다

② 何^{なん}の意味^{いみ}か辞書^{じしょ}をひく 무슨 뜻인지 사전을 찾다

③ 何^{なに}があるか、開^あける 무엇이 있는지 열다

④ おいしいか、おいしくないか、食^たべる 맛있는지 맛없는지 먹다

⑤ おもしろいか、つまらないか、読^よむ 재미있는지 시시한지 읽다

확인연습 2

ex. 出会^{であ}う 만나다 / はじめて分^わかる 처음 알다

→ 出会ってみてはじめて分かりました。 만나보고 처음 알았습니다.

① 勉強^{べんきょう}する 공부하다 / 難^{むずか}しいのが分^わかる 어려운 것을 알다

② 彼^{かれ}に会^あう 그를 만나다 / いい人^{ひと}だということが分^わかる 좋은 사람이라는 것을 알다

③ 使^{つか}う 사용하다 / 便利^{べんり}だということが分^わかる 편리한 것을 알다

④ 話^{はなし}を聞^きく 이야기를 듣다 / 決^きめることにする 결정하기로 하다

⑤ 考^{かんが}える 생각하다 / 返事^{へんじ}をすることにする 대답하기로 하다

13

동사의 진행과
상태표현

이번 과에서 배울 내용은?

① 자동사와 타동사

자동사란 사물이 주어로 그 사물의 움직임을 나타내는 동사를 말한다. 이에 비해 타동사란 사람이 주어로 대상이 되는 사물에 작용하는 동작을 나타내는 동사이다. 형태상으로 보면 타동사 앞에는 목적격조사 「を」(~을 , ~를」가 오고 자동사 앞에는 「~が」가 온다.

자동사(自動詞)	타동사(他動詞)	자동사(自動詞)	타동사(他動詞)
開く(열리다)	開ける(열다)	変わる(바뀌다)	変える(바꾸다)
過ぎる(지나다)	過ごす(지내다)	伸びる(늘다)	伸ばす(늘이다)
閉まる(닫히다)	閉める(닫다)	建つ(건물이 서다)	建てる(세우다)
消える(꺼지다)	消す(끄다)	聞こえる(들리다)	聞く(듣다)
付く(켜지다)	付ける(켜다)	見える(보이다)	見る(보다)
出る(나오다)	出す(꺼내다)	乗る(타다)	乗せる(태우다)
決まる(정해지다)	決める(정하다)	終わる(끝나다)	終える(끝내다)
入る(들어가다)	入れる(넣다)	帰る(돌아가다, 오다)	帰す(돌려보내다)
並ぶ(늘어서다)	並べる(나란히 하다)	集まる(모이다)	集める(모으다)
掛る(걸리다)	掛ける(걸다)	たまる(쌓이다)	ためる(모아두다)
止まる(세우다)	止める(멈추다, 서다)	壊れる(부서지다)	壊す(부수다)
始まる(시작되다)	始める(시작하다)	積もる(쌓이다)	積む(쌓다)
落ちる(떨어지다)	落とす(떨어뜨리다)	治る(낫다)	治す(고치다)
起きる(일어나다)	起こす(깨우다)	割れる(깨지다)	割る(깨다, 쪼개다)
流れる(흐르다)	流す(흘리다)	備わる(갖추어지다)	備える(갖추다)
戻る(되돌아오다)	戻す(되돌리다)	揃う(모두 모이다)	揃える(모두 모으다)
表れる(나타나다)	表す(나타내다)	改まる(바뀌다)	改める(고치다)
渡る(건너다)	渡す(건네다)	沸く(물이 끓다)	沸かす(끓이다)

② 자동사와 타동사의 구별

자동사와 타동사를 명확하게 구분하는 원칙은 없다. 왜냐하면 예외가 많기 때문이다. 그러나 자, 타동사 중에는 짝을 이루는 것도 제법 있으므로, 몇 가지 공통점을 가지고 자동사와 타동사를 구분할 수는 있다.

1 어간이 같은 동사에서 「1Group동사」는 대개 자동사, 「2Group동사」는 타동사인 경우가 많다.

1Group 동사 · 자동사	2Group 동사 · 타동사
開く (열리다)	開ける (열다)
閉まる (닫히다)	閉める (닫다)
始まる (시작되다)	始める (시작하다)
止まる (세우다)	止める (멈추다, 서다)
変わる (바뀌다)	変える (바꾸다)
改まる (바뀌다)	改める (고치다)
絶つ (끊다)	絶える (끊어지다)

2 기본형의 어미가 「〜す」로 끝나는 동사는 타동사이다.

消す (끄다)	出す (꺼내다)	落とす (떨어뜨리다)	起こす (깨우다)	流す (흘리다)
渡す (건네다)	貸す (빌려주다)	沸かす (끓이다)	過ごす (지내다)	伸ばす (늘이다)

📖 **확인연습 1**

ex 開ける 열다 / ドア 문 ➡ 田中さんがドアを開けました。 다나카 씨가 문을 열었습니다.

① つける 켜다 / 電気 전기
② 閉める 닫다 / 窓 창
③ 止める 세우다 / 車 차
④ 並べる 나란히 하다 / フォークとナイフ 포크와 나이프
⑤ 終える 끝내다 / 授業 수업
⑥ 書く 쓰다 / 名前 이름

📖 **확인연습 2**

ex 開く 열리다 / ドア 문 ➡ ドアが開きました。 문이 열렸습니다.

① つく 켜지다 / 電気 전기
② 閉まる 닫히다 / 窓 창
③ 止まる 서다 / 車 차
④ 並ぶ 늘어서다 / 書類 서류
⑤ 終わる 끝나다 / 授業 수업
⑥ 落ちる 떨어지다 / 財布 지갑

❸ 「동사+ている」의 표현

「～ている」는 동작의 진행 · 상태 · 결과를 나타낸다.

1 동사 + ている : ～하고 있다 〈진행〉

동작이 지금 행해지고 있는 것을 나타낸다.

A 太郎くんは今、何をしていますか。 타로 군은 지금, 무엇을 하고 있습니까?

B 今、勉強しています。 지금, 공부하고 있습니다.

📖 **확인연습 1**

ex. 歌を歌う 노래를 부르다

→ 今、歌を歌っています。 지금 노래를 부르고 있습니다.

---

① コーヒーを飲む 커피를 마시다
② 電話をかける 전화를 걸다
③ 仕事をする 일을 하다
④ ファックスを送る 팩스를 보내다
⑤ 本を読む 책을 읽다

📖 **확인연습 2**

ex 田中さん 다나카 씨 / 仕事をする 일을 하다

→ 田中さんは今、仕事をしています。 다나카 씨는 지금, 일을 하고 있습니다.

---

① 金さん 김 씨 / 写真をとる 사진을 찍다
② 李さん 이 씨 / 山田さんと話す 야마다 씨와 이야기하다
③ 田中さん 다나카 씨 / ピアノを弾く 피아노를 치다
④ 朴さん 박 씨 / ケーキを切る 케이크를 자르다
⑤ すずきさん 스즈키 씨 / 料理を作る 요리를 만들다
⑥ 松本先生 마츠모토 선생님 / おすしを食べる 초밥을 먹다
⑦ 田村さん 다무라 씨 / 電話をかける 전화를 걸다
⑧ 佐藤さん 사토 씨 / お茶を飲む 차를 마시다

2 동사＋ている ：〜해 있다, 〜했다〈완료된 상태〉

▶ 항상 ている형태로 쓰는 표현들이다.

회화로 익히는 문법

A お父さんは会社員ですか。

B はい、そうです。父は銀行に勤めています。

A 아버지는 회사원입니까?

B 예, 그렇습니다. 아버지는 은행에 근무하고 있습니다.

・私は一人でアパートに住んでいます。 나는 혼자서 아파트에 살고 있습니다.

・私は二ヶ月前から日本語を習っています。 나는 2개월 전부터 일본어를 배우고 있습니다.

・兄は車を持っています。 차를 가지고 있습니다.

확인연습 1

ex 日本語を教える 일본어를 가르치다

➡ 日本語を教えています。 일본어를 가르치고 있습니다.

① 英語を教える 영어를 가르치다
② 翻訳の仕事をする 번역 일을 하다
③ 家事をする 집안일을 하다
④ 大学へ行く 대학에 가다

확인연습 2

ex 日本語を教える 일본어를 가르치다 / 三日 3일

➡ 週に三日日本語を教えています。 주 3일 일본어를 가르치고 있습니다.

① 日本語を勉強する 일본어를 공부하다 / 二日 2일
② 料理を習う 요리를 배우다 / 一回 1회
③ スイミングクラブへ行く 수영 클럽에 가다 / 二回 2회
④ 生花を習う 꽃꽂이를 배우다 / 三回 3회

> **ex** テキストを買う 교재를 사다
>
> → まだ テキストを買っていません。 아직 교재를 못 샀습니다.

① ひらがなをおぼえる 히라가나를 외우다
② 試験を受ける 시험을 보다
③ 授業料をはらう 수업료를 내다
④ 仕事をする 일을 하다

3 동사 + ている : ～하고 있다 〈신체 특징 및 복장에 관한 표현〉

A あそこの白いブラウスを着て、黒いスカートをはいている人はだれですか。

저기 흰 블라우스를 입고, 검은 스커트를 입은 사람은 누구입니까?

B 少しやせている人ですか。木村さんです。 약간, 마른 사람 말입니까? 기무라 씨입니다.

> **ex** ワイシャツを着る 와이셔츠를 입다
>
> → ワイシャツを着ています。 와이셔츠를 입고 있습니다.

① 黒いズボンをはく 검은 바지를 입다
② めがねをかける 안경을 쓰다
③ 赤のネクタイをする 빨간 넥타이를 매다
④ 青いスーツを着る 파란 양복을 입다
⑤ 白い帽子をかぶる 흰 모자를 쓰다

4 자동사＋ている ：〜어 있습니다 〈상태〉

단지 보이는 모습을 묘사한 것으로 동작이 행해진 상태에 중점을 두는 표현이다. 저절로 된 단순한 상태로 의도성이 없는 경우를 나타낸다.

・今日は雨が降っている。 오늘은 비가 내리고 있다.

・窓が開いています。 창문이 열려 있습니다.

・家に帰ったら電気がついていた。 집에 돌아가니 불이 켜져 있었다.

확인연습

> ex ドア 문 / 閉まる 닫히다
>
> → ドアが閉まっています。 문이 닫혀 있습니다.

① 電気 전기 / 消える 꺼지다
② 植木鉢 화분 / 倒れる 쓰러지다
③ 絵 그림 / 掛かる 걸리다
④ テレビ 텔레비전 / 壊れる 고장나다
⑤ 家の前 집 앞 / 車が止まる 차가 멈추다

5 타동사＋ておく ：〜해 두다

회화에서는「〜ておく[teoku]」에서 모음이 이어지므로 이 경우 앞에 오는 모음 [e]가 생략된 축약형인 「〜とく[toku]」로도 쓰인다.

① 준비의 의미

・今晩パーティをするので飲み物を買っておきます。 오늘 밤 파티를 하므로 음료수를 사 둡니다.

・明日は朝早いので目覚まし時計をセットしておきます。
내일은 아침 일찍 일어나야 하므로 자명종시계를 맞춰 둡니다.

② 「현 상태를 그대로 유지함」을 나타낸다.

A 私は仕事が終わりましたから帰りますが、窓を閉めましょうか。
저는 일이 끝나 돌아갑니다만, 창문을 닫을까요?

B いいえ、閉めないでください。開けておいてください。 아뇨, 닫지 마세요. 열어 놓으세요.

📖 확인연습 1

> ex プレゼントを買^かう 선물을 사다
>
> → プレゼントを買_かっておきます。 선물을 사 놓겠습니다.

① 料理^{りょう り}をたくさん作^{つく}る 요리를 많이 만들다
② 今晩^{こんばん}、勉強^{べんきょう}する 오늘밤 공부하다
③ 友達^{ともだち}に電話^{でん わ}をかける 친구에게 전화를 걸다
④ 部屋^{へ や}の掃除^{そう じ}をする 방 청소를 하다
⑤ つくえの上^{うえ}を片付^{かた づ}ける 책상 위를 정리하다

📖 확인연습 2

> ex ワインを買^かう 와인을 사다
>
> → ワインを買_かっておいてください。 와인을 사 놓으세요.

① 料理^{りょう り}を作^{つく}る 요리를 만들다
② ビールをひやす 맥주를 차게 하다
③ 会場^{かいじょう}を今月中^{こんげつじゅう}に予約^{よ やく}する 회장을 이번 달 중으로 예약하다
④ 会場^{かいじょう}を早^{はや}く予約^{よ やく}する 회장을 빨리 예약하다
⑤ 出席者^{しゅっせきしゃ}の数^{かず}を調^{しら}べる 출석자의 수를 세다

6 타동사＋てある ： ~해져 있다〈상태〉

「자동사+ている」가 눈에 보이는 모습을 단지 그대로 묘사한 것이라면, 「타동사+てある」는 누군가가 어떤 의도나 목적을 가지고 해 놓은 결과를 나타낸다. 현재 상태 이전의 어떤 동작에 초점이 맞춰져 있다.

· ドアが開^あけてあります。 문이 열려 있습니다.

· 名前^{な まえ}が書^かいてあります。 이름이 쓰여 있습니다.

· かぎが掛^かけてあります。 열쇠가 채워져 있습니다.

· 今晩^{こんばん}のパーティーの飲^のみ物^{もの}はもう買^かってあります。

 오늘 밤 파티에 쓸 음료수는 이미 사 놓았습니다.

· この問題^{もんだい}の答^{こた}えは後^{うし}ろに書^かいてあります。 이 문제의 답은 뒤에 쓰여 있습니다.

확인연습 1

ex 絵をかける 그림을 걸다 → 絵がかけてあります。 그림이 걸려 있습니다.

① 地図をはる 지도를 붙이다

② 花をかざる 꽃을 장식하다

③ 机の中に入れる 책상 안에 넣다

④ 車をきれいに洗う 차를 깨끗이 씻다

⑤ チーズを切る 치즈를 자르다

확인연습 2

ex こんなに大きい地図をはる 이렇게 큰 지도를 붙이다

→ それでこんなに大きい地図がはってあるんですね。

그래서 이렇게 큰 지도가 붙어 있군요.

① こんなにたくさん絵をかける 이렇게 많은 그림을 걸다

② いつも花をかざる 항상 꽃을 장식하다

③ 目覚まし時計を三つも置く 자명종 시계를 세 개나 놓다

④ 部屋をきれいに片付ける 방을 깨끗이 정리하다

⑤ 会議の資料をコピーする 회의 자료를 복사하다

13 동사의 진행과 상태표현

 잠깐주목!

「～ている」와「～てある」

① 「자동사+ている」는 말하는 사람이 눈앞의 상태를 단지 사실 그대로 표현하는 경우이다. 즉 누가 창문을 열었다든가, 바람에 열렸다든가하는 것은 전혀 문제 삼지 않는 말이다.
窓が開いています。 (창이 열려 있습니다.)

② 「타동사+てある」는 인위적인 행위의 결과를 나타낸다. 즉 누군가「～ておく」한 뒤의 상태에 비중을 두는 표현이다.
寒いと思ったら、窓が開けてあります。 (춥다 했더니, 창이 열려 있습니다.)
말하는 사람이 창문의 상태를 보고 표현하는 점은 같으나, 그 상태를 단순 묘사한 것인지, 아니면 무언가를 위한 의도의 결과 열렸다고 판단하는지, 또는 말하는 사람의 이해관계에 어떤 관련이 있는가에 따라 표현이 달라진다.

〈이사를 하는 상황〉

A あのう、壁に掛けてある絵はどうしますか。 (저어, 벽에 걸려 있는 그림은 어떻게 합니까?)

　　직접 작업을 하는 사람 입장에서 떼야 할지, 그냥 둬야 할지를 묻고 있다. 당연히 왜 걸려 있는지가 궁금하므로 묻는 말이다.

B どこに掛っている絵ですか。 (어디에 걸려 있는 그림말입니까?)

　　단순히 그림이 걸린 위치를 묻는 말이다.

③ 「동사+ている」가 가지는 의미는 동사의 동작이 순간적인가, 계속적인가 하는 데서 차이가 난다.

　　今手紙を書いています。〈진행〉 (지금 편지를 쓰고 있습니다.)

　　彼女は結婚しています。〈동작이 완료된 상태〉 (그녀는 결혼했습니다.)

　　先生は青いスーツを着ています。〈착용에 관한 표현〉 (선생님은 파란 양복을 입고 있습니다.)

---

7 타동사＋〜て行く / 〜て来る : 〜하고 가다 /〜하고 오다

회화로 익히는 문법

A 土曜日のパーティーに何か持って行きましょうか。 B そうですね。じゃあ、お花を持って来てください。	A 토요일 파티에 뭔가 갖고 갈까요? B 글쎄요! 그럼 꽃을 갖고 와 주세요.

「行く」와 「来る」가 보조동사로 쓰인 경우이다. 이 표현에 대한 발음은 본동사는 강하게, 보조동사는 약하게 발음하는 것이 보통이다.

· 私も連れていってください。 나도 데리고 가 주세요.

· 隣のスーパーに行って来ます。 옆에 있는 슈퍼에 갔다오겠습니다.

확인연습 1

> ex 買物をする 쇼핑을 하다 ➡ 買物をしていきます。 쇼핑을 하고 가겠습니다.

① スーツを着る 정장을 입다　　　　　② くだものを買う 과일을 사다

③ ケーキを作る 케이크를 만들다　　　④ 映画を見る 영화를 보다

⑤ 銀行による 은행에 들르다

확인연습 2

ex 銀行による 은행에 들르다 ➡ 銀行によってきました。 은행에 들렀다 왔습니다.

① うちへ帰って着がえる 집에 돌아가 옷을 갈아입다
② 買物をする 쇼핑을 하다
③ 美容院でかみをセットする 미용실에서 머리를 하다
④ 駅から走る 역에서부터 달리다
⑤ 自転車に乗る 자전거를 타다

8 ~てきた / ~ていく : ~해 왔다 / ~해 가다

어떤 사항이 변하여 어떤 상태가 된 것을 나타낸다. 현재를 기준으로 지금까지와 앞으로의 점진적인 변화를 나타내기도 하며, 「~てきた」의 경우는 변화의 결과에 비중을 두는 말이다.

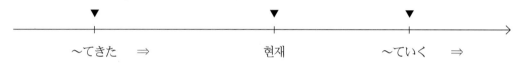

~てきた ⇒   현재   ~ていく ⇒

🖇 회화로 익히는 문법

A 最近、はたらく女性が増えてきたようですね。

B そうですね。家事が楽になってきたからでしょうか。

A それもそうですが、能力のある女性が増えてきたこともあると思いますよ。

A 최근, 일하는 여성이 늘어난 것 같습니다.

B 그래요. 집안 일이 편해졌기 때문인가요?

A 그렇기도 하겠지만, 능력 있는 여성이 늘어난 것 때문이기도 하지요.

13 동사의 진행과 상태표현

· 毎日たくさん食べるので、体重が増えてきた。 매일 많이 먹어서, 체중이 늘었다.

· 最近、韓国へ来る留学生が減ってきた。 최근, 한국에 오는 유학생이 줄었다.

· 日本の生活に慣れたので、前より面白くなってきた。

일본 생활에 익숙해져, 전보다 재미있어졌다.

· 毎日練習しているので、テニスがどんどん上手になってきた。

매일 연습을 하니까, 테니스가 점점 능숙해졌다.

확인연습 1

ex だんだん寒くなる 점점 추워지다

→ だんだん寒くなってきました。 점점 추워졌습니다.

① 高くなる 비싸지다
② 多くなる 많아지다
③ 少なくなる 적어지다
④ 盛んになる 번창해지다
⑤ お湯がわく 물이 끓다

확인연습 2

ex 働く女性 일하는 여성 / 増える 늘다

→ 働く女性が増えてきたようです。 일하는 여성이 늘어난 것 같습니다.

① 週休二日制の会社 주5일 근무하는 회사 / 多くなる 많아지다
② たばこを吸う人 담배를 피우는 사람 / 減る 줄다
③ ゴルフ人口 골프 인구 / 増える 늘다
④ 禁煙運動 금연 운동 / 盛んになる 활발해지다

축약형

회화체에서는 「い모음」이 생략된 축약형을 많이 쓴다. 또 모음이 이어질 경우 보통 앞 모음이 생략되는 경우가 많다.

雨が降っている。(降ってる) 비가 오고 있다.
私は東京に住んでいます。(住んでます) 나는 도쿄에 살고 있습니다.
はっきり言っておく。[itteoku] (言っとく [ittoku]) 분명히 말해 두다.
先に晩ごはんを食べておく。[tabeteoku] (食べとく [tabetoku]) 먼저 저녁을 먹어 두다.
明日かならず持っていってください。(持ってってください) 내일 꼭 가지고 가세요.

9 ~てから : ~하고 나서

앞의 사항이 행해지고 나서 그 다음 사항이 행해질 때 쓰는 표현으로 일의 순서를 명확히 하고자 할 때 사용한다.

· 仕事が終わってから、映画を見ます。 일이 끝난 뒤에, 영화를 봅니다.

· この薬はごはんを食べてから飲んでください。 이 약은 밥을 먹고 나서 드세요.

📖 확인연습

ex お茶を飲んだ 차를 마셨다 / 晩ごはんを食べた 저녁밥을 먹었다

➡ お茶を飲んでから、晩ごはんを食べました。

차를 마시고 나서, 저녁을 먹었습니다.

① 日本へ来た 일본에 왔다 / 日本語の勉強を始めた 일본어 공부를 시작했다.

② 三月になった 3월이 되었다 / あたたかくなってきた 따뜻해졌다

③ 家事が楽になった 가사가 편해졌다 / 働く女性が増えてきた 일하는 여성이 늘었다

④ 手を洗った 손을 씻었다 / ごはんを食べた 밥을 먹었다

⑤ 買い物をした 쇼핑을 했다 / 掃除をした 청소를 했다

10 주고 받음(やりもらい)을 나타내는 동사

주고받는 관계를 나타내는 수수동사(受授動詞)에는 「あげる · くれる · もらう」가 있는데 각각의 의미는 아래와 같다.

Ⓐ 물건을 주는 쪽 ——— ⓧ 이동하는 사물 ——➤ Ⓑ 물건을 받는 쪽

① AがBにXを	やる あげる さしあげる	A가 B(다른 사람)에게 X를	주다 주다 드리다

주어인 A가 다른 사람 B에게 주는 표현이다. 내가 남에게, 제 3자가 제 3자에게 「주다」라는 표현이다. 단, 「やる」는 손아래 가족이나 친밀한 관계, 동·식물의 경우에만 사용한다.

· わたしは、毎日犬にえさをやります。 나는, 매일 개에게 먹이를 줍니다.

· ユナさんは友だちにプレゼントをあげました。 유나 양은 친구에게 선물을 주었습니다.

· わたしは先生に花束をさしあげました。 나는 선생님께 꽃다발을 드렸습니다.

확인연습 1

> ex 私 나 / 彼女 그녀 / 本 책
>
> ➡ 私は彼女に本をあげました。 나는 그녀에게 책을 주었습니다.

① 母 엄마 / 妹 여동생 / おこづかい 용돈
② 木村さん 기무라 씨 / 同僚 동료 / 昇進祝い 승진 축하 선물
③ 私 나 / 妹 여동생 / 卒業祝い 졸업 축하 선물

확인연습 2

> ex 上司 상사 / お歳暮 연말 선물
>
> ➡ 上司にお歳暮をさしあげました。 상사에게 연말 선물을 드렸습니다.

① 先生 선생님 / お中元 백중 선물
② 会社をやめる部長 회사를 그만두는 부장님 / おせんべつ 전별금
③ 定年退職する先生 정년퇴직하는 선생님 / お礼 감사의 선물

② AがBにXを	くれる くださる	A(다른 사람)가 B(나 또는 나 쪽의 사람)에게	주다 주시다

주는 사람 A에 초점을 맞추는 표현이다. 「くれる」라는 말에는 이미 「다른 사람이 나에게」라는 의미가 들어 있기 때문에 굳이 「私に(나에게)」라는 말은 쓰지 않아도 된다.

· 父が(わたしに)本をくれました。 아버지가 나에게 책을 주었습니다.

☞ 자기 가족이나 내부 사람이 자신에게 무언가 해 준 사실을 남 앞에서 말 할 때는 나의 손윗사람이라 할지라도 「くれる」를 쓴다.

· 中村さんは(わたしの)娘に本をくれた。 나카무라 씨는 내 딸에게 책을 주었다.

· 社長は(わたしに)ボーナスをくださいました。 사장님은 (나에게) 보너스를 주셨습니다.

無

📖 확인연습 1

ex 友<small>とも</small>だち 친구 / 時計<small>とけい</small> 시계

→ 友だちが時計をくれました。 친구가 시계를 주었습니다.

① 父<small>ちち</small> 아버지 / おこづかい 용돈
② 同僚<small>どうりょう</small> 동료 / おせんべつ 전별금
③ 友人<small>ゆうじん</small> 친구 / 日本語の本 일본어 책
④ 母<small>はは</small> 엄마 / 誕生日<small>たんじょうび</small>のプレゼント 생일 선물

📖 확인연습 2

ex 父<small>ちち</small> 아버지 / お土産<small>みやげ</small> 선물 / ネクタイ 넥타이

→ 父がお土産にネクタイをくれました。 아버지가 선물로 넥타이를 주었습니다.

① 友人<small>ゆうじん</small> 친구 / 卒業祝<small>そつぎょういわ</small>い 졸업 선물 / ネックレス 목걸이
② 母<small>はは</small> 어머니 / 誕生日<small>たんじょうび</small>のプレゼント 생일 선물 / かばん 가방
③ 先生<small>せんせい</small> 선생님 / 結婚祝<small>けっこんいわ</small>い 결혼 선물 / 花瓶<small>かびん</small> 꽃병
④ 同僚<small>どうりょう</small> 동료 / 引<small>ひ</small>っ越<small>こ</small>し祝<small>いわ</small>い 이사 축하 선물 / 掃除機<small>そうじき</small> 청소기

③ Bが Aに[から] Xを	もらう いただく	Bが A(다른 사람)에게서 X를	받다 받다 (A가 손윗 사람)

받는 대상인 주어 B에 초점을 맞춘 표현이다.

· わたしは父<small>ちち</small>に(から)本<small>ほん</small>をもらいました。 나는 아버지에게 책을 받았습니다.
· 鈴木<small>すずき</small>さんは吉田<small>よしだ</small>さんに(から)ハンカチをもらいました。
  스즈키 씨는 요시다 씨에게 손수건을 받았습니다.
· この書類<small>しょるい</small>も部長<small>ぶちょう</small>にいただいたのですか。 이 서류도 부장님에게 받은 것입니까?

📖 **확인연습 1**

ex 恋人(こいびと) 애인 / 花(はな) 꽃

→ 恋人に花をもらいました。 애인에게 꽃을 받았습니다.

① 父(ちち) 아버지 / おこづかい 용돈
② 同僚(どうりょう) 동료 / おせんべつ 전별금
③ 友人(ゆうじん) 친구 / 日本語の本 일본어 책
④ 母(はは) 엄마 / 誕生日(たんじょうび)のプレゼント 생일 선물

📖 **확인연습 2**

ex 時計(とけい) 시계

→ 先生に時計をいただきました。 선생님에게 시계를 받았습니다.

① ネックレス 목걸이

② かばん 가방

③ ネクタイ 넥타이

④ かびん 꽃병

⑤ コーヒーカップ 커피 잔

📖 **확인연습 3**   다음 빈칸에 알맞은 말을 넣으시오.

A: いい時計(とけい)ですね。どこで買(か)いましたか。 좋은 시계네요. 어디에서 샀습니까?

B: これは買ったんじゃないんです。もらいました。 이거 산 거 아니에요. 받았어요.

A: だれに ① _____んですか。 누가 주었어요?/누구에게 받았나요?

B: 父に ② _____んです。 아버지가 준 거예요/아버지에게 받은 거예요.

A: このかばんもそうですか。 이 가방도 그렇습니까?

B: いいえ、それは母が ③ _____ 아뇨, 그것은 어머니가 준 것입니다.

④ 〜てやる / 〜てあげる : (다른 사람에게) 〜해 주다

・ 娘の誕生日に腕時計を買ってやりました。 딸 생일에 손목시계를 사 주었습니다.

A あなた、たまには早く帰ってきて子供と遊んでやって。
여보, 가끔은 일찍 와서 아이하고 놀아 주세요.

B 分かったよ。 알았어.

A 先生、教科書を忘れてしまいました。 선생님, 교과서를 두고 와 버렸습니다.

B そうですか。じゃあ、キムくん、見せてあげてください。
그래요. 그럼, 김 군, 보여 주세요.

📖 확인연습 1

ex 買う 사다 ➡ 買ってあげます。 사 줍니다.

① 連れていく 데리고 가다
② 持っていく 가지고 가다
③ 貸す 빌려주다
④ 教える 가르치다
⑤ 見せる 보여주다

📖 확인연습 2

ex 車で光州へ行く 차로 광주에 가다 / 道路地図を貸す 도로 지도를 빌려주다

➡ 友だちが車で光州へ行くと言っていたので、道路地図を貸してあげまし
た。 친구가 차로 광주에 간다고 해서, 도로 지도를 빌려 주었습니다.

① 風邪をひいて熱がある 감기에 걸려 열이 있다 / 仕事を代わる 일을 대신하다
② 車を買いたい 차를 사고 싶다 / カタロダをもらってくる 카탈로그를 받아 오다
③ 日本語の先生をさがす 일본어 선생님을 찾다 / 岩見さんを紹介する 이와미 씨를 소개하다

⑤ **〜てくれる/〜てくださる** : (다른 사람이) ~해 주다/~해 주시다

· 山田さん、悪いんですけど、ちょっと手伝ってくれませんか。
　야마다 씨, 미안하지만, 좀 도와줄래요?

· 先生がいい本を紹介してくださいました。　선생님이 좋은 책을 소개해 주셨습니다.

A　このかばんちょっと持ってくれる。　이 가방 좀 들어 줄래?

B　いいよ。　좋아.

A　おかえり、タクシーで帰ってきたの。　어서 오너라. 택시로 왔니?

B　みちこさんのお父さんが車で送ってくださったの。　미치코 씨 아버님이 차로 데려다 주셨어요.

A　能力試験の願書は書けましたか。　능력시험 원서는 잘 썼나요?

B　山田先生が手伝ってくださいました。　야마다 선생님이 도와주셨습니다.

📖 **확인연습 1**

> **ex** 駅員 역원 / 地下鉄の乗り換えを教える 지하철 갈아타는 곳을 일러 주다
>
> ➜ 駅員が地下鉄の乗り換えを教えてくれました。
> 　　역원이 지하철 갈아타는 곳을 일러 주었습니다.

① 友だち 친구 / 地図を描く 지도를 그리다
② 同僚 동료 / 一緒に銀行に行く 함께 은행에 가다
③ 会社の人 회사 사람 / 通訳する 통역하다
④ 近所の人 이웃에 사는 사람 / 病院に連れていく 병원에 데리고 가다
⑤ 先生 선생님 / 仕事を紹介する 일을 소개하다

📖 **확인연습 2**

> **ex** 絵を描く 그림을 그리다
>
> ➜ 先生が絵を描いてくださいました。　선생님이 그림을 그려 주셨습니다.

① いっしょに銀行へ行く 함께 은행에 가다
② 通訳をする 통역을 하다
③ 仕事を紹介する 일을 소개하다
④ アパートを探す 아파트를 찾다

⑥ 〜てもらう/ 〜ていただく : ~해 받다 (다른 사람이) ~해 주다/~해 주시다

A いいじゃない、そのネックレス。 괜찮네, 그 목걸이.

B 母に買ってもらったの。 엄마가 사줬어.

A テレビ直った? 텔레비전 고쳤어?

B 午後電気屋さんに来てもらって直ったよ。 오후에 전파사에서 와서 고쳤어.

A ○○会社に就職が決まったんですって。 おめでとうございます。

○○회사로 취직이 결정되었다면서요. 축하합니다.

B ええ、田中先生に紹介していただいたんです。 예, 다나카 선생님이 소개해 주셨습니다.

확인연습 1

ex 駅員 역원 / 地下鉄の乗り換えを教える 지하철 타는 곳을 가르치다

→ 駅員に地下鉄の乗り換えを教えてもらいました。

역원이 지하철 갈아타는 곳을 가르쳐 주었습니다.

① 会社の人 회사 사람 / 地図をかく 지도를 그리다
② 隣の人 옆 사람 / 一緒に買い物に行く 함께 쇼핑하러 가다
③ 通りがかりの人 지나가는 사람 / 道を教える 길을 알려주다
④ 友だち 친구 / 請求書を読む 청구서를 읽다
⑤ 銀行の人 은행 사람 / 書類の書き方を説明する 서류 쓰는 법을 설명하다

확인연습 2

ex 先生 선생님 / 日本語を教える 일본어를 가르치다

→ 先生に日本語を教えていただきました。 선생님이 일본어를 가르쳐 주셨습니다.

① 先輩 선배 / 珍しい写真を見せる 신기한 사진을 보여주다
② 社長 사장 / パーティーに招待する 파티에 초대하다
③ 先生 선생님 / 漢字の書き方を教える 한자 쓰는 법을 가르치다

확인연습 3

> ex 私は先生に言葉の意味を説明していただきました。
>
> ➡ 先生が言葉の意味を説明してくださいました。
>
> 선생님이 단어의 의미를 설명해 주셨습니다.

① 私は加藤さんに工場の人を紹介していただきました。

가토 씨가 공장 사람을 소개해 주셨습니다.

② 私たちは朴先生に日本の歴史を教えていただきました。

박 선생님이 일본 역사를 가르쳐 주셨습니다.

③ 私は課長にいろいろなカタログを見せていただきました。

과장님이 여러 가지 카탈로그를 보여 주셨습니다.

11 〜てしまう ：〜해 버리다

동작의 완료 및 그런 결과를 초래한 것에 대한 후회나 유감의 의미가 담긴 설명조의 표현이다.

· 道が混んで約束に遅れてしまいました。(←遅れちゃいました)

길이 막혀 약속에 늦어 버렸습니다.

· 飛行機が出発してしまいました。(←出発しちゃいました) 비행기가 출발해 버렸습니다.

· パスポートを忘れてしまいました。(←忘れちゃいました) 여권을 분실해 버렸습니다.

회화체에서는 축약형 「〜ちゃう(〜じゃう)」를 쓴다.

A 最近、運動不足でおなかのまわりにぜい肉がついちゃったよ。

최근 운동부족으로 배 둘레에 군살이 붙어 버렸어.

B そりゃ、一日中座っていことが多いからよ。 그야, 하루 종일 앉아 있는 경우가 많기 때문이지.

☞ 주의할 점: 긍정적인 결과에 대해서는 이 문형을 잘 쓰지 않는다.

a. テストで0点を取ってしまいました。(○)

b. テストで100点を取りました。(○)

　テストで100点を取ってしまいました。(×)

ex 財布を落とす 지갑을 분실하다

→ 財布を落としてしまったんです。/

財布を落としちゃったんです。 지갑을 잃어 버렸습니다.

① 借金をする 빚을 지다
② 思ったより時間がかかる 생각보다 시간이 걸리다
③ カメラが壊れる 카메라가 망가지다
④ 道に迷う 길을 잃다
⑤ 水をこぼす 물을 쏟다

13 동사의 진행과 상태표현

동사의 과거형(た형) **14**

이번 과에서 배울 내용은?

1_ 동사의 「た형」이란?
2_ 동사 「た형」의 주요 문형

① 동사의 「た형」이란?

과거 조동사 「～た (～었다)」에 연결되어 과거 또는 완료의 의미를 나타내며, 동사의 어미 활용은 「て형」과 같다.

1Group동사(5단동사)

書く	쓰다	書いた	入る	들어가다	入った
泳ぐ	헤엄치다	泳いだ	読む	읽다	読んだ
会う	만나다	会った	遊ぶ	놀다	遊んだ
待つ	기다리다	待った	死ぬ	죽다	死んだ
帰る	돌아가다	帰った	話す	말하다	話した
*行く	가다	行った			

2Group동사(상·하 1단동사)

見る	보다	見た	寝る	자다	寝た
起きる	일어나다	起きた	食べる	먹다	食べた
落ちる	떨어지다	落ちた	立てる	세우다	立てた
生きる	살다	生きた	教える	가르치다	教えた

3Group동사(변격동사)

来る	오다	来た	する	하다	した

② 동사의 「た형」의 주요 문형

1 ~たあとで : ~한 다음에

행위의 순서를 나타내는 표현으로 후반부 행위에 중점을 둔다. 「동작이 완료된 다음에」라는 뜻이다.

· お風呂に入ったあとで、ビールを飲みました。 목욕을 하고 난 다음에 맥주를 마셨습니다.

· この薬はご飯を食べたあとで、飲んでください。 이 약은 밥을 먹고 난 후에 먹으세요.

ex. 着替える 옷을 갈아입다 / 出かける 나가다

→ 着替えたあとで、出かけます。 옷을 갈아입은 뒤에 나갑니다.

① 掃除をする 청소를 하다 / 買い物に行く 쇼핑하러 가다
② お風呂にはいる 목욕을 하다 / 日記をつける 일기를 쓰다
③ ジョギングをする 조깅을 하다 / 会社へ行く 회사에 가다
④ 窓を開ける 창문을 열다 / たばこを吸う 담배를 피우다

☞ 「お風呂にはいる」는 「목욕을 하다」라는 관용구이다.

☞ 「일기를 쓰다」는 「日記を書く」라고도 한다.

2 〜たり〜たりします(です) : 〜하기도 하고 〜하기도 합니다

여러 가지 중에서 한 두 가지 예를 들 때 쓰는 표현이다. 「〜たり〜たりします」의 「たり」앞의 활용형은 과거형과 똑같다. 「〜たり〜たりします」대신에 「〜たり〜たりです」형으로도 쓴다.

A 李くんは日曜日何をしますか。 이 군은 일요일에 무엇을 합니까?

B テレビを見たり、新聞を読んだりします。 텔레비전을 보거나, 신문을 읽거나 합니다.

A 田中さんはどのようにストレスを解消しますか。 다나카 씨는 스트레스를 어떻게 해소하죠?

B 音楽を聞いたりテレビを見たりします。林さんは。
음악을 듣거나 비디오를 보죠. 하야시 씨는요?

〈い형용사에 접속할 경우〉
· この頃は暑かったり、寒かったりします。 요즘은 더웠다, 추웠다 합니다.

〈な형용사에 접속할 경우〉
· 一人暮らしは便利だったり、不便だったりします。 독신 생활은 편하기도 하고, 불편하기도 합니다.

〈명사에 접속할 경우〉
· 朝はパンだったり、ごはんだったりします。 아침은 빵을 먹기도 하고, 밥을 먹기도 합니다.

14 동사의 과거형(た형)

📖 **확인연습**

> **ex** ゴルフをする 골프를 하다 / 山にのぼる 산에 오르다
>
> → ゴルフをしたり山にのぼったりします。
>
> 골프를 하기도 하고 산에 오르기도 합니다.

① 散歩をする 산책을 하다 / 本を読む 책을 읽다

② レポートを書く 리포트를 쓰다 / タイプを打つ 타이프를 치다

③ 会議に出る 회의에 나가다 / 書類を読む 서류를 읽다

④ 小説を読む 소설을 읽다 / 作文を書く 작문을 쓰다

⑤ テープを聞く 테이프를 듣다 / 発音をする 발음을 하다

3 ～たことがある(ない) : ～한 적이 있다(없다)

과거에 어떤 행위를 한 경험이 있다는 표현으로, 「こと」는 사실이나 사건을 나타낸다.

A ユナさん、京都へ行ったことがありますか。 유나 씨, 교토에 가본 적 있어요?

B はい、行ったことがあります。 예, 가본 적이 있습니다.

📖 **확인연습**

> **ex** 前に一度その国へ行く 전에 한 번 그 나라에 가다
>
> → 前に一度その国へ行ったことがあります。
>
> 전에 한 번 그 나라에 간 적이 있습니까?

① その本を読む 그 책을 읽다

② 日本のお茶を飲む 일본차를 마시다

③ 飛行機に乗る 비행기를 타다

④ すきやきを食べる 스키야끼를 먹다

⑤ この曲を聞く 이 곡을 듣다

☞ 「～たことがある」앞에 기본형이 오는 경우도 있는데, 그 경우는 「가끔 / 때때로 ～하다」는 뜻이다.
⑩ 出張で北海道に行くことがあります。 출장으로 홋카이도에 가는 경우가 있습니다.

4 **〜た方が いい / 〜ない方がいい : 〜하는 편이 좋다 / 〜하지 않는 편이 좋다**

권유를 나타내는 표현이다. 「方」 앞에 과거형이 왔다고 해서 과거의 일을 말하는 것이 아니라 「方」 앞의
문제에 대하여 화자의 생각, 또는 충고를 완곡한 말투로 전하려는 의도가 담겨 있는 말이다. 과거 표현
은 「〜た方がよかった」처럼 뒷부분을 바꿔주면 된다.

☞ 「〜方がいい」 앞에 기본형을 쓸 경우도 있는데 이 경우는 화자의 의견을 상대에게 강요하는 느낌을 주는 듯하여 일상 회화에서는 「〜
た方がいい」를 많이 쓴다.

회화로 익히는 문법

A	どうしたんですか。		A	무슨 일 있어요?
B	風邪をひいて熱があるんです。		B	감기에 걸려 열이 납니다.
A	そうですか。じゃあ、家でゆっくり休ん		A	그래요? 그럼, 집에서 푹 쉬는 것이
	だ方がいいですよ。			좋겠어요.

· 毎日新聞を読んだ方がいいです。 매일 신문을 읽는 것이 좋습니다.

· 野菜をたくさん食べた方がいいです。 채소를 많이 먹는 것이 좋습니다.

확인연습

ex うちでゆっくり休む 집에서 푹 쉬다
→ うちでゆっくり休んだ方がいいですよ。 집에서 푹 쉬는 게 좋아요.

① 病院へ行く 병원에 가다
② うちへ帰る 집으로 돌아가다
③ 薬を飲む 약을 먹다
④ 仕事を休む 일을 쉬다
⑤ 田中さんに会う 다나카 씨를 만나다

5 **~たらどうですか** : ~하는 게 어떻습니까

상대방에게 무슨 일을 권유할 때 쓰는 표현이다. 「-たら」는 「-た形」과 어미활용이 같다. 가족이나 친구 사이에는 「どうですか」가 생략된 「~たら」만 쓰는 것이 자연스럽다.

- もう一度調べてみ**たらどうですか**。 한 번 더 조사해 보는 게 어떻습니까?
- 先生に電話して聞いてみ**たらどうですか**。 선생님께 전화해서 물어보는 게 어떻습니까?

📖 **확인연습**

> ex　お菓子を持っていく 과자를 가지고 가다
>
> → お菓子を持っていったらどうですか。 과자를 가지고 가는 게 어떻습니까?

① 昼ごはんをごちそうする 점심을 대접하다
② 夕食に呼ぶ 저녁 식사에 부르다
③ お礼の手紙を書く 감사의 편지를 쓰다
④ 聖書をさしあげる 성서를 드리다
⑤ 何か飲み物を持っていく 뭔가 음료수를 가지고 가다

6 **~たばかりです** : 막 ~했습니다, ~한지 얼마 안 됐습니다

- 今、出発し**たばかりです**。 지금 막 출발했습니다.
- まだ、日本語を習いはじめ**たばかりです**。 아직, 일본어를 배우기 시작한지 얼마 안 됐습니다.

📖 **확인연습**

> ex　韓国に来る 한국에 오다
>
> → 韓国に来たばかりです。 한국에 온지 얼마 되지 않았습니다.

① たった今空港に着く 지금 막 공항에 도착하다
② クリスマスツリーを運ぶ 크리스마스트리를 운반하다
③ ワインを買ってくる 와인을 사 오다
④ ケーキを作る 케이크를 만들다
⑤ ご飯を食べる 밥을 먹다

동사의 ない형

15

이번 과에서 배울 내용은?

① 동사의「ない형」이란?

동사에 부정(否定)의 의미를 나타내는 조동사「ない」가 결합한 형태로서,「ない」자체는「い형용사」와 같이 활용한다. 부정의 조동사는「ず・ぬ・ん」등이 있으나, 주로「ない」에 연결되므로「ない형」이라고 한다.

1Group동사(5단동사) : 기본형의「ウ단음」어미를「ア단음」으로 바꾸고「ない」를 붙인다. 특히 어미가「う」음으로 끝나는 단어는「わ」로 바뀌므로 주의.

会う	만나다	会わない	死ぬ	죽다	死なない
買う	쓰다	買わない	遊ぶ	놀다	遊ばない
書く	쓰다	書かない	読む	읽다	読まない
泳ぐ	헤엄치다	泳がない	帰る	돌아가다	帰らない
話す	말하다	話さない	入る	들어가다	入らない
待つ	기다리다	待たない			

2Group동사(5단동사) : 끝 어미「る」를 떼고「ない」를 붙인다

見る	보다	見ない	寝る	자다	寝ない
起きる	일어나다	起きない	落ちる	떨어지다	落ちない
食べる	먹다	食べない	立てる	세우다	立てない
教える	가르치다	教えない	生きる	살다	生きない

3Group동사(변격동사)

来る	오다	来ない	する	하다	しない

▶ 다음 표를 완성하세요.

기본형	ます형	공손한 부정	공손한 과거	부정	과거	과거부정
読^よむ(읽다)	読みます	読みません	読みました	読まない	読んだ	読まなかった
来^くる(오다)				来^こない		来^こなかった
落^おちる(떨어지다)			落ちました		落ちた	
歩^{ある}く(걷다)	歩きます					
帰^{かえ}る(돌아가다)		帰^{かえ}りません				
入^{はい}る(들어가다)			入^{はい}りました			
見^みる(보다)	見ます					
洗^{あら}う(씻다)		洗いません				
寝^ねる(자다)						寝なかった
呼^よぶ(부르다)		呼びません				
起^おきる(일어나다)			起きました			
話^{はな}す(말하다)		話しません				
降^ふる(내리다)	降ります					降らなかった

② 동사「ない형」의 주요 문형

1 ～ないでください : ～하지 마세요

부드러운 금지 표현이다. 가족이나 친한 사이에는 「ください」를 생략하여 「～ないで」만을 쓴다. 그러나 누구에게 주의를 줄 입장이 아니면서 이렇게 말하면 상대방에게 불쾌감을 줄 수 있으므로 주의해서 써야 한다.

· あまり無理^{むり}しないでください。 너무 무리하지 마세요.

· このなかで写真^{しゃしん}を撮^とらないでください。 이 안에서 사진을 찍지 마세요.

15
동
사
의
な
い
형

▶ 다음 도표를 완성해 보세요.

～てください (～하세요)	기본형	～ないでください (～하지 마세요)
	買^かう (사다)	
	行^いく (가다)	
	泳^{およ}ぐ (헤엄치다)	
	話^{はな}す (말하다)	
	待^まつ (기다리다)	
	立^たつ (일어서다)	
	飲^のむ (마시다)	
	遊^{あそ}ぶ (놀다)	
	帰^{かえ}る (돌아가다)	
	入^{はい}る (들어가다)	
	見^みる (보다)	
	食^たべる (먹다)	
	運動^{うんどう}する (운동하다)	
	来^くる (오다)	

확인연습

ex. テレビを見^みる 텔레비전을 보다

➡ テレビを見ないでください。 텔레비전을 보지 마세요.

① 手紙^{てがみ}を読^よむ 편지를 읽다

② ごみを捨^すてる 휴지를 버리다

③ 手^てをふれる 손대다

④ 芝生^{しば}にはいる 잔디밭에 들어가다

⑤ 車^{くるま}を止^とめる 차를 세우다

2 ～ない方^{ほう}がいい ：～하지 않는 편이 좋다

권유를 나타내는 표현이다.

・お酒^{さけ}を飲^のまないほうがいいです。 술을 마시지 않는 것이 좋습니다.

・太^{ふと}りますから食^たべないほうがいいです。 살찌니까 먹지 않는 것이 좋습니다.

📖 **확인연습 1**

> **ex** たばこを吸^すう 담배를 피우다
>
> ➡ たばこを吸わないほうがいいですよ。 담배를 피우지 않는 게 좋습니다.

① お風呂^{ふろ}にはいる 목욕을 하다
② 一人^{ひとり}で行^いく 혼자서 가다
③ 無理^{むり}をする 무리를 하다
④ 途中^{とちゅう}でやめる 도중에 포기하다
⑤ 先生^{せんせい}に話^{はな}す 선생님께 말하다

📖 **확인연습 2**

> **ex** 薬^{くすり}を飲^のむ 약을 먹다
>
> ➡ 薬を飲んだほうがいいです。 약을 먹는 것이 좋아요.
>
> ➡ 薬を飲まないほうがいいです。 약을 안 먹는 것이 좋아요.

① 早^{はや}く帰^{かえ}る 일찍 돌아가다
② うちにいる 집에 있다
③ 運動^{うんどう}する 운동하다
④ 野菜^{やさい}を食^たべる 야채를 먹다
⑤ 早^{はや}く寝^ねる 일찍 자다

3 ～なければならない ：～하지 않으면 안 된다

자신의 의지로 바꿀 수 없는 의무나 반드시 필요한 사항을 나타내는 표현이다. 법률, 규칙 등을 표현한다. 축약형은「～なきゃならない」이다. (접속 방법: 동사 ない형, い형용사 어간「く」, な형용사 어간「で(じゃ)」, 명사「で(じゃ)」 + なければならない)

・その会社^{かいしゃ}は土曜日^{どようび}も働^{はたら}かなければなりません。 (働かなきゃなりません)

  그 회사는 토요일도 일해야만 합니다.

・韓国^{かんこく}では車^{くるま}は道路^{どうろ}の右側^{みぎがわ}を走^{はし}らなければなりません。 (走らなきゃなりません)

  한국에서 차는 도로 우측으로 달리지 않으면 안 됩니다.

15 동사의 ない형

📖 **확인연습**

ex もう少しがまんする 좀 더 참다

→ もう少しがまんしなければなりません。 좀 더 참지 않으면 안 됩니다.

① 月曜日までに、レポートを書く 월요일까지 리포트를 쓰다
② 試験があるので、漢字をおぼえる 시험이 있어서 한자를 외우다
③ 友人の引っ越しを手伝う 친구의 이사를 돕다
④ 学生は9時までに学校へ来る 학생은 9시까지 학교에 오다
⑤ 毎日、9時までに会社へ行く 매일 9시까지 회사에 가다

4 ～なくてはいけない : ～하지 않으면 안 된다

「～なければならない」와 같은 뜻이나, 「ならない」가 일반적인 의무나 필요를 나타내는데 비해 「いけない」는 개별적이고 구체적인 것에 쓴다. 따라서 누군가에게 주의나 명령을 할 때는 「～いけない」를 쓰면 된다. 축약형은 「～なくちゃいけない」이다.

・この薬は必ず飲まなくてはいけません。(= 飲まなくちゃいけません)

이 약은 반드시 먹지 않으면 안 됩니다.

A 今度の週末に山登りに行ってもいいですか。 이번 주말에 등산가도 돼요?
B 駄目です。来週、試験ですから勉強しなくてはいけません。

(= しなくちゃいけません)

안돼요. 다음 주 시험이니까 공부해야 해요.

📖 **확인연습 1**

ex 日本へ行く / ビザを取る 일본에 가다 / 비자를 받다
→ 日本へ行くのでビザを取らなくちゃなりません。

일본에 가야 해서 비자를 받아야 합니다.

① パスポートをなくした 여권을 분실했다 / 大使館に行く 대사관에 가다
② 試験を受ける 시험을 보다 / 勉強する 공부하다
③ 免許を書き換える 면허를 갱신하다 / 警察に行く 경찰서에 가다
④ 結婚する 결혼하다 / アパートを探す 아파트를 찾다
⑤ 引っ越しをする 이사를 하다 / 荷物を整理する 짐을 정리하다

확인연습 2

ex 飛行機を予約する / ビザも取る 비행기를 예약하다 / 비자도 받다

→ 飛行機を予約しなくちゃならないし、ビザも取らなくちゃならないです。

비행기를 예약해야 하고, 비자도 받아야 합니다.

① アパートを探す 아파트를 구하다 / いろいろ買う 여러 가지 사다
② お土産を買う 선물을 사다 / 荷物を整理する 짐을 정리하다
③ あっちこっち案内する 여기저기 안내하다 / ごちそうする 대접하다
④ 文法を覚える 문법을 외우다 / 漢字も覚える 한자도 외우다
⑤ 残業をする 잔업을 하다 / 時々休みの日も会社へ行く 때때로 쉬는 날에도 회사에 가다

5 ~なくてもいいです : ~하지 않아도 됩니다

「なければならない」와 상반되는 표현으로, 「하지 않아도 된다」는 뜻이다.

· 多すぎたら全部食べなくてもいいです。 너무 많으면 전부 먹지 않아도 됩니다.

· 今日は開校記念日なので学校に行かなくてもいいです。

오늘은 개교 기념일이라서 학교에 안 가도 됩니다.

확인연습

ex バス / 時間を気にする / 地下鉄 버스 / 시간을 신경 쓰다 / 지하철

→ バスは時間を気にしなくちゃなりませんが、地下鉄は時間を気にしな
くてもいいです。

버스는 시간을 신경 써야 하는데, 지하철은 시간을 염려하지 않아도 됩니다.

① 1年生 / 宿題をする / 2年生 1학년 / 숙제를 하다 / 2학년
② あした / 早く起きる / 今日 내일 / 일찍 일어나다 / 오늘
③ 車 / 自分で運転する / バス 차 / 직접 운전하다 / 버스
④ パッケージ旅行 / スケジュール通りに動く / 個人で行くの

패키지여행 / 스케줄대로 움직이다 / 개인이 가는 것

⑤ 個人で旅行に行くの / 自分でホテルの手配をする / パッケージ旅行

개인이 여행가는 것 / 직접 호텔 수배를 하다 / 패키지여행

15 동사의 없는 형

▶ 다음 도표를 완성시켜 보세요.

~なければならない (~하지 않으면 안 된다)	기본형	なくてもいい (~하지 않아도 된다)
	行く (가다)	
	泳ぐ (헤엄치다)	
	会う (만나다)	
	待つ (기다리다)	
	帰る (돌아가다)	
	死ぬ (죽다)	
	飲む (마시다)	
	遊ぶ (놀다)	
	話す (말하다)	
	食べる (먹다)	
	寝る (자다)	
	来る (오다)	
	運動する (운동하다)	

6 ~ないように : ~하지 않도록

목적이나 희망, 지시를 나타내는 표현이다.

· 忘れないようにメモしておいてください。 잊지 않도록 메모해 놓으세요.

· 外食が多いので、野菜が不足しないように気をつけている。

외식이 많아서, 야채가 부족하지 않도록 신경을 쓰고 있다.

확인연습

ex 水泳をしない 수영을 하지 않다

→ 水泳をしないように言ってください。 수영을 하지 않도록 말해 주세요.

① お酒を飲まない 술을 안 먹는다

② 油っこいものを食べない 기름진 것을 안 먹는다

③ 無理をしない 무리하지 않는다

④ 外で遊ばない 밖에서 놀지 않는다

⑤ 危ないから来ない 위험하기 때문에 오지 않는다

③ 「〜ないで」와「〜なくて」

회화로 익히는 문법

A 最近の子供は、野菜を食べないで、ハンバーガーとかピザのようなものばかり食べているようですね。

B そうですか。野菜を食べないで、肉ばかり食べるのは、健康によくないと思いますよ。

A 요즘 아이들은 야채를 안 먹고, 햄버거라든가 피자 같은 것만 먹는 것 같군요.

B 그렇습니까? 야채를 안 먹고, 고기만 먹는 것은, 건강에 좋지 않다고 생각해요.

1 「〜ないで」：〜하지 않고, 〜하지 말고

ⓐ 「〜ないで」 뒤에 「ください」「ほしい」가 생략된 형태로 상대에게 부드럽게 부탁하거나 명령하는 기분을 나타내며, 기대와는 상반되는 결과를 말하거나, 완곡한 말투의 금지를 나타낸다.

· 学校にも行かないで何をしているのだ。 학교에도 가지 않고 뭘 하고 있어?

· 私は朝ごはんを食べないで出かけることがあります。
  나는 아침밥을 먹지 않고 나가는 일이 있습니다.

· 彼に会わないで欲しい。 그를 만나지 않길 바란다.

ⓑ 화자의 소망을 나타내는 「〜てもらいたい(〜해 주었으면 좋겠다)」「〜てくれ(〜해 주게)」「〜てほしい(〜하길 바란다)」등의 표현 앞에는 「〜ないで」가 붙는다.

· この事は彼に言わなくてほしい。(×)

· この事は彼に言わないでほしい。(○) 이 일은 그에게 말하지 않았으면 한다.

ⓒ 「て형」 뒤에 보조동사인 「いる」「ある」「くる」「みる」「おく」「しまう」등이 올 경우도 앞에 「ないで」를 쓴다.(주로 〜ないでいる(=ずにいる)형으로 많이 쓰인다.)

· 彼に会わないでいる。 그를 만나지 않고 있다.

> **ex** 野菜を食べる 야채를 먹다 / 肉だけ食べた 고기만 먹었다
>
> ➡ 野菜を食べないで、肉だけ食べました。 야채를 먹지 않고, 고기만 먹었습니다.

① 英語を使う 영어를 사용하다 / 日本語だけで話した 일본어로만 이야기했다

② 土日も休む 토, 일요일도 쉬다 / 仕事をした 일을 했다 ・

③ 予習をする 예습을 하다 / クラスに出た 수업에 나왔다

④ りんごを洗う 사과를 씻다 / 食べた 먹었다

⑤ 辞書を使う 사전을 사용하다 / 日本語の手紙を書いた 일본어 편지를 썼다

2 「～なくて」 : ～하지 않아서, ～하지 않고

ⓐ 동사 부정형의 「て형」이 원인, 이유의 뜻으로 사용되는 경우와, 「A(では・じゃ)なくてB」(A가 아니라 B)의 형태로 A와 B가 대립적인 내용일 경우에 사용한다.

• なかなか漢字が覚えられなくて困ります。 좀처럼 한자가 외워지지 않아서 난처합니다.

• この話は冗談じゃなくて、本当の話です。 이 이야기는 농담이 아니고, 사실입니다.

ⓑ 형용사의 부정형은 반드시 「～なくて」가 된다.

• 時間がなくていけませんでした。 시간이 없어서 갈 수 없었습니다.

• 今日は暑くなくて楽だ。 오늘은 덥지 않아서 편하다.

ⓒ 열거할 때

• 山田さんが来なくて、田中さんも来なくて、鈴木さんも来ない。

야마다 씨가 안 오고, 다나카 씨도 안 오고, 스즈키 씨도 안 온다.

> **ex** スミスさんはイギリス人じゃない / アメリカ人 스미스 씨는 영국인이 아니다 / 미국인
>
> ➡ スミスさんはイギリス人じゃなくて、アメリカ人です。
>
> 스미스 씨는 영국인이 아니라 미국인입니다.

① 日本語は難しい 일본어는 어렵다 / やさしい 쉽다

② 約束したんじゃない 약속한 것이 아니다 / 偶然会った 우연히 만났다

③ 会社員じゃない 회사원이 아니다 / フリーター 프리아르바이터(자유직업인)

동사의 기본형
(종지형)과 연체형

이번 과에서 배울 내용은?

1_ 기본형(종지형)

2_ 연체형

① 기본형(종지형)

문장을 끝맺는 형태로, 기본형과 같은 형태이므로 기본형(원형)이라고도 한다.

· 私が行く。 내가 간다.

· 花_{はな}が咲_さく。 꽃이 핀다.

동사 기본형의 주요 문형을 알아보자.

1 〜(る)前_{まえ}に : 〜하기 전에 ▶ 「る」는 동사의 현재 기본형을 나타낸다.

· 毎日寝_{まいにち ね}る前_{まえ}に薬_{くすり}を飲_のみます。 매일 자기 전에 약을 먹습니다.

· 毎晩寝_{まいばん ね}る前_{まえ}に練習_{れんしゅう}しています。 매일 밤 자기 전에 연습을 하고 있습니다.

확인연습

ex. 少_{すこ}し日本語_{にほんご}を勉強_{べんきょう}する 약간 일본어를 공부하다

➔ 日本へ来_くる前_{まえ}に少_{すこ}し日本語を勉強しました。

일본에 오기 전에 약간 일본어를 공부했습니다.

① 日本について友_{とも}だちから話_{はなし}を聞_きく 일본에 대해 친구에게 이야기를 듣다
② 日本についての本_{ほん}を読_よむ 일본에 대한 책을 읽다
③ 日本についての新聞記事_{しんぶんきじ}をよく読_よむ 일본에 대한 신문 기사를 자주 읽다
④ 日本についてのテレビ番組_{ばんぐみ}をよく見_みる 일본에 대한 텔레비전 프로그램을 자주 보다
⑤ 大学で日本の歴史_{れきし}を勉強_{べんきょう}する 대학에서 일본 역사를 공부하다

2 〜(る)つもりです : 〜할 생각(작정)입니다

동사의 현재 기본형에 붙는 「つもり」는 의도, 계획, 예정, 작정 등 사람이 마음 속으로 계획하는 것을
나타낼 때 쓰며, 구체적인 계획이 서 있거나 예정이 확실한 경우에 쓴다.

· 私は来年大学院_{らいねんだいがくいん}に進学_{しんがく}するつもりです。 나는 내년에 대학원에 진학할 생각입니다.

A 今週末_{こんしゅうまつ}の学会_{がっかい}に出席_{しゅっせき}するつもりですか。 이번 주말 학회에 출석할 작정입니까?

B ええ、そのつもりです。 예, 그럴 생각입니다.

A 彼_{かれ}のことを両親_{りょうしん}に話_{はな}すつもりですか。 그에 관한 것을 부모님께 말 할 작정입니까?

B ううん、よく分_わからないけど今_{いま}はまだ話_{はな}さないつもりです。

음, 잘은 모르겠지만 지금은 아직 말하지 않을 생각입니다.

확인연습

> ex アルバイトをする 아르바이트를 하다
>
> → アルバイトをするつもりです。 아르바이트를 할 작정입니다.

① 日本へ行く 일본에 가다
② パーティーに出席する 파티에 출석하다
③ 歴史を勉強する 역사를 공부하다
④ テニスの試合に出る 테니스 시합에 나가다
⑤ 両親と一緒に住む 부모님과 함께 살다
⑥ 何も買わない 아무것도 안 사다
⑦ 働かない 일하지 않다
⑧ 甘いものは食べない 단 것은 안 먹는다

3 〜(る)予定です : 〜할 예정입니다

동사의 기본형에 붙는「予定」는 확정된 예정을 나타내는 말로 자기의 행동이나 앞으로의 행사 등 미리 정해진 일이나 구체적인 스케줄을 표현한다.

A 今度の連休は何をするつもりですか。 이번 연휴에는 무엇을 할 작정입니까?

B ハワイへ行く予定なんです。 하와이에 갈 예정입니다.

・明日は出発する予定だ。 내일은 출발할 예정이다.

 확인연습

> ex 来月、結婚する 다음달, 결혼하다
>
> → 来月、結婚する予定です。 다음달, 결혼할 예정입니다.

① 新婚旅行はタイへ行く 신혼여행은 태국으로 가다
② 李さんが発表する 이 씨가 발표하다
③ 日本から取引先の人が来る 일본에서 거래처 사람이 오다
④ 日本で勉強を続ける 일본에서 공부를 계속하다
⑤ 夏休みに両親が日本へ遊びに来る 여름 방학에 부모님이 일본에 놀러 오다

16 동사의 기본형(종지형)과 연체형

4 ～(る)ことになる : ～하게 되다(타인에 의한 결정)

타인에 의해 결정된 예정, 규칙, 관례 등을 나타내는 표현이다.

- 私は来年1月から日本の支社に赴任することになりました。

  나는 내년 1월부터 일본 지사에 부임하게 되었습니다.

- 来年10月に結婚することになりました。 내년 10월에 결혼하게 되었습니다.

- あした山田先生にお会いすることになっています。 내일 야마다 선생님을 만나기로 되어 있습니다.

확인연습

ex 飛行機では、大きい荷物は預ける 비행기에서는, 큰 짐은 맡긴다

→ 飛行機では、大きい荷物は預けることになっています。

비행기에서는, 큰 짐은 맡기게 되어 있습니다.

---

① 教室ではたばこを吸ってはいけない 교실에서 담배를 피워서는 안 된다
② 来年から税金が増える 내년부터 세금이 늘다
③ これからは女子高校生が活躍する 앞으로는 여고생이 활약하다
④ 日本では車は左側通行をする 일본에서는 차는 좌측통행을 하다
⑤ 週末は家庭サービスをする 주말에는 가정 서비스를 하다

5 ～(る)ことにする : ～하기로 하다 (자신의 결정, 결심)

말하는 사람 자신의 결심이나 각오를 나타내는 표현이다. 단 본인이 결정한 경우라도 부드럽게 표현할 때는 「～(る)ことになる」를 쓰기도 한다.

- 今日から日記をつけることにしました。 오늘부터 일기를 쓰기로 했습니다.

- たばこをやめることにしました。 담배를 끊기로 했습니다.

- 今月いっぱいで会社をやめて、留学することにしました。

  이 달로 회사를 그만두고, 유학을 가기로 했습니다.

  ◀ 밑줄 친 부분을 「ことになりました」로
  하면 완곡한 표현이 된다.

확인연습

ex 肉を食べないで、野菜を食べる 고기를 안 먹고, 야채를 먹다

→ 肉を食べないで、野菜を食べることにしました。

고기를 먹지 않고, 야채를 먹기로 했습니다.

① 外食しないで、自分で料理をする 외식하지 않고 직접 요리를 하다
② アルバイトをしないで、勉強する 아르바이트를 하지 않고 공부하다
③ 土日は仕事をしないで、休む 토, 일요일은 일을 하지 않고, 쉬다
④ ごろごろしないで、お母さんを手伝う 빈둥거리지 않고 어머니를 돕다
⑤ 留学に行かないで、就職する 유학 가지 않고 취직하다

6 ～(る)ようにしている ：～하려 하고 있다

～(ない)ようにしてください ：～하지 않도록 해 주세요

・健康のためにできるだけ歩くようにしています。 건강을 위하여 가능하면 걸어 다니려고 합니다.

・展示してあるものは触らないようにしてください。 전시해 놓은 물건은 손대지 말아 주십시오

・教室の中ではできるだけ積極的に話すようにしてください。

교실 안에서는 가능하면 적극적으로 말하도록 하세요.

확인연습

ex 週に一度はスポーツをする 일주일에 한 번은 스포츠를 하다
→ 週に一度はスポーツをするようにしてください。

일주일에 한 번은 스포츠를 하도록 해 주세요.

① 暴飲暴食はしない 폭음 폭식은 하지 않는다
② 毎日7時間は寝る 매일 7시간은 잔다
③ 日曜日は仕事のことを考えない 일요일에는 업무에 관한 것은 생각하지 않는다
④ ストレスがたまらないように、いやなことはすぐ忘れる

스트레스가 쌓이지 않도록 불쾌한 일은 바로 잊는다

⑤ 風邪をひかないように、ビタミンCをたくさんとる

감기에 걸리지 않도록 비타민C를 많이 섭취한다

7 **〜(る)し、〜(る)し** : 〜하고, 〜하고

조사 「し」는 동사, 형용사, 조동사의 기본형에 연결되어 앞의 내용에 대한 첨가 및 보충의 의미를 나타낸다.

· 広いし、静かだし、とてもいい部屋です。 넓고 조용한데다, 아주 좋은 방입니다.

· いろいろな学校があるし、大きい本屋も多いし、とても便利です。

여러 학교가 있고, 큰 서점도 많고, 대단히 편리합니다.

ex 地下だ 지하이다 / 狭い 좁다

→ 家は地下だし、狭いです。 집은 지하인데다, 좁습니다.

---

① 駅に近い 역에 가깝다 / 通勤に便利だ 통근에 편리하다
② 近くに店がない 근처에 가게가 없다 / 買い物が不便だ 쇼핑이 불편하다

2 연체형

「〜時(〜때), 〜こと(〜일), 〜もの(〜것), 〜人(〜사람)」등의 체언(명사)에 연결되는 꼴을 말한다.

· 書く時 쓸 때   · 書くこと 쓰는 일

· 書くもの 쓸 것(문구류)   · 書く人 쓰는 사람

「-る時」와 「-た時」
「時」는 전후에 발생하는 동작이나 행위의 시점을 나타내는 말로, 「ときに」앞의 동작을 하기 전에 관한 시점은 동사의 기본형을 쓰며, 「ときに」앞의 동작이 있은 다음에 발생하는 행위에 대해서는 동사의 과거완료형을 써야 한다.

1. 동사 원형+時に
   동작이 동시에 진행되거나 「時に」뒤의 동작이 앞의 동작보다 선행될 때.
   京都へ行く時に、富士山を見ました。 교토에 갈 때, 후지산을 보았습니다.
   朝、学校へ行くときに「行ってまいります。」と言います。 아침에 학교에 갈 때 「다녀오겠습니다.」라고 말합니다.

2. 동사 た형+時に
   「時に」앞의 동작이 뒤의 동작보다 선행될 때.
   京都へ行った時に、お寺をたくさん見ました。 교토에 갔을 때 절을 많이 보았습니다.
   うちへ帰ったときに「ただいま。」と言います。 집에 돌아왔을 때 「다녀왔습니다.」라고 합니다.

「연체형」의 주요 문형을 알아보자

1 ~(る)+ 명사 : ~하는, ~할 ~

명사를 수식하는 형태로 기본형과 같다. ▲ 기본형이란 사전형뿐만 아니라 과거형,
부정형 등도 포함한다.

· 本社に送るサンプルはどれですか。 본사에 보낼 샘플은 어느 것입니까?

· 結婚している社員は何人いますか。 결혼한 사원은 몇 명 있습니까?

📖 확인연습

> **ex** お酒をやめた 술을 끊었다 / 人 사람
>
> → お酒をやめた人が何人かいます。 술을 끊은 사람이 몇 명인가 있습니다.

① 結婚している 결혼했다 / 社員 사원

② 胃が痛くて肉は食べない 위가 아파서 고기는 먹지 않는다 / 老人 노인

③ 風邪を引いて薬を飲んでいる 감기에 걸려서 약을 먹고 있다 / 女性 여성

④ 喉が痛くてたばこをやめた 목이 아파서 담배를 끊었다 / 患者 환자

2 …んです

✏️ 회화로 익히는 문법

· A 元気がありませんね。どうしたんですか。	A 기운이 없군요. 어디가 좋지 않으세요?
B 頭が痛いんです。	B 머리가 아픕니다.
· A どうして会社をやめるんですか。	A 왜 회사를 그만두는 겁니까?
B 給料がとても安いんです。	B 월급이 너무 낮아요.
· A 新しくてきれいな家ですね。	A 깨끗한 새집이군요.
B でも、駅から遠くて、ほんとうに不便なんです。	B 하지만 역에서 멀어 정말 불편합니다

「~んです」는 원래 문장체 강조표현인 「~のです」의 「の[no]」에서 「o」모음이 탈락하면서 생긴 구어체 표현이다. 문장의 뜻을 강조하거나 변명조의 표현을 할 때 사용한다.

동사		い형용사		な형용사		명사	
~んです		~いんです		~なんです		~なんです	
行く	行くんです (갑니다)	痛い	痛いんです (아픕니다)	暇だ	暇なんです (한가합니다)	ここ	ここなんです (여기입니다)
買う	買ったんです (샀습니다)	高い	高いんです (비쌉니다)	大変	大変なんです (큰일입니다)	仕事	仕事なんです (일입니다)

① コーヒーを飲みますか。 커피를 마십니까?

　コーヒーを飲むんですか。

② 寒いですか。 춥습니까?

　寒いんですか。

③ 金先生は、ぶた肉が好きですか。 김 선생님은 돼지고기를 좋아하십니까?

　金先生は、ぶた肉が好きなんですか。

④ ソウルは韓国の首都ですから。 서울은 한국의 수도니까요

　ソウルは韓国の首都なんですから。

📖 **확인연습 1**

> ex A どうしたんですか。 왜 그러십니까?
> 　　B 頭が痛いんです。 머리가 아픕니다.(머리가 아파서요.)

① 腰が痛い 허리가 아프다
② 気分が悪い 몸이 안 좋다
③ 熱がある 열이 나다
④ 風邪をひいた 감기에 걸렸다
⑤ 鼻水が出る 콧물이 나다

📖 **확인연습 2**

> ex 名古屋へ出張です。 나고야에 출장 갑니다.
>
> → 名古屋へ出張なんです。

① ビザの更新です。 비자를 갱신합니다.
② 会社の社内旅行です。 회사의 사내 여행입니다.
③ 新しい会社の面接試験です。 새로운 회사에 면접시험을 봅니다.

확인연습 3

> ex 友だちをソウル駅まで迎えに行ってきました。
>
> 친구를 서울역까지 마중하러 갔다 왔습니다.
>
> → 友だちをソウル駅まで迎えに行ってきたんです。

① 会議がありました。 회의가 있었습니다.

② 電車の事故がありました。 전차 사고가 있었습니다.

③ 道がとても混んでいました。 길이 매우 혼잡했습니다.

동사의 의지형
(意志形)「(よ)う형」

17

회화로 익히는 문법

A 明日は休みですね。どこか行きますか。

B はい。映画を見に行こうと思っています。

A あ、そうですか。何を見るんですか。

B デスノートを見ようと思っているんです。

A 내일은 휴일이지요. 어디 안 갑니까?

B 예. 영화를 보러 갈려고 합니다.

A 아. 그렇습니까? 무얼 볼 겁니까?

B 데스노트를 보려고 합니다.

① 동사의 「의지형」이란?

조동사 「～う・～よう」에 연결하여 「～해야지・～하자」라는 말하는 사람의 의지(의향)나 권유(신청)를 나타내는 형태이다.

1Group동사(5단동사) 기본형의 「ウ단음」어미를 「オ단음」으로 바꾸고 「～う」를 붙인다.

会う	만나다	会おう	死ぬ	죽다	死のう
書く	쓰다	書こう	遊ぶ	놀다	遊ぼう
泳ぐ	헤엄치다	泳ごう	読む	읽다	読もう
話す	말하다	話そう	帰る	돌아가다	帰ろう
待つ	기다리다	待とう	入る	들어가다	入ろう

2Group동사 어미 「る」를 떼고 「～よう」를 붙인다.

見る	보다	見よう	寝る	자다	寝よう
起きる	일어나다	起きよう	落ちる	떨어지다	落ちよう
食べる	먹다	食べよう	立てる	세우다	立てよう
教える	가르치다	教えよう	生きる	살다	生きよう

3Group동사 변격동사 불규칙동사로 별도로 암기해야 한다.

来る	오다	来よう	する	하다	しよう

② 동사 「의지형」의 주요 문형

1 ～(よ)うと思います : ～하려고 (생각)합니다

아직은 확실하게 무어라 결정한 것은 없으나 앞으로 할 생각임을 나타낸다.

A 夏休みはどうするんですか。 여름휴가 때 어떻게 할 거예요?

B 山へ行こうと思っているんです。 산에 가려고 해요.

확인연습 1

ex 映画を見に行く 영화를 보러 가다

→ 映画を見に行こうと思っています。 영화를 보러 가려고 합니다.

① 早く帰る 빨리 돌아가다

② 手紙を書く 편지를 쓰다

③ 家で本を読む 집에서 책을 읽다

④ ずっと家にいる 계속 집에 있다

⑤ 家で家事をする 집에서 집안일을 하다

확인연습 2

ex 「風と共に去りぬ」を見る 「바람과 함께 사라지다」를 보다

→ 「風と共に去りぬ」を見ようと思っているんです。

「바람과 함께 사라지다」를 보려고 합니다.

① CDプレーヤーを買う CD플레이어를 사다

② 恋人に手紙を書く 애인에게 편지를 쓰다

③ 日本の小説を読む 일본 소설을 읽다

④ ゆっくり休む 느긋하게 쉬다

⑤ 掃除や洗濯をする 청소나 세탁을 하다

확인연습 3

ex もうやめる 이제 그만두다

→ 実は、もうやめようかと考えているんです。

사실은 이제 그만둘까 하고 생각하고 있습니다.

① 転職する 전직하다

② 国へ帰って、大学院へ行く 고국에 돌아가 대학원에 가다

③ 別の学校を探す 다른 학교를 찾다

④ 別居する 별거하다

동사의 가정형

18

이번 과에서 배울 내용은?

1_ 가정형이란?

① 가정형이란?

조건을 나타내는 표현으로 「~하면」의 뜻이다.

1Group동사(5단동사) 기본형의 「ウ단음」 어미를 「エ단음」으로 바꾸고 「~ば」를 붙인다.					
会う	만나다	会えば	死ぬ	죽다	死ねば
書く	쓰다	書けば	遊ぶ	놀다	遊べば
泳ぐ	헤엄치다	泳げば	読む	읽다	読めば
話す	말하다	話せば	帰る	돌아가다	帰れば
待つ	기다리다	待てば	入る	들어가다	入れば

2Group동사 어미 「る」를 「れ」로 고치고 「~ば」를 붙인다.					
見る	보다	見れば	寝る	자다	寝れば
起きる	일어나다	起きれば	落ちる	떨어지다	落ちれば
食べる	먹다	食べれば	立てる	세우다	立てれば
教える	가르치다	教えれば	生きる	살다	生きれば

3Group동사 변격동사 어미 「る」를 「れ」로 고치고 「~ば」를 붙인다.					
来る	오다	来れば	する	하다	すれば
勉強する	공부하다	勉強すれば			

확인연습

> ex 生活費 생활비 / いくら 얼마 / 送る 보내다
>
> → 生活費はいくら送ればいいでしょうか。 생활비는 얼마 보내면 될까요?

① レポート 리포트 / 何語で 어느 나라 말로 / 書く 쓰다
② テキスト 교재 / 何ページまで 몇 페이지까지 / 勉強する 공부하다
③ CD 씨디 / どこまで 어디까지 / 聞く 듣다
④ 漢字 한자 / どれを 어느 것을 / 覚える 외우다
⑤ 郵便局 우체국 / どうやって 어떻게 / 行く 가다

---

1 「~ば~ほど」 : ~하면 ~할수록

· 見れば見るほど美しい。 보면 볼수록 아름답다.

· 習えば習うほど難しくなる。 배우면 배울수록 어려워진다.

확인연습 1

ex 読む 읽다 / おもしろい 재미있다

→ 読めば読むほどおもしろいです。 읽으면 읽을수록 재미있습니다.

① 見る 보다 / 美しい顔だ 예쁜 얼굴이다

② やる 하다 / 上手になる 능숙해지다

③ 考える 생각하다 / 難しくなる 어려워지다

④ 登る 오르다 / 道が険しくなっている 길이 험해지다

⑤ 食べる 먹다 / よけい、食べたくなる 더욱 더 먹고 싶어지다

확인연습 2 「〜ば 〜ほど」를 사용하여 문장을 만드세요.

① _____ミスをしやすくなります。(焦る)

　초조해 하면 초조해 할수록 실수하기가 쉬워집니다.

② _____上手になると思います。(練習する)

　연습하면 연습할수록 능숙해집니다.

③ _____腹が立ちます。(考える)

　생각하면 생각할수록 화가 납니다.

18 동사의 가정형

동사의 가능형

19

회화로 익히는 문법

A 山田さん、明日のパーティーに行けますか。	A 야마다 씨, 내일 파티에 갈수 있습니까?
B ああ、明日はちょっと行けないと思います。 仕事があるもんですから。	B 아, 내일은 좀 못갈 것 같습니다. 일이 있어서요.
A そうですか。残念ですね。	A 그래요. 안됐군요.

① 동사의 「가능형」이란?

「~할 수 있다」는 의미를 나타내며, 동사의 가능표현에는 아래와 같은 방법이 있다.

① 1Group동사에 한하여 다음과 같이 가능동사(可能動詞)를 만들 수 있다.

· 言う 말하다 ⇒ 言え+る ⇒ 言える 말할수 있다

② 2Group동사와 「来る」는 조동사 「られる」에 접속하여 가능의 의미를 나타낸다.

· 食べる 먹다 ⇒ 食べ+られる ⇒ 食べられる 먹을수 있다

· 来る 오다 ⇒ 来られる 올수 있다

③ 동사기본형+(る)ことができる : ~(을) 할 수 있다

명사 + ができる : ~을 할 수 있다

· 日本語で手紙を書くことができます。 일본어로 편지를 쓸 수가 있습니다.

· 英語ができます。 영어를 할 수 있습니다.

A これ全部食べることができますか。 이거 전부 먹을 수 있습니까?

B できると思います。 가능할 것 같습니다.

1Group동사(5단동사) 기본형의 「ウ단음」 어미를 「エ단음」으로 바꾸고 「~る」를 붙인다.

会う	만나다	会える	死ぬ	죽다	死ねる
書く	쓰다	書ける	遊ぶ	놀다	遊べる
泳ぐ	헤엄치다	泳げる	読む	읽다	読める
話す	말하다	話せる	帰る	돌아가다	帰れる
待つ	기다리다	待てる	入る	들어가다	入れる

2Group동사 어미 「る」를 떼고 「~られる」를 붙인다.

見る	보다	見られる	寝る	자다	寝られる
起きる	일어나다	起きられる	落ちる	떨어지다	落ちられる
食べる	먹다	食べられる	立てる	세우다	立てられる
教える	가르치다	教えられる	生きる	살다	生きられる

3Group동사(변격동사) 「来る」는 「ない형」으로 바꿔 「られる」에 접속하면 되고, 「する」의 가능형은 「できる (할 수 있다)」이다.

来る	오다	来ない　来られる	する	하다	できる
			勉強する	공부하다	勉強できる

확인연습 1　아래 동사를 예와 같이 가능형으로 고치세요.

ex 買う 사다 → 買える 살 수 있다 → 買うことができる 살 수 있다

① 書く 쓰다　　　　　② 話す 말하다
③ 持つ 가지다　　　　④ 選ぶ 고르다
⑤ 飲む 마시다　　　　⑥ 切る 자르다

확인연습 2

ex 自転車に乗る 자전거를 타다

→ 自転車に乗れますか。 자전거를 탈 수 있습니까?

① 海で泳ぐ 바다에서 헤엄치다
② 箸で食べる 젓가락으로 먹다
③ 日本語で数える 일본어로 세다
④ 逆立ちする 물구나무서다

확인연습 3

> **ex** 明日のパーティーに行く　내일 파티에 가다
>
> → 明日のパーティーに行けますか。　내일 파티에 갈 수 있습니까?

① 今日のミーティングに出る　오늘 미팅에 나가다

② 明日の日本語のクラスに来る　내일 일본어 수업에 오다

③ 毎日家で勉強する　매일 집에서 공부하다

④ 今日早く家へ帰る　오늘 일찍 집으로 돌아오다

⑤ 日曜日に泳ぎに行く　일요일에 수영하러 가다

확인연습 4

> **ex** 上手 능숙함 / 書ける 쓸 수 있다 → 上手に書けます。 능숙하게 쓸 수 있습니다.
>
> うまい 잘하다 / 話せる 말할 수 있다 → うまく話せます。 잘 말할 수 있습니다.

① 正確 정확함 / 発音できる 발음할 수 있다

② きれい 깨끗함 / 書ける 쓸 수 있다

③ 早い 빠르다 / 読める 읽을 수 있다

④ 正しい 바르다 / 書ける 쓸 수 있다

⑤ うまい 잘하다 / なる 되다

❷ 동사 「가능형」의 주요 문형

1 ~が 동사(가능형) ~ます : ~할 수 있습니다

가능 표현 앞에서 조사 「が」는 가능한 것에 대한 내용이나 기능을 나타낸다. 그러나 이것은 절대적인 것이 아니면 가능의 대상을 특별히 강조하고자 할 경우에는 「を」를 쓸 수도 있다.

· このマンションではペットが飼えます。 이 맨션에서는 애완동물을 기를 수 있어요

· 英語を読める。 영어를 읽을 수 있다.

· 魚を食べられない。 생선을 먹을 수 없다.

· ゆっくりと音楽を聞ける。 느긋하게 음악을 들을 수 있다.

A 銀行で何ができますか。 은행에서 무엇을 할 수 있습니까?

B お金が換えられます。 돈을 바꿀 수 있습니다.

확인연습 1

ex お刺身を食べる 회를 먹다

→ お刺身が食べられますか。 회를 먹을 수 있습니까?

① 牛乳を飲む 우유를 마시다
② ギターを弾く 기타를 치다
③ てんぷらを作る 튀김을 만들다
④ お寿司の作り方を教える 초밥 만드는 법을 가르치다
⑤ 車を運転する 차를 운전하다

확인연습 2

ex フランス語を話す 프랑스어를 말하다

→ フランス語が話せますか。 프랑스어를 말할 수 있습니까?

① 日本語の書類を読む 일본어 서류를 읽다
② 英語で手紙を書く 영어로 편지를 쓰다
③ ドイツ語で電話をかける 독일어로 전화를 걸다
④ 一人で行く 혼자서 가다
⑤ スペイン語で商談をする 스페인어로 상담을 하다

확인연습 3

ex どれぐらいの給料をいただけるんですか。

어느 정도의 급료를 받을 수 있습니까?

① お金 돈
② ボーナス 보너스
③ 休暇 휴가
④ 時間 시간
⑤ 手当 수당

19 동사의 가능형

2 ～ようになる : ～하게 되다

어떤 사항이 변하여, 어떤 상태가 되기까지의 변화의 과정에 중점을 두는 표현이다. 단, 변화의 뉘앙스가 없는 순간성, 일회성 동사나 「わかる(알다)」 「見える(보이다)」 「聞こえる(들리다)」와 같은 동사에는 쓸 수 없다.

A 最近、あまり映画を見に行かなくなりました。 최근에, 별로 영화를 보러 가지 않게 되었습니다.

B そうですか。 그렇습니까?

A ビデオを安く借りられるようになりましたから。 비디오를 싸게 빌릴 수 있게 되었으니까요.

확인연습 1

> ex CDを聞く CD를 듣다
>
> → CDを聞けるようになりました。 CD를 들을 수 있게 되었습니다.

① ビデオを見る 비디오를 보다
② デジカメを使う 디지털카메라를 사용하다
③ 一人で歩く 혼자서 걷다
④ 電子レンジを使う 전자레인지를 사용하다
⑤ 衛星放送を見る 위성방송을 보다

확인연습 2

> ex CDを聞く CD를 듣다 / レコードを聞かない 레코드를 듣지 않는다
>
> → CDを聞くようになったので、レコードを聞かなくなりました。
>
> CD를 듣게 되어서 레코드를 듣지 않게 되었습니다.

① ビデオを見る 비디오를 보다 / 映画を見に行かない 영화를 보러 가지 않는다
② ビデオカメラを使う 비디오카메라를 사용하다 / カメラを使わない 카메라를 사용하지 않는다
③ パソコンを使う 컴퓨터를 사용하다 / 漢字が正しく書けない 한자를 올바르게 쓸 수 없다
④ 冷蔵庫を使う 냉장고를 사용하다 / 毎日買い物に行かなくてもいい 매일 장보러 가지 않아도 된다
⑤ テレビを見る 텔레비전을 보다 / 本を読まない 책을 읽지 않다

동사의 명령형

20

이번 과에서 배울 내용은?

1_ 동사의 명령형

① 동사의「명령형」

일반 대인관계에서는 별로 사용하지 않는「~해라」라는 의미를 가진 일방적 명령 표현이다. 이 표현은 상하 관계가 분명한 경우에 자신보다 낮은 위치의 사람이나, 아주 친한 친구 사이나, 부모가 자식정도에게 쓸 수 있는 말이다.

1Group동사(5단동사) 기본형의「ウ단음」어미를「エ단음」으로 바꾼다.			
言う 말하다	言え 말해!	書く 쓰다	書け 써라!
急ぐ 서두르다	急げ 서둘러!	話す 말하다	話せ 말 해!
待つ 기다리다	待て 기다려!	飲む 마시다	飲め 마셔!

2Group동사 어미「る」를「ろ」또는「よ」로 바꾼다.			
見る 보다	見ろ·見よ 봐라!	起きる 일어나다	起きろ·起きよ 일어나!
食べる 먹다	食べろ·食べよ 먹어라!	寝る 자다	寝ろ·寝よ 자라!

3Group동사(변격동사) 불규칙동사이므로 외우면 된다.			
来る 오다	来い 와라!	する 하다	しろ·せよ 해!, 해라!

- もっと勉強しろ。 더 공부해라.

- 早く寝ろ。 빨리 자라.

- 見よ、太陽は今、世界の果てから昇る。 봐라, 태양은 지금 세상 끝에서 뜬다.

- こっちへ来い。 이리로 와라.

> **확인연습**
>
> ex また遊びに来る 또 놀러 오다
>
> → また遊びに来い。 또 놀러 와라.

① しっかり勉強する 정신 차려 공부하다

② 早く行く 빨리 가다

③ もっと食べる 좀 더 먹다

④ 明日は7時までに起きる 내일은 7시까지 일어나다

⑤ 教室では静かにする 교실에서는 조용히 하다

조동사

21

이번 과에서 배울 내용은?

조동사의 종류

조동사의 종류

❶ 수동의 조동사 「れる・られる」

동사의 「ない형」에 접속하는 동일한 방법으로 수동의 조동사 「れる・られる」를 붙이면 「~함을 당하다, ~하게 되다」라는 뜻이 된다.

1Group동사(5단동사) 기본형의 「ウ단음」어미를 「ア단음」으로 바꾸고 「~れる」를 붙인다.

買う	사다	買われる	死ぬ	죽다	死なれる
書く	쓰다	書かれる	呼ぶ	부르다	呼ばれる
泳ぐ	헤엄치다	泳がれる	読む	읽다	読まれる
話す	말하다	話される	帰る	돌아가다	帰られる
待つ	기다리다	待たれる	入る	들어가다	入られる

2Group동사 어미 「る」를 떼고 「~られる」를 붙인다.

見る	보다	見られる	教える	가르치다	教えられる
誉める	칭찬하다	誉められる	食べる	먹다	食べられる
起きる	일어나다	起きられる	開ける	열다	開けられる

3Group동사(변격동사)

来る	오다	来られる	する	하다	される
勉強する	공부하다	勉強される			

---

1 타동사의 경우

화자(話者)나 동작의 영향을 받는 대상이 능동문에 노출되어 있는 형태로 「~받다, ~당하다」의 의미가 된다.

> 先生は田中君を呼びました。 선생님은 다나카 군을 불렀습니다.
> ➡田中君は先生に呼ばれました。 다나카 군은 선생님께 호출되었습니다.

수동의 조동사 앞에 오는 조사는 그 대상을 나타내는 「に(에게)」가 와서 「~に ~ら(れる)」의 형식을 취한다. 대상을 나타내는 말은 「~から ~ら(れる)」 「~によって ~ら(れる)」 등 다양하게 표현할 수 있다.

· 田中君は先生にほめられました。 다나카 군은 선생님께 칭찬받았습니다.

· モナリザはダビンチによって描かれた。 모나리자는 다빈치에 의해 그려졌다.

📖 확인연습 1

> ex 母が弟を叱る 어머니가 남동생을 꾸짖다
>
> → 弟は母に叱られました。 남동생은 어머니께 야단맞았습니다.

① 先生が安部くんをほめる 선생님이 아베 군을 칭찬하다
② 先輩が私をいじめる 선배가 나를 괴롭히다
③ 部長が私を呼ぶ 부장님이 나를 부르다
④ 車が男の子をはねる 차가 남자아이를 치다
⑤ 生徒は先生に質問する 학생이 선생님께 질문하다

📖 확인연습 2

> ex 時計を壊す 시계를 망가뜨리다 / 母 어머니
>
> → 時計を壊して、母に叱られました。 시계를 망가뜨려서 어머니께 야단맞았습니다.

① 遅刻する 지각하다 / 先生 선생님
② 朝寝坊する 아침 늦잠을 자다 / 母 어머니
③ 学校をサボる 학교를 빠지다 / 父 아버지
④ 弟や妹をいじめる 남동생과 여동생을 괴롭히다 / 母 어머니
⑤ 喧嘩をする 싸움을 하다 / 母 어머니

📖 확인연습 3

> ex 歌が上手だ 노래를 잘하다
>
> → 歌が上手でみんなに誉められました。 노래를 잘해서 모두에게 칭찬을 받았습니다.

① 弟や妹の世話をよくする 남동생과 여동생을 잘 돌보다
② 家事をよく手伝う 가사를 잘 돕다
③ 勉強をよくする 공부를 잘 하다
④ 父の仕事をよく手伝う 아버지 일을 잘 돕다
⑤ きれいに掃除をする 깨끗하게 청소를 하다

확인연습 4

ex 犬が鈴木さんの足をかんだ 개가 스즈키 씨의 다리를 물었다

→ 鈴木さんは犬に足をかまれました。 스즈키 씨는 개한테 다리를 물렸습니다.

① 兄が弟の頭をぶった 형이 남동생의 머리를 쳤다 (ぶつ)
② 子どもが山田さんの髪をひっぱった 아이가 야마다 씨의 머리를 잡아 당겼다 (ひっぱる)
③ 蜂が山田さんの手を刺した 벌이 야마다 씨의 손을 쏘았다 (刺す)
④ すりが山田さんの財布をすった 소매치기가 야마다 씨의 지갑을 소매치기했다 (する)
⑤ 母が妹の日記を読んだ 어머니가 여동생의 일기를 읽었다 (読む)

확인연습 5

ex だれかが(私の)自転車をとった 누군가가 내 자전거를 훔쳤다

→ (私は)だれかに自転車をとられました。 나는 누군가에게 자전거를 도난당했습니다.

① 子供が(私の)めがねを壊した 아이가 내 안경을 부수었다
② 隣の人が(私の)足を踏んだ 옆 사람이 내 발을 밟았다
③ だれかが(私の)カバンを盗んだ 누군가가 내 가방을 훔쳤다
④ 猫が(私の)魚を食べた 고양이가 내 생선을 먹었다
⑤ 子供が(私の)たいせつな書類をやぶった 아이가 내 중요한 서류를 찢었다

잠깐주목!

수동문에서 주의할 점
「私のかばんは泥棒に取られました。」가 되지 않도록 주의한다. 일본어에서 주어가 되는 것은 보통 「사람·동물」이며, 주어가 「몸의 일부나 소유물(무생물)」인 경우는 별로 사용되지 않는다.

泥棒が(私の)かばんを取りました。 도둑이 내 가방을 훔쳤습니다.

私は泥棒にかばんを取られました。 나는 도둑에게 가방을 도난당했습니다.

弟が(私の)時計を壊しました。 동생이 내 시계를 고장냈습니다.

バスのなかで隣の人が(私の)足を踏みました。 버스 안에서 옆 사람이 내 발을 밟았습니다.

2 자동사의 경우(간접 수동)

자동사가 수동문이 될 때는 피해를 입었다는 의미를 전달하고자 할 때 사용되는 경우가 많다. 이러한 수동태는 일본어의 특징 중 하나로, 노골적인 표현을 삼가면서도 불가항력적인 상황을 나타내며 다른 동작, 작용에 의해 불이익이나 그로 인한 귀찮음, 성가심 등의 피해 의식을 나타낼 수 있다. 이 수동태를 「迷惑(피해)」라는 말을 써서 「迷惑の受身」(피해의 수동)라고도 한다.

· 雨が降りました。 それで私は濡れました。 비가 내렸습니다. 그래서 나는 젖었습니다.

  雨に降られました。 비를 맞았습니다.

「雨に降られる」는 단순히 「비를 맞다」정도가 아니라 예를 들면 "우산도 없는데 갑자기 비가 내려 흠뻑 젖었다. 그래서 매우 난처했다"정도의 의미가 함축된 표현이다.

· 親に死なれました。 부모님이 돌아가셨습니다.

· 赤ちゃんに泣かれました。 아기가 울었습니다.

· 友達に来られました。 친구가 왔습니다.

확인연습

ex 家へ帰る途中、雨が降った。 집에 돌아가는 도중에 비가 내렸다

→ 家へ帰る途中、雨に降られて困った。 집에 돌아가는 도중에 갑자기 비를 맞아 곤란했다

① 子供が泣いた 아이가 울었다
② 父が急に死んだ 아버지가 갑자기 돌아가셨다
③ 彼が会社をやめた 그가 회사를 그만뒀다
④ 夜遅く、友だちが来た 밤늦게 친구가 왔다

3 그 밖의 용법

피해 의식이 없으며, 동작의 주체가 불특정 다수 혹은 일정하지 않은 경우에 사용하는 수동 표현이다.

3年前に、この学校を建てました。 3년 전에 이 학교를 세웠습니다.
→この学校は3年前に建てられました。 이 학교는 3년 전에 세워졌습니다.

일본어에서는 주어가 무생물인 수동 표현과 동사가 비의지적인 것은 수동형으로 만들 수 없다. 그러나 여기 제시한 다음 몇 가지의 경우에는 수동 표현이 가능하다.

a. 어떤 일이나 사건만을 문제시 할 때

· 10時から卒業式が行われます。 10시부터 졸업식이 거행됩니다.

b. 새로운 사태나 신제품을 새로 선보일 때

· 雑誌が発行されました。 잡지가 발행되었습니다.

c. 과거나 역사적 사실을 말하는 경우

· 1983年には自動車が約600万台輸出されました。

1983년엔 자동차가 약 600만대 수출되었습니다.

d. 상태나 성질을 나타낼 때

· いろいろな会社でコンピューターが使されています。

여러 회사에서 컴퓨터가 사용되고 있습니다.

확인연습

ex 人々はこの雑誌をよく読みます 사람들은 이 잡지를 잘 읽는다

→ この雑誌はよく読まれています。 이 잡지는 잘 읽혀지고 있습니다.

---

① 人々は10年前にこの建物を建てました 사람들은 10년 전에 이 건물을 세웠습니다
② フランスでワールドカップを開きました 프랑스에서 월드컵을 개최했습니다
③ 韓国で国会議員の選挙を行いました 한국에서 국회의원 선거를 실시했습니다
④ この工場は韓国で一番大きいと言っています 이 공장은 한국에서 제일 크다고 합니다.
⑤ 自動車を産業ロボットで作っています 자동차를 산업 로봇으로 만들고 있습니다.

4 기타「れる·られる」의 여러 가지 뜻

조동사는 수동 외에도 문장 내에서 가능(可能), 존경(尊敬), 자발(自発)의 의미를 나타낸다.

a. 수동
· 後ろの人に押されてしまった。 뒷사람에게 밀려 버렸다.

· 今朝バスのなかで財布をすられたんです。 오늘 아침 버스 안에서 지갑을 소매치기 당했습니다.

b. 가능
A 辛い料理が食べられますか。 매운 요리를 먹을 수 있습니까?

B いいえ、あまり食べられません。 아뇨, 별로 잘 먹지 못합니다.

c. 존경

A いつ韓国に来られましたか。 언제 한국에 오셨습니까?

B 去年の3月です。 작년 3월입니다.

d. 자발

· この曲を聞くと昔の恋人のことが思い出される。 이 곡을 들으면 옛날 애인이 생각난다.

· このままでは息子の将来が思いやられる。 이대로라면 아들의 장래가 걱정스럽다.

자연적으로 떠오르는 기분을 나타낸다. 이런 부류의 정서를 표현하는 동사는 대체로 마음이나 감각에 관한 것들이다.

思い出す	思い出される 생각나다	案じる	案じられる 걱정되다
偲ぶ	偲ばれる 그리워지다	信じる	信じられる 믿겨지다
惜しむ	惜しまれる 아쉽다	感じる	感じられる 느껴지다
心を打つ	心を打たれる 감동받다	察する	察せられる 짐작되다

② 사역(使役)의 조동사「せる・させる」

동사의「ない형」에 사역의 조동사「せる・させる」를 붙이면「~하게 하다, ~시키다」의 뜻이 된다.

1Group동사(5단동사) 기본형의「ウ단음」어미를「ア단음」으로 바꾸고「~せる」를 붙인다.					
会う	만나다	会わせる	死ぬ	죽다	死なせる
書く	쓰다	書かせる	遊ぶ	놀다	遊ばせる
泳ぐ	헤엄치다	泳がせる	読む	읽다	読ませる
話す	말하다	話させる	帰る	돌아가다	帰らせる
待つ	기다리다	待たせる	入る	들어가다	入らせる

2Group동사 어미「る」를 떼고「~させる」를 붙인다.					
見る	보다	見させる	寝る	자다	寝させる
着る	입다	着させる	食べる	먹다	食べさせる
起きる	일어나다	起きさせる	答える	대답하다	答えさせる

3Group동사(변격동사)					
来る	오다	来させる	する	하다	させる
			勉強する	공부하다	勉強させる

잠깐주목!

사역으로 혼동할 수 있는 동사

아래 동사들은 사역의 조동사 「せる」가 접속된 것이 아닌 본래 기본형이 せる의 형태를 가지는 동사들이다.

見せる 보여주다 · 着せる 입히다
知らせる 알리다, 통보하다 · 合わせる 맞추다
乗せる 태우다 · やせる 여위다, 살이 빠지다
任せる 맡기다

1 자동사의 경우

> **Aは Bを ～(さ)せます** A는 B를 ～하게 합니다

· 先生は李くんを立たせました。 선생님은 이 군을 일으켜 세웠습니다.
· 母は息子を買い物に行かせました。 어머니는 아들을 물건을 사러 보냈습니다.

2 타동사의 경우

> **Aは Bに ～を ～(さ)せます** A는 B에게 ～를 ～하게 합니다

동작을 하는 사람 뒤에는 「に」를 붙인다.

· 先生は李くんに本を読ませました。 선생님은 이 군에게 책을 읽게 했습니다.
· 母は娘に部屋を掃除させました。 어머니는 딸에게 방을 청소하게 하였습니다.

A どうぞ中にお上がりになってお茶でもどうぞ。 어서 안으로 들어 오셔서 차라도 드세요.

B ありがとうございます。でも外にタクシーを待たせていますから。
고맙습니다. 하지만 밖에 택시를 대기시켜 놔서요…

3 무생물을 주어로 한 일반 사역

· この映画は人に平和のありがたさを考えさせる。
이 영화는 사람들에게 평화의 고마움에 대해 생각하게 한다.

📖 확인연습 1

ex 赤(あか)ちゃんが笑(わら)う 갓난아기가 웃다 / 雪子(ゆきこ) 유키코

→ 雪子は赤ちゃんを笑わせました。 유키코는 아기를 웃게 했습니다.

① 次郎(じろう)が買(か)い物(もの)に行(い)く 지로가 쇼핑하러 가다 / お母(かあ)さん 어머니
② 先生(せんせい)が困(こま)る 선생님이 곤란하다 / 生徒(せいと) 학생
③ 木村(きむら)さんが8時(じ)に会社(かいしゃ)へ来(く)る 기무라 씨가 8시에 회사에 오다 / 上司(じょうし) 상사

📖 확인연습 2

ex 一朗(いちろう)が野菜(やさい)を食(た)べる 이치로가 야채를 먹다 / お母(かあ)さん 어머니

→ お母さんは一朗に野菜を食べさせました。 어머니는 이치로에게 야채를 먹였습니다.

① 子供(こども)が掃除(そうじ)をする 아이가 청소를 하다 / お母(かあ)さん 어머니
② 吉田(よしだ)さんが薬(くすり)を飲(の)む 요시다 씨가 약을 먹다 / お母(かあ)さん 어머니
③ 後輩(こうはい)がレポートを書(か)く 후배가 리포트를 쓰다 / 先輩(せんぱい) 선배
④ 生徒(せいと)がテキストを読(よ)む 학생이 교재를 읽다 / 先生(せんせい) 선생님
⑤ 生徒(せいと)がテープを聞(き)く 학생이 테이프를 듣다 / 先生(せんせい) 선생님

4 사역과 관련된 표현

① (사람)に ～(さ)せてくれる : ～에게 ～하게 해 주다(내가 ～ 하다)

A 今晩(こんばん)は私にごちそうさせてくれませんか。 오늘 저녁은 제가 식사 대접하게 해 주시겠어요?
B 本当(ほんとう)にいいんですか。 정말 괜찮겠어요?

📖 확인연습

ex ここに荷物(にもつ)を置(お)く 여기에 짐을 놓다

→ ここに荷物を置かせてください。 여기에 짐을 놓게 해 주세요.

① 一緒(いっしょ)に座(すわ)る 함께 앉다
② 僕(ぼく)が払(はら)う 내가 지불하다
③ 水(みず)を飲(の)む 물을 마시다
④ 何(なに)か食(た)べる 뭔가 먹다
⑤ トイレを使(つか)う 화장실을 사용하다

② ～(さ)せてもらう : ～하게 해 받다(나에게 ～하게 해 주다)

A パクくんの作文、読ませてもらいましたよ。とても上手に書けていましたね。

　　박 군의 작문, 잘 읽어보았습니다. 매우 잘 썼더군요.

B どうもありがとうございました。 대단히 감사합니다.

A この辺に電話ないかなあ。 이 부근에 전화 없을까.

B 急ぐなら、受付の電話を使わせてもらったら。 바쁘면, 접수처의 전화를 좀 사용하게 해달라고 해.

확인연습

ex 書類の書き方を勉強する 서류 쓰는 법을 공부하다

→ 孫さんに書類の書き方を勉強させてもらいました。

　　손 씨에게 서류 쓰는 법을 배웠습니다.

---

① 辞書を買う 사전을 사다
② 請求書を読む 청구서를 읽다
③ 代わりに会議に出る 대신 회의에 나가다
④ ワープロの使い方を説明する 워드 사용법을 설명하다
⑤ 駅からレストランまでの地図を書く 역에서 레스토랑까지의 지도를 그리다

---

③ 사역 수동 표현

사역의 조동사 「せる·させる」에 수동의 조동사 「られる」가 연결되면 타인에 의해 「억지로 ～하게 되다」는 뜻을 나타낸다.

종류	기본형	사역	사역수동
1Group	書く(쓰다) 話す(말하다)	書かせる 話させる	書かせられる (書かされる) 話させられる
2Group	見る(보다) 食べる(먹다)	見させる 食べさせる	見させられる 食べさせられる
3Group	する(하다) 来る(오다)	させる 来させる	させられる 来させられる

・鈴木先生はとても厳しい先生ですから、漢字を覚えるまで練習させられると思います。

　　스즈키 선생님은 매우 엄한 선생님이므로, 한자를 외울 때까지 연습해야 할 거예요.

・さんざん待たされたあげく、とうとう彼は約束の場所に来なかった。

엄청나게 기다리게 해놓고, 끝내 그는 약속 장소에 오지 않았다.

・週末は上司の引っ越しを手伝いさせられました。 주말은 상사의 이사를 거들어야 했습니다.

사역수동의 바람직한 해석

「사역+수동」의 형태인 사역수동(使役受動)은 직역보다는 우리말답게 의미를 파악하고 그에 알맞은 해석을 하는 것이 이 표현을 효과적으로 사용하는 길이다. 즉 「~시킴 당하다」와 같은 해석은 얼마나 어색한가? 이보다는 「시켜서 어쩔 수 없이 했다.」「썩 내키지는 않았지만 분위기 상 할 수밖에 없었다.」등 그 의미를 충분히 살려 쓰도록 하자.

宴会の時、上司の命令で歌を歌わせられました。 연회 때, 상사의 명령으로 할 수 없이 노래를 했습니다.

恋人においしくない料理を食べさせられました。 애인이 만든 맛없는 요리를 서운해 할까봐 먹어 줬습니다.

2時間も待たせられて、その上食事までおごらせられました。

2시간씩이나 기다리고, 한술 더 떠서 식사까지 대접해야 했습니다.

사역수동의 음의 축약 현상

「1Group동사」에 한하여 사역수동표현은 사역을 「せる」대신에 같은 의미인 「す」를 사용함으로 해서 음의 축약 현상이 일어나 한 음절이 줄어드는데 다음과 같다.

〈원칙〉 飲む[nomu]　飲ませる[nomaseru]　飲ませられる[nomaserareru]

　　　　待つ[matsu]　待たせる[mataseru]　待たせられる[mataserareru]

〈허용〉 飲む[nomu]　飲ます[nomasu]　飲まされる[nomasareru] (3음절)

　　　　待つ[matsu]　待たす[matasu]　待たされる[matasareru]

ゆうべ良子から電話があって、職場の上司についての愚痴を一時間以上も聞かされた。 =聞かせられた

어젯밤 요시코에게 전화가 와서, 직장 상사에 대한 불평을 1시간 이상이나 들었다.

▶ 다음 도표를 완성하세요.

	기본형	ない형	사역형	수동형	사역수동
1Group	書^かく(쓰다)	書かない	書かせる	書かれる	書かせられる
	買^かう(사다)				
	歌^{うた}う(노래하다)				
	立^たつ(서다)				
	座^{すわ}る(앉다)				
	飲^のむ(마시다)				
	作^{つく}る(만들다)				
2Group	食^たべる(먹다)	食べない	食べさせる	食べられる	食べさせられる
	見^みる(보다)				
	起^おきる(일어나다)				
	閉^とじる(닫다)				
	受^うける(받다)				
	掛^かける(걸다)				
	寝^ねる(자다)				
3Group	来^くる(오다)				
	運動^{うんどう}する(운동하다)				
	掃除^{そうじ}する(청소하다)				
	出張^{しゅっちょう}する(출장가다)				

확인연습

> ex ピアノを練習^{れんしゅう}する 피아노를 연습하다 / 母^{はは} 어머니
>
> → 母にピアノを練習させられました。 어머니가 피아노 연습을 시켜서 해야 했습니다.

① 書道^{しょどう}を習^{なら}う 서예를 배우다 / 母^{はは} 어머니
② 弟^{おとうと}や妹^{いもうと}の面倒^{めんどう}を見^みる 남동생과 여동생을 돌보다 / 母^{はは} 어머니
③ 食事^{しょくじ}の準備^{じゅんび}を手伝^{てつだ}う 식사 준비를 돕다 / 母^{はは} 어머니
④ 車^{くるま}を洗^{あら}う 세차하다 / 父^{ちち} 아버지

❹ 희망의 조동사 「たい」

「たい」는 동사 「ます형」에 접속하여 말하는 사람의 희망을 나타낸다. 활용은 「い형용사」와 같다.

동사「ます형」 +

たいです: ~하고 싶습니다
たくありません(=たくないです): ~하고 싶지 않습니다
たかったんです: ~하고 싶었습니다

A どこか、行きたいところや見たいところはありませんか。
어디 가고 싶은 곳이나 보고 싶은 곳은 없습니까?

B 日本へ行きたいんですが、お金がないんです。 일본에 가고 싶은데, 돈이 없어요.

A 李くんはどうして日本に行きたいんですか。 이 군은 왜 일본에 가고 싶어요?

B 日本の文化を勉強したいんです。 일본의 문화를 공부하고 싶습니다.

	현재·미래		과거	
	보통말	공손한 표현	보통말	공손한 표현
긍정	行きたい (가고 싶다)	行きたいです	行きたかった	行きたかったです
부정	行きたくない (가고 싶지 않다)	行きたくないです	行きたくなかった	行きたくなかったです

확인연습 1

ex 水を飲む。 물을 마시다
→ 水が飲みたいですね。 물을 마시고 싶어요.

① テレビを見る 텔레비전을 보다
② ゆっくり休む 편히 쉬다
③ プールへ行く 풀장에 가다
④ あたたかい物を食べる 따뜻한 것을 먹다

확인연습 2

ex 所 곳, 장소 / 行く 가다
→ 行きたかった所がたくさんありました。 가고 싶었던 곳이 많이 있었습니다.

① 所 곳 / 行ってみる 가 보다
② 切手 우표 / 買う 사다
③ 番組 방송 프로그램 / 見る 보다
④ こと 일, 것 / 話す 말하다

📖 **확인연습 3**

> **ex** ドルを円に替える 달러를 엔으로 바꾸다
>
> → ドルを円に替えたいんですが。 달러를 엔으로 바꾸고 싶습니다만.

① 口座を開く 구좌를 개설하다

② 送金する 송금하다

③ お金を下ろす 돈을 찾다

④ 電話料金を払う 전화요금을 지불하다

📖 **확인연습 4**

> **ex** 四日ぐらい旅行をする 4일 정도 여행을 하다 / 所 곳
>
> → 四日ぐらい旅行をしたいんですが、どこかいい所ありませんか。
>
> 4일 정도 여행을 하고 싶은데, 어디 좋은 곳 없습니까?

① カメラを買う 카메라를 사다 / 店 가게

② 日本料理を食べに行く 일본요리를 먹으러 가다 / 店 가게

③ お金を預ける 돈을 맡기다 / 銀行 은행

④ 日本語を勉強する 일본어를 공부하다 / 学校 학교

⑤ 飛行機の切符を買う 비행기 표를 사다 / 旅行会社 여행사

5 희망의 조동사 「たがる」

「たがる」는 동사 「ます형」에 접속하면 제3자의 희망을 나타낸다. 「1Group동사」와 같이 활용한다.

📖 **확인연습 1**

> **ex** 学校へ行く 학교에 가다
>
> → 学校へ行きたがっています。 학교에 가고 싶어합니다.

① 通訳になる 통역이 되다

② 旅館に泊まる 여관에 머물다

③ 自分の会社を作る 자기 회사를 만들다

④ 将来は貿易の仕事をする 장래 무역 일을 하다

⑤ ソウル市内を観光する 서울 시내를 관광하다

📖 확인연습 2

> **ex** 最近の子供 요즈음 아이들 / 肉ばかり食べたい 고기만 먹고 싶다
>
> → 最近の子供は肉ばかり食べたがります。
>
> 요즈음 아이들은 고기만 먹고 싶어합니다.

① うちの猫 우리 집 고양이 / ソファーの上で寝たい 소파 위에서 자고 싶다

② 子供 아이 / 親の真似をしたい 부모 흉내를 내고 싶다

③ 最近の親 요즘 부모 / 子供をいい学校に入れたい 아이를 좋은 학교에 넣고 싶다

④ 若い人 젊은 사람 / 高級品を持ちたい 고급품을 갖고 싶다

⑤ すべての人 모든 사람 / 幸せになりたい 행복해지고 싶다

⑥ 부정의 조동사 「ぬ(ず)」

1 ぬ(ず)

「ぬ(ず)」는 부정을 나타내는 「ない」의 문어체 말투지만, 현대 일본어에서도 여전히 문장체에서 많이 사용되고 있다. 접속 방법은 「ない」와 같으나 「する」에 접속할 때만 「せず」가 되는 점에 유의하자.

종류	기본형	~ず
1Group	会う 만나다	会わず
2Group	食べる 먹다	食べず
3Group	来る 오다	来ず
	運動する 운동하다	運動せず

용언에 연결될 때	기본형	명사 수식형	가정형
ず	ず	ぬ	ね

☞ 「ぬ」는 기본형으로 현대 회화체에서는 사용하지 않으며, 다만 「ぬ[nu]」에서 모음 탈락한 「ん[N]」형태가 「~ません」의 꼴로 쓰이고 있다.

☞ 「~ずに」는 「~ないで」(~하지 않고)와 동일한 의미지만 중지법에서는 「に」를 생략하고 뒤에 쉼표를 찍어 「~せず、」와 같이 쓰기도 한다.

• 宿題もせずに学校へ行った。 숙제도 안하고 학교에 갔다.

  = 宿題もしないで学校へ行った。

• 何とも答えず、だまっている。 아무런 대답도 하지 않고, 잠자코 있다.

  = 何とも答えないで、だまっている。

2 **〜ずにはいられない(〜ずにはおかない)** : 〜하지 않고는 참을 수 없다

· 寂しいときはだれかに電話せずにはいられない。

쓸쓸할 때는 누군가에게 전화를 하지 않고는 견딜 수 없다.

· 甘党の私は、おいしそうなケーキを見ると食べずにはいられない。

단 것을 좋아하는 나는, 맛있어 보이는 케이크를 보면 먹지 않고는 참을 수 없다.

확인연습

> ex 人に見せる 다른 사람에게 보여 주다 / しまっておく 간직해 두다
>
> → 人に見せずにしまっておいた。 다른 사람에게 보여 주지 않고 간직해 두었다.

① あきらめる 포기하다 / 努力を続ける 노력을 계속하다
② 給料を使う 월급을 쓰다 / ためる 모으다
③ 就職する 취직하다 / 1年ほどぶらぶらする 1년 정도 빈둥거리다
④ 毎日欠かす 매일 거르다 / 運動している 운동하고 있다
⑤ 文句を言う 불평을 하다 / 仕事をする 일을 하다
⑥ よく考える 신중히 생각하다 / 行動するのはよくない 행동하는 것은 좋지 않다

3 **〜ねばならない** : 〜하지 않으면 안 된다(〜해야 한다)

당연, 의무의 뜻을 나타내며 구어체「〜なければならない」와 같은 말이다.

· 明日は早く起きねばならない。 내일은 일찍 일어나야 한다.

· 今日中に帰らねばならない。 오늘 중으로 돌아가지 않으면 안 된다.

확인연습

> ex 友人が結婚する 친구가 결혼하다 / お祝いをする 축하 선물을 하다
>
> → 友人が結婚するので、お祝いをせねばならないんですが、何がいいで
>
> しょう。 친구가 결혼해서 축하 선물을 해야 하는데 무엇이 좋을까요?

① 知り合いが入院した 아는 사람이 입원했다 / お見舞いに行く 병문안 가다
② 同僚が結婚する 동료가 결혼하다 / 結婚祝いをする 결혼 선물을 하다
③ 家を建てた 집을 지었다 / 新築祝いをする 신축 선물을 하다
④ 赤ちゃんが生まれた 아기가 태어났다 / 出産祝いをする 출산 선물을 하다

❼ 전문(伝聞)의 조동사「そうだ」

1 そうだ

객관적인 근거에 의한 이야기나, 다른 사람으로부터 들은 바를 전하는 전문의「そうだ」는 동사, 형용사 모두 기본형에 연결되며,「～라고(다고)한다」의 뜻이다.

	기본형	そうだ(전문)	
		긍정	부정
동사	来る (오다)	来るそうだ (온다고 합니다)	来ないそうだ (안 온다고 한다)
い형용사	涼しい (서늘하다)	涼しいそうだ (서늘하다고 한다)	涼しくないそうだ (서늘하지 않다고 한다)
な형용사	便利だ (편리하다)	便利だそうだ (편리하다고 한다)	便利ではないそうだ (편리하지 않다고 한다)
명사	晴れだ (화창하다)	晴れだそうだ (화창하다고 한다)	晴れではないそうだ (화창하지 않다고 한다)

A 天気予報によると、あしたは晴れるそうだよ。 일기예보에 의하면, 내일은 맑다고 하던데.

B 当てにならないよ。天気予報なんて。 믿을 수 없어. 일기예보 따위.

· 東京の物価はとても高いそうですね。 도쿄의 물가는 매우 비싸답니다.

· 良子さんの話しでは、李くんはとても日本語が上手だそうです。
요시코 씨 말로는, 이 군은 매우 일본어가 능숙하답니다.

· 田中さんのお兄さんも医者だそうです。 다나카 씨 형도 의사라고 합니다.

확인연습 1

ex 晴れ 화창함 → あしたは晴れだそうです。 내일은 화창하다고 합니다.

① 雨 비가 옴
② 曇り 흐림
③ 暑い 덥다
④ 寒い 춥다
⑤ 寒くない 춥지 않다
⑥ 涼しくなる 서늘해지다

확인연습 2

> ex 李くんは、5月に国へ帰ります 이 군은 5월에 고국으로 돌아갑니다
>
> → 李くんは、5月に国へ帰るそうです。 이 군은 5월에 고국으로 돌아간다고 합니다.

① 両親が日本に来ます 부모님이 일본에 옵니다
② 金くんが留学します 김 군이 유학합니다
③ 木村さんに子供が生まれました 기무라 씨에게 아이가 생겼습니다
④ 社長が入院しました 사장님이 입원했습니다
⑤ きのう大阪で地震がありました 어제 오사카에서 지진이 있었습니다

2 ～と言っていた : ～라고 (말)했다

전문표현이다. 회화에서는 「と」의 축약형인 「って」를 써서, 「～って言って(い)た」 형태로 많이 쓴다.

	기본형 현재	～と言っていた
동사	行く(가다)	行くと言っていた (간다고 했다)
い형용사	悪い(나쁘다)	悪いと言っていた (나쁘다고 했다)
な형용사	不便だ(불편하다)	不便だと言っていた(불편하다고 했다)
명사	病気だ(병이 나다)	病気だと言っていた(병이 났다고 했다)

・テストは今日からだと言っていました。(今日からだって言ってました)
   시험은 오늘부터라고 말했습니다.

잠깐주목!

전문(伝聞)의 조동사 「そうだ」

①「そうだ」다음에는 부정, 과거, 의문 등이 올 수 없다. 대신 「そうだ」앞에 오는 말을 과거, 부정으로 고쳐 「そうだ」에 연결해야 한다.
雨が降っているそうではない。(×)
雨が降っていないそうだ。 (○) 비가 내리지 않는다고 한다.
映画はおもしろいそうでした。(×)
映画はおもしろかったそうです。(○) 영화는 재미있었다고 합니다.

②「そうだ」다음에는 접속조사 「が, から, し, けれども, と」등이 연결될 수 있으며, 「ので, のに」등은 「そうなので」「そうなのに」와 같이 「そうな」의 형태를 취한다.
きょう来るそうだからあしたは会えます。오늘 온다고 하니까 내일은 만날 수 있습니다.

・明日は晴れると言っていたよ。(晴れるって言ってたよ) 내일은 갠다고 하던데.

A まだ風邪を引いている人が多いですね。 아직 감기 걸린 사람들이 많군요.

B そういえば、李くんも喉が痛いと言ってました。 그러고 보니 이 군도 목이 아프다고 하던데요.

확인연습 1

ex 北海道はとても寒かった 홋카이도는 매우 추웠다

→ 北海道はとても寒かったと言っていました。 홋카이도는 매우 추웠다고 했습니다.

① セールでも値段が高かった 세일이지만 가격이 비쌌다
② 日本語はあまり難しくなかった 일본어는 그다지 어렵지 않았다
③ 昨日はあまり暇じゃなかった 어제는 별로 한가하지 않았다
④ 昔のお手洗いは使いにくかった 옛날 화장실은 사용하기 불편했다
⑤ このボールペンは書きやすい 이 볼펜은 쓰기 편하다

확인연습 2

ex 日本語 일본어 / 発音 발음 / やさしい 쉽다

→ 日本語は発音がやさしいと言ってました。 일본어는 발음이 쉽다고 했습니다.

① 日本の家 일본의 집 / 小さい 작다
② このパソコン 이 컴퓨터 / 品質 품질 / いい 좋다
③ このクラス 이 수업 / おもしろい 재미있다
④ 今度の旅行 이번 여행 / あまりよくなかった 별로 좋지 않았다
⑤ うなぎ 우나기 / 面白い映画じゃなかった 재미있는 영화가 아니었다

참깐주목!

「言う」와「話す」

둘 다 「말하다, 이야기 하다」라는 뜻을 가지고 있어 혼동하기 쉬우나 「言う」는 스토리가 없이 단편적으로 내뱉는 말을 의미하며, 대화 상대방이 없어도 된다. 이에 비해 「話す」는 일정한 줄거리나 스토리가 있으며 상대방이 있음을 전제로 사용할 수 있는 표현이다.

朝のあいさつは「おはよう」と言います。 아침인사는 '오하요'라고 합니다.

今度の出張についてみんなに話してください。 이번 출장 건에 대하여 모두에게 말해 주세요.

⑧ 양태(樣態)의 조동사 「そうだ」

「~할(인) 것 같다」의 뜻으로 화자(話者)가 눈으로 보고, 느낀 상황을 묘사하는 말이다. 주관적인 판단에 의한 추측을 나타내며, 미래의 가능성이나 예상을 나타내는 말투이므로 과거의 상태나 사건에 대해서는 사용할 수 없다.

종류	기본형	そうだ(양태)	
		긍정	부정
동사	降る 내리다	降りそうだ 내릴 것 같다	降りそうにない 降りそうもない 降りそうにもない 내릴 것 같지 않다
い형용사	高い 비싸다	高そうだ 비쌀 것 같다	高くなさそうです 高そうで(は)ない 비쌀 것 같지 않다
な형용사	便利だ 편리하다	便利そうだ 편리할 것 같다	便利でなさそうです 便利そうで(は)ない 편리할 것 같지 않다

☞ 「い」형용사 중에 よい(좋다)는 よさそうだ, ない(없다)는 なさそうだ로 활용한다.

- 今にも雨が降りそうです。 당장에라도 비가 올 것 같습니다.
- 今晩のパーティーには50人ぐらい来そうです。 오늘 밤 파티에는 50명 정도 올 것 같습니다.
- この本は難しそうです。 이 책은 어려울 것 같습니다.
- 色が黒くて健康そうな人だ。 피부가 검고 건강해 보이는 사람이다.

잠깐 주목!

양태(伝聞)의 조동사 「そうだ」의 부정

원칙: 양태의 「そうだ」에 연결되는 동사, 형용사부정은 위의 표와 같은 형식을 따르지만 조동사 「ない」「たい」의 경우에는 어미 「い」를 빼고 「なそうだ」「たそうだ」와 같이 표현한다.
何か言いたそうだ。 뭔가 말하고 싶어 하는 것 같다.
その件に関しては何も知らなそうだ。 그 건에 관해서는 아무 것도 모르는 것 같다.

예외 규정

그러나 예외로 「言いたさそうだ」「知らなさそうだ」와 같은 표현도 인정된다.

📖 확인연습 1

> ex この本 이 책 / おもしろい 재미있다
>
> → この本、おもしろそうですね。 이 책 재미있을 것 같군요.

① このケーキ 이 케이크 / おいしい 맛있다

② このペン 이 펜 / 書きやすい 쓰기 편하다

③ 朴先生 박 선생님 / 嬉しい 기쁘다

④ 鈴木さん 스즈키 씨 / 元気だ 건강하다

⑤ この本 이 책 / 役に立つ 도움이 되다

📖 확인연습 2

> ex 食べる 먹다 / おいしい 맛있다
>
> → おいしそうに食べています。 맛있게 먹고 있습니다.

① 話す 말하다 / 楽しい 즐겁다

② 泳ぐ 헤엄치다 / 気持ちよい 기분이 좋다

③ 仕事をする 일을 하다 / 忙しい 바쁘다

④ 大声で泣く 큰 소리로 울다 / 悲しい 슬프다

⑨ 부정의 추량 · 의지 조동사 「まい」

「~지 않겠다(부정의지), ~지 않을 것이다(부정추량)」의 뜻이며, 1Group동사는 「기본형」에, 2Group동사는 「ない형」에 접속한다.

종류	기본형 현재	まい
1Group	会う(만나다)	会うまい(만나지 않겠다/만나지 않을 것이다)
2Group	見る(보다)	見まい(보지 않겠다/보지 않을 것이다)
	食べる(먹다)	食べまい(먹지 않겠다/먹지 않을 것이다)
3Group	来る(오다)	来まい(오지 않겠다/오지 않을 것이다)
	失敗する(실패하다)	失敗するまい(실패하지 않겠다/실패하지 않을 것이다)

· まさかあのチームに負けることはあるまい。 설마 저 팀에 지는 일은 없겠지.

· 二度と同じ間違いはするまい。 두 번 다시 같은 실수를 하지 않겠다.

・あんなに高くてまずい店にはもう行くまい。 그런 비싸고 맛없는 가게에는 이제 가지 않겠다.

・行こうと行くまいとおれの勝手だ。 가든 말든 내 맘이다.

📖 확인연습

ex 肉を食べる 고기를 먹다 ➡ もう肉は食べまい。 이제 고기는 먹지 않겠다.

---

① たばこを吸う 담배를 피우다
② 図書館で寝る 도서관에서 자다
③ 飛行機に乗る 비행기를 타다
④ 授業中に話す 수업 중에 이야기하다
⑤ お酒を飲ませる 술을 먹이다

⑩ 비유 · 예시 · 불확실한 단정의 조동사

1 「ようだ」・「みたいだ」 : ~인 것 같다, (마치) ~와 같다, (예를 들면) ~와 같다

불확실한 추측이나 완곡한 단정을 나타내는 표현으로, 예를 들거나 비유를 할 때 쓰는 표현이다. 「みたいだ」는 「ようだ」의 회화체 표현.

종류	기본형 현재	ようだ
동사	来る(오다)	来るようだ(올 것 같다)
い형용사	暑い(덥다)	暑いようだ(더운 것 같다)
な형용사	静かだ(조용하다)	静かなようだ(조용한 것 같다)
명사	会社員だ(회사원이다)	会社員のようだ(회사원인 것 같다)

참참주목!

「~ではあるまいし」 : ~도 아닌데, ~도 아닐 테고

オリンピック選手ではあるまいし、ぼくにそんな記録を出せるわけがない。

올림픽 선수도 아닌데, 내가 그런 기록을 낼 수 있을 리가 없다.

素人じゃあるまいし、こんなこともできないのか。 초보자도 아닐 테고, 이런 것도 못하나?

2 「ようだ」의 여러 가지 뜻

· 李くんは何も知らないようだった。 이 군은 아무것도 모르는 것 같았다.

· 雨が止んだようです。 비가 멎은 것 같습니다.

확인연습 1

> ex 留守 부재중 → 留守のようです。 부재중인 것 같습니다.

① お出かけ 외출

② いらっしゃらない 안 계시다

③ 野菜がすき 야채를 좋아함

④ 混んでいる 붐비다

⑤ 人気がある 인기가 있다

확인연습 2

> ex 韓国の大学生はあまり勉強しない
>
> → 韓国の大学生はあまり勉強しないようです。
>
> 한국 대학생은 별로 공부를 안 하는 것 같습니다.

① 韓国の男性は家事をしない 한국 남성은 집안일을 안 한다

② 子供は野菜がきらい 아이는 야채를 싫어한다

③ 韓国の親は子供にあまい 한국 부모는 자식에게 약하다

④ 日本のサラリーマンはほとんど毎日残業をする 일본 샐러리맨은 거의 매일 잔업을 한다

⑤ 韓国の子供はほとんどみんな塾に行っている 한국 어린이는 거의 모두가 학원에 다니고 있다

주로「まるで(마치)」와 같은 부사가 앞에 온다.

· 自動車がまるでおもちゃのようだ。 자동차가 마치 장난감 같다.

· まるで死んだように黙り込んでいる。 마치 죽은 듯이 잠자코 있다.

21 조동사

잠깐주목!

「如く」: ~와 같다

비유의 의미를 나타내는 문어(文語) 조동사로 현대어에 남아 여전히 쓰이고 있다. 명사를 수식하는 꼴은 「ごとき」이며 「~와 같은」의 뜻이다. 이때 「ごとき」 뒤에 오는 체언이나, 앞에 오는 조사 「の」가 생략되기도 한다.

次のごとく書いてある。 = 次のように書いてある。 (다음과 같이 쓰여 있다.)

彼ごときに負けるなんて、プライドが許さない。
= 彼のような人に負けるなんて、プライドが許さない。 (그 같은 사람에게 지다니 자존심이 허락하지 않는다.)

③ 예시: ~와 같은, ~처럼

- 私は金さんのような人が好きです。 나는 김 씨 같은 사람을 좋아합니다.
- 彼のように優秀な人材はいないんです。 그와 같이 우수한 인재는 없습니다.

확인연습

ex 野菜 야채 / ビタミンの多いものを食べる 비타민이 많은 것을 먹다

→ 野菜のようなビタミンの多いものを食べます。
야채와 같은 비타민이 많은 것을 먹습니다.

① ごまめ / カルシウムの多いものを食べる 멸치 / 칼슘이 많은 것을 먹다
② 豆腐 / 植物性たんぱくをとる 두부 / 식물성 단백질을 섭취하다
③ ビール / お酒を飲まない 맥주 / 술을 안 마신다
④ ハンバーガー / ファーストフードを食べない 햄버거 / 패스트푸드를 안 먹는다

④ 능력의 변화 및 내용 지시: ~하게, ~하도록

- 日本語が話せるようになりました。 일본어를 말할 수 있게 되었습니다.

- わたしも日本へ行けるようになりました。 나도 일본에 갈 수 있게 되었습니다.

- お酒は飲まないようにしてください。 술은 마시지 않도록 하십시오.

확인연습

ex 授業に遅れない 수업에 늦지 않다 / 毎朝7時にうちを出る 매일 아침 7시에 집을 나오다

→ 授業に遅れないように、毎朝7時にうちを出ます。
수업에 늦지 않도록 매일 아침 7시에 집을 나옵니다.

① 終電に間に合う / 駅まで走った 막차를 타다 / 역까지 달렸다
② みんなに聞こえる / 大きい声で話した 모두에게 들리다 / 큰 소리로 말했다
③ よく見える / 前のほうの席に座った 잘 보이다 / 앞자리에 앉았다
④ よく眠れる / ホットミルクを飲んだ 잘 자다 / 뜨거운 우유를 마셨다
⑤ 日本語がうまくなる / 会社でも日本語で話している
일본어를 잘하게 되다 / 회사에서도 일본어로 말하고 있다

3 「みたいだ」

「ようだ」와 거의 같은 뜻이나 접속은 차이가 있다. 화자(話者)가 직접 보거나, 듣거나, 접촉한 내용을 가지고 판단한 추량을 나타낸다. 회화체에서는 「ようだ」에 비해 「みたいだ」를 많이 사용한다.

종류	기본형 현재	みたいだ
동사	来る(오다)	来るみたいだ(올 것 같다)
い형용사	難しい(어렵다)	難しいみたいだ(어려울 것 같다)
な형용사	幸せだ(행복하다)	幸せみたいだ(행복한 것 같다)
명사	人形だ(인형이다)	人形みたいだ(인형같다)

・(道にたくさんの人が集まっている。)事故があったみたいですね。
(길에 사람이 많이 모여 있다.) 사고가 있었던 것 같군요.

・この花はまるで本物みたいですね。 이 꽃은 마치 진짜 같군요.

 확인연습

ex 東京の生活 동경의 생활 / 大変 힘듦

→ 東京の生活は大変みたいです。 동경의 생활은 힘든 것 같습니다.

① ソウル 서울 / 安全 안전
② ソウルの地下鉄 서울의 지하철 / 混んでいる 혼잡하다
③ 漢字の勉強 한자 공부 / 面白い 재미있다
④ 新宿 신주쿠 / にぎやか 번화함

⑪ 추량의 조동사

1 「らしい」 : ~인 것 같다, ~한 것 같다

꼭 단정할 수는 없지만, 거의 확실하다고 생각할 때(90%) 쓰이며, 화자가 다른 사람을 통해 듣거나, 읽었거나 한 정보를 근거로 추량하는 경우에도 사용한다. 확정적으로 단정하는 것을 피하거나 책임 있는 발언을 하기 꺼려할 때 쓰인다. 접속은 「みたいだ」와 같다.

종류	기본형 현재	ようだ
동사	来る(오다)	来るようだ(올 것 같다)
い형용사	暑い(덥다)	暑いようだ(더운 것 같다)
な형용사	暇だ(한가하다)	暇らしい(한가한 것 같다)
명사	小説家だ(소설가이다)	小説家らしい(소설가인 것 같다)

- さっき人の声が聞こえました。 아까 사람 소리가 들렸습니다.
  → 隣の部屋にだれかいるらしいです。 옆방에 누군가 있는 것 같습니다.

- 金さんはいつも家事をてつだってあげます。 김 씨는 언제나 집안일을 도와줍니다.
  → 奥さんはとても幸せらしいです。 부인은 매우 행복한 것 같습니다.

- あの店はいつもお客さんでいっぱいです。 저 가게는 늘 손님들로 가득합니다.
  → あの店は料理がおいしいらしいです。 저 가게는 요리가 맛있는 것 같습니다.

- 田中さんは今日家にいます。 다나카 씨는 오늘 집에 있습니다.
  → 田中さんの会社は今日、休みらしいです。 다나카 씨 회사는 오늘 휴일인 것 같습니다.

확인연습

ex もうすぐ会議が始まる / みんな会議室で待っている
이제 곧 회의가 시작되다 / 모두 회의실에서 기다리고 있다

→ もうすぐ会議が始まるらしく、みんな会議室で待っています。
이제 곧 회의가 시작될 것처럼 모두 회의실에서 기다리고 있습니다.

① 大学生 / 二、三冊の本を腕に抱えていた 대학생 / 두 세 권의 책을 팔에 끼고 있었다
② 彼は疲れた / のろのろ歩いていた 그는 피곤하다 / 터벅터벅 걷고 있었다
③ どこか具合が悪い / 青白い顔をしている 어딘가 몸이 안 좋다 / 창백한 표정을 하고 있다
④ この頃熱心に勉強する / 夜遅くまで起きている 요즘 열심히 공부하다 / 밤늦게까지 일어나 있다

2 명사 + 접미어「らしい」: ~답다

사람이 추구하는 이상적인 모습이나, 그래야만 하는 자세나 상황을 나타내는 표현이다.

・春らしい 봄답다

・私は女らしい女になりたい。 나는 여자다운 여자가 되고 싶다.

・高橋さんはとてもつつましい人で、ほんとうに女らしいです。

다카하시 씨는 매우 얌전한 사람으로, 정말 여자답다.

A 優子さんはどんな男性が理想のタイプですか。 유코 씨는 어떤 남성이 이상형이죠?

B いろいろありますけど、一言で言えば男らしい人がいいです。

여러 가지 있지만 한 마디로 말하자면 남자다운 사람이 좋아요.

조동사「らしい」와 접미어「らしい」

조동사「らしい」는 명사, 동사, 조동사에 붙지만, 접미어「らしい」는 명사에만 붙는다. 따라서 명사에「らしい」가 연결되었을 경우에만 구별에 주의하면 된다.

① 문맥을 통하여「~답다」라는 뜻이면 접미어이고,「~인 것 같다」의 뜻이면 조동사이다.

あの人はどうも会社員らしい。 저 사람은 아무래도 회사원인 것 같다 : 조동사
かれはまったく男らしい。 그는 정말 남자답다 : 접미어

②「らしい」앞에「~である」를 넣어서 의미가 통하면 조동사이고 어색하면 접미어이다.

あそこにいる人は学生[である]らしい。 저기에 있는 사람은 학생인 것 같다. : 조동사
かれは学生らしい生活をしている。 그는 학생다운 생활을 하고 있다. : 접미어

「らしい」와「ようだ」

「らしい」와「ようだ」는 불확실한 단정을 나타낼 경우 거의 같은 뜻으로 사용한다. 따라서 추측의 의미로는 서로 바꾸어 쓸 수 있지만 다음과 같은 경우에는 바꾸어 쓸 수 없다.

① 자기 자신의 현재 느낌에 의한 판단을 나타낼 경우에는「ようだ」를 쓴다.

どうもかぜをひいたようです。 아무래도 감기에 걸린 것 같습니다.
国の両親も元気なようです。 고향의 부모님도 건강한 것 같습니다.

② 외부로부터 온 어떤 판단 근거에 의한 확신적인 추량을 나타낼 때는「らしい」를 쓴다.

天気予報によると、あしたは雪が降るらしいです。 일기예보에 의하면 내일은 눈이 내릴 것 같다.
フランスでは、子供もワインを飲んでいるらしい。 프랑스에서는 아이들도 와인을 마시는 것 같다.

21 조동사

추량표현의 여러 가지

1 **～かもしれない** : ～일지도 모른다

독단적 추측으로서 실현 가능성에 대한 확률이 가장 낮은 말투이다. 즉 그렇게 될 수도, 안될 수도 있는 확률이 50대 50정도이다.

종류	기본형 현재	～かもしれません
동사	行^いく 가다	行くかもしれません 갈지도 모릅니다
い형용사	寒^{さむ}い 춥다	寒いかもしれません 추울지도 모릅니다
な형용사	大変^{たいへん}だ 힘들다	大変かもしれません 힘들지도 모릅니다
명사	雨^{あめ}だ 비가 오다	雨かもしれません 비가 올지도 모릅니다

📖 **확인연습 1**

> ex 仕事^{しごと}が入^{はい}る 일이 생기다
>
> ➡ 仕事が入るかもしれません。 일이 생길지도 모릅니다.

① ちょっと用事^{ようじ}がある 잠깐 볼일이 있다
② 出張^{しゅっちょう}する 출장가다
③ 会社^{かいしゃ}をやめる 회사를 그만두다
④ 仕事^{しごと}が大変^{たいへん}だ 일이 힘들다

📖 **확인연습 2** 주어진 단어를 사용하여 문장을 만드시오.

① もう忘^{わす}れた ＿＿＿＿＿＿＿＿＿＿＿＿＿＿＿

　　이미 잊었을지도 모릅니다.

② 明日^{あした}は来^こない ＿＿＿＿＿＿＿＿＿＿＿＿＿＿＿

　　내일은 오지 않을지도 모릅니다

③ 彼^{かれ}には無理^{むり}だった ＿＿＿＿＿＿＿＿＿＿＿＿＿＿＿

　　그에게는 무리였을지도 모릅니다

④ 明日^{あした}からは忙^{いそが}しい ＿＿＿＿＿＿＿＿＿＿＿＿＿＿＿

　　내일부터는 바쁠지도 모릅니다

2 **~でしょう(~だろう) : ~이겠지요(~이겠지)**

추측, 확인, 동의 등을 나타내는 말로 일기예보나 실험결과의 예측 같은데서 많이 들을 수 있으며, 예측이 이루어질 확률이 비교적 높은 경우에 사용한다. 공식적이며 자료나 객관적 근거를 가지고 말한다는 느낌을 갖게 하는 말이다. 발음할 때는 문장 끝을 내려서 하고, 「でしょう」는 여성이 주로 쓰고 남성의 경우는「だろう」를 많이 쓴다.

종류	기본형 현재	~でしょう
동사	来る(오다)	来るでしょう (오겠지요)
い형용사	暑い(덥다)	暑いでしょう (덥겠지요)
な형용사	便利だ(편리하다)	便利でしょう (편리하겠지요)
명사	雪だ(눈이다)	雪でしょう (눈이 오겠지요)

· あしたもよく晴れるでしょう。 내일도 아주 맑겠습니다.

· ちょうど今ごろは山の紅葉がきれいでしょう。 마침 지금쯤은 산의 단풍이 아름답겠지요.

· あしたは今日より少しあたたかくなるでしょう。 내일은 오늘보다 조금 따뜻해지겠지요.

📖 **확인연습**

> **ex** 何人ぐらい来ますか。 몇 사람 정도 옵니까?
>
> → 何人ぐらい来るでしょうか。 몇 사람 정도 올까요?

① ビールはどのぐらいのみますか 맥주는 어느 정도 마십니까?

② 会費はいくらぐらいかかりますか 회비는 얼마 정도 듭니까?

③ 山田さんは何時まで仕事がありますか 야마다 씨는 몇 시까지 일이 있습니까?

④ 田中さんは何時ごろ来ますか 다나카 씨는 몇 시경에 옵니까?

⑤ みせは何時にしまりますか 가게는 몇 시에 끝납니까?

「です」와「でしょう」의 차이

 공손한 단정의 조동사 「です」앞에 오는 동사는 보통 형식명사 「の」를 통해서 연결하는 꼴을 배운다. 초급문법에서 강조의 용법으로 가르치는 것이 「~のです」이고 「の[no]」에서 모음 탈락한 꼴인 구어체 표현 「~んです」를 소개한다. 그러나 문어체에서 비롯된 동사 접속 원칙은 역시 종지형으로 「です」에 연결된다.

그러나 현대어에 와서는 「です」와 「でしょう」는 의미 및 접속 면에서의 차이점으로 인해 「です」는 공손함을 나타내는 단정의 조동사로 취급하고 「でしょう」는 추측의 조동사로 분류되고 있다.

3 **～だろうと思います** : ～일거라고 생각합니다

실제 그와 같은 결과가 나올 가능성을 최대 100%로 볼 때 약 70% 정도의 가능성을 예측하는 말투이다.
「～でしょう」에 비하여 말하는 사람의 개인적인 판단에 대한 의존도가 비교적 높으며, 근거가 없이 말하는 주관적인 추측이다.

종류	기본형 현재	～だろうと思います
동사	帰る 돌아오다	帰るだろうと思います 올 거라고 생각합니다
い형용사	忙しい 바쁘다	忙しいだろうと思います 바쁠 거라고 생각합니다
な형용사	新鮮だ 신선하다	新鮮だろうと思います 신선할거라고 생각합니다
명사	日本人だ 일본인이다	日本人だろうと思います 일본인일거라고 생각합니다

· あの人はたぶん日本人だろうと思います。 저 사람은 아마 일본인 일거라고 생각합니다.

· 良子さんはあしたの集まりに来ないだろうと思います。

　요시코 씨는 내일 모임에 안 올 거라고 생각합니다.

· あしたは田中さんもその会議に出席するだろうと思います。

　내일은 다나카 씨도 그 회의에 출석할 거라고 생각합니다.

📖 **확인연습 1**

> **ex** 雨が降る 비가 오다
>
> → たぶん雨が降るだろうと思います。 아마 비가 올 거라고 생각합니다.

① 銀行は休みだ 은행은 휴일이다
② あしたは晴れる 내일은 맑다
③ 風が強い 바람이 세다
④ 田中さんも暇だ 다나카 씨도 한가하다

📖 **확인연습 2**

> **ex** ソウル / 東京 / 交通事故が多い 서울/ 도쿄/ 교통사고가 많다
>
> → ソウルは東京より交通事故が多いだろうと思います。
>
> 　서울은 도쿄보다 교통사고가 많을 거라고 생각합니다.

① ソウル / 東京 / 冬は寒い 서울 / 도쿄 / 겨울은 춥다
② デパート / スーパー / 値段が高い 백화점 / 슈퍼 / 가격이 비싸다
③ 北海道 / ソウル / 雪が多い 홋카이도 / 서울 / 눈이 많다

⑫ 의무 · 당연의 조동사 「べし」(~하는 것이 마땅하다, ~할 것이다, ~해야 한다)

「べし」는 문어(文語) 조동사로 「당연하거나, 응당 그렇게 해야 할 것」을 나타낸다. 접속할 때 「する」동사는 「べき」에 연결될 때 「するべき」또는 줄여서 「すべき」라고 한다.

・教室ではたばこを吸うべからず。 교실에서는 담배를 피우지말 것
　　　　　　　　　　　　　　　　　　　　　　　　　▶ = べきではない

・交通規則は必ず守るべきだ。 교통 법규는 반드시 지켜야 한다

・日本語を習うべく、日本へ留学に行きました。 일본어를 배우려고 일본으로 유학을 갔습니다

확인연습

> ex 大学生 대학생 / 勉強する 공부하다
> → 韓国の大学生は、もっと勉強するべきだと思います。
> 한국의 대학생은, 좀 더 공부해야 한다고 생각합니다.

---

① サラリーマン 샐러리맨 / 家庭を大切にする 가정을 소중히 하다
② 子供 아이들 / 外で遊ぶ 밖에서 놀다
③ 男性 남성 / 家事をする 가사를 하다
④ 子供 아이들 / 野菜を食べる 야채를 먹다
⑤ 親 부모 / 子供に厳しくする 자식에게 엄격히 하다

조사 助詞

이번 과에서 배울 내용은?

격조사

1_ が
2_ の
3_ を
4_ で
5_ と
6_ に
7_ へ
8_ より
9_ から

접속조사

1_ が
2_ から
3_ ので
4_ のに
5_ ても
6_ けど
7_ ながら
8_ なり
9_ と, ば, たら, なら

부조사

1_ は
2_ か
3_ とか
4_ など, なんか
5_ なんて
6_ ばかり
7_ も
8_ まで
9_ だけ
10_ しか

11_ でも
12_ ほど, ぐらい
13_ こそ
14_ さえ
15_ きり
16_ なり
17_ やら
18_ の
19_ ほか

종조사

1_ か
2_ が
3_ ね
4_ な

5_ かな
6_ かしら
7_ わ
8_ ぞ

9_ よ
10_ もの

조사란?

조사는 활용이 없는 부속어이다. 단어와 단어 사이의 관계를 나타내거나 문장 내 단어에 어떤 의미를 더해주는 품사이다.

1. 격조사(格助詞)

체언이나 체언 상당 어구에 붙어서, 그 체언이 다른 말과 어떤 관계에 있는가를 나타낸다.

---

❶ 「が」: ~이, ~가

1 주체를 나타낸다. 체언에 「が」가 붙은 문절을 주어라 한다.

・花が美しいです。 꽃이 아름답습니다.

・こちらが田中さんです。 이 쪽이 다나카 씨입니다.

・遠くに見えるのが学校です。 멀리 보이는 것이 학교입니다.

2 희망, 능력 등의 대상을 나타내며, 다음 표현은 조사의 사용에 주의해야 한다.

・~が好きだ(嫌いだ): ~을 좋아하다(싫어하다)

・~が上手だ(下手だ): ~을 잘 한다(못한다)

・~がわかる: ~을 알다

・~ができる: ~을 할 수 있다

・~が欲しい: ~을 갖고 싶다

잠깐주목!

「欲しい」와 「欲しがる」

「欲しい」는 「い형용사」처럼 활용하며 흔히 「~が欲しい」(~을 갖고 싶다)의 형태를 취하지만 절대적인 것은 아니며 원하는 사물에 비중을 두어 강조하는 경우에는 「~を欲しい」라고도 한다. 어떤 물건을 소유하고 싶다는 욕구를 나타내며 제3자의 희망은 「欲しがる」로 표현한다.

あの指輪が欲しい。 저 반지를 갖고 싶다.
家の近くにコンビニが欲しい。 집 근처에 편의점이 있으면 좋겠다.
彼は若い人材を欲しがっています。 그는 젊은 인재를 원하고 있습니다.

확인연습

ex 休(やす)み 휴가

→ 私は休みが欲しいです。 나는 쉬고 싶습니다.
→ 彼(かれ)は休みを欲しがっています。 그는 쉬고 싶어합니다.

① 車(くるま) 차

② 日本人(にほんじん)の友(とも)だち 일본인 친구

③ 時間(じかん) 시간

④ お金(かね) 돈

⑤ 冷(つめ)たい物(もの) 차가운 것

⑥ 彼女(かのじょ) 여자친구

 잠깐주목!

조사 「は」와 「が」의 쓰임새

「は」는 바로 앞의 내용을 다른 것과 구별하여 설명하는 말로 아래에 전개되는 내용에 문장의 중심이 있고 앞의 내용을 부연 설명하는 별도의 내용이 전개된다. 「が」는 문장의 중심이 바로 위의 내용에 있거나 새로운 정보를 제공하는 뉘앙스가 강하다. 또한 앞의 말과 뒤에 오는 말을 하나의 내용을 전달하는 덩어리로 본다. 단 의문사에 문장의 중심이 있기 마련이므로 의문사 「いつ, いくつ, どこ, だれ, なに」 뒤에는 조사 「が」가 오고 의문사가 술어 부분에 올 때는 앞에 오는 조사는 반드시 「は」를 써야 한다.

これはなんですか。 이것은 무엇입니까?(이게 뭐예요?)

なにがひしいですか。 무엇이 갖고 싶어요?

❷ 「の」: ~의, ~것, ~이[가]

명사와 명사 사이를 연결하는 조사이며, 우리말 의미는 문장 내에서 다양하게 해석된다.

1 소유나 소속을 나타낸다.

· 私のうちはこの近(ちか)くです。 우리 집은 이 근처입니다.

2 존재하는 장소를 나타낸다.

· 日本の生活(せいかつ)はいかがですか。 일본(에서의) 생활은 어떻습니까?

3 동격

· 日本語の先生(せんせい)の田中さんはどなたですか。 일본어 선생님인 다나카 씨는 누구십니까?

4 체언화한 말의 주어 또는 주어 문절에서 「が」에 해당하는 의미를 나타낸다.

- 父の帰りを待つ。 아버지의 귀가를 기다리다.
- お金のほしい人はいないか。 돈이 필요한 사람은 없나?

5 형식명사로서 경우에 따라 「こと, 人, 物」 등을 나타낸다.

A　このテレビはいくらですか。 이 텔레비전은 얼마입니까?

B　4万円です。 4만 엔입니다.

A　もっと安いのはありませんか。 좀 더 싼 것은 없습니까?

6 동사를 명사화 하는 경우에 사용한다. 단 내용이 구체적이고 감각적인 경우나 화자가 실제로 경험한 내용을 예로 들어 말할 때 쓴다.

- 言うのは簡単ですが、実行するのはむずかしい。 말하는 것은 간단하지만 실행하는 것은 어렵다.
- 天ぷらを食べるのは大好きです。 튀김을 먹는 것은 아주 좋아합니다.

7 병렬로서 「〜の・〜のと」의 꼴로 「〜하느니, 〜하느니 해서」의 뜻을 나타낸다.

- 行くの行かないのと争っている。 가니 안 가니 하고 다투고 있다.
- どうのこうのと不平ばかり言う。 이러니 저러니 하고 불평만 한다.

📖 **확인연습 1**

ex　今年 금년 / 6月 6월 → 今年の6月 금년 6월

① 去年 작년 / 11月 11월
② 1980年 1980년 / 夏 여름
③ 2年前 2년 전 / 春 봄

📖 **확인연습 2**

ex　黒いの 검은 것 → 黒いのがありますか。 검은 것이 있습니까?

① 赤いの 빨간 것
② 白いの 하얀 것
③ もっと小さいの 좀 더 작은 것

확인연습 3

ex 日本語の本を読む 일본어 책을 읽다 / 難しい 어렵다

→ 日本語の本を読むのは難しいですか。 일본어 책을 읽는 것은 어렵습니까?

① 日本語のニュースを聞く 일본어 뉴스를 듣다 / 難しい 어렵다
② 日本語で手紙を書く 일본어로 편지를 쓰다 / 大変 힘들다
③ 日本語で新聞を読む 일본어로 신문을 읽다 / 大変 힘들다
④ 日本語でスピーチをする 일본어로 스피치를 하다 / 難しい 어렵다
⑤ 日本語を勉強する 일본어를 공부하다 / 時間がかかる 시간이 걸리다

확인연습 4

ex 日本語 / 話す / 読む / 難しい 일본어/ 말하다/ 읽다/ 어렵다

→ 日本語は話すのと読むのとどっちのほうが難しいですか。

일본어는 말하는 것 과 읽는 것 중에서 어느 쪽이 어렵습니까?

① 日本語 / 読む / 書く / 大変 일본어/ 읽다/ 쓰다/ 힘듦
② 日本語 / 話す / 聞く / 得意 일본어/ 말하다/ 듣다/ 잘함
③ 歌 / 聞く / 歌う / すき 노래/ 듣다/ 부르다/ 좋아함
④ スポーツ / 見る / する / すき 스포츠/ 보다/ 하다/ 좋아함
⑤ 仕事 / 日本でする / お国でする / いい 일/ 일본에서 하다/ 자기나라에서 하다/ 좋다

3 「を」: ~을, ~를

1 동작의 대상(목적)을 나타낸다.

· 週末ときどきテニスをします。 주말에 때때로 테니스를 합니다.

· インターネットで部屋を探す。 인터넷에서 방을 찾다.

2 뒤에 오는 말이 자동사일지라도 동작이 이루어지는 장소(경과 지역)를 나타낸다.

· 空を飛ぶ。 하늘을 날다.
· 家を出る。 집을 나가다.
· 席を立つ。 자리를 뜨다.
· 川を渡る。 강을 건너다.

· 山を登る。 산을 오르다.
· バスを降りる。 버스에서 내리다.
· 角を曲がる。 모퉁이를 돌다.

3 동작의 출발점 및 출발점이 추상적인 의미를 갖는 경우이다.

- 席を離れる。 자리를 떠나다.

- 大学を卒業する。 대학을 졸업하다.

- 会社をやめる。 회사를 그만두다.

4 사역의 뜻을 동반한 동작의 주체를 나타낸다.

- 子供を騒がせるな。 어린애를 떠들게 하지 마라(떠들지 않게 해라).

확인연습

ex 学校の食堂 / 昼御飯を食べる 학교 식당 / 점심을 먹다

→ 学校の食堂で昼御飯を食べます。 학교 식당에서 점심을 먹습니다.

① 喫茶店 / コーヒーを飲む 찻집 / 커피를 마시다
② スーパー / 牛肉を買う 슈퍼 / 쇠고기를 사다
③ 部屋 / 音楽を聞く 방 / 음악을 듣다
④ 図書館 / 本を借りる 도서관 / 책을 빌리다
⑤ 駅 / 切符を買う 역 / 표를 사다

---

❹ 「で」: ~에서, ~으로, ~때문에, ~에

1 동작이 이루어지는 장소를 나타낸다.

- 食堂で昼ごはんを食べました。 식당에서 점심을 먹었습니다.

- 映画館で新しい映画を見ます。 영화관에서 새 영화를 봅니다.

- 外で待っています。 밖에서 기다리고 있습니다.

2 수단이나 방법, 도구나 재료를 나타낸다.

A 学校までどうやって行きますか。 학교까지 어떻게 갑니까?

B バスで行きます。 버스로 갑니다.

- ボールペンで書いてください。 볼펜으로 쓰세요.

확인연습

> ex バス / 行く 버스 / 가다 ➡ バスで行きます。 버스로 갑니다

① 地下鉄 / 行く 지하철 / 가다
② 飛行機 / 帰る 비행기 / 돌아가다
③ タクシー / 帰る 택시 / 돌아가다
④ 鉛筆 / 書く 연필 / 쓰다
⑤ 消しゴム / 消す 지우개 / 지우다

3 매듭을 짓는 기한, 기준이 되는 범위의 한정을 나타낸다.

· 宿題はあと30分で終わります。 숙제는 앞으로 30분이면 끝납니다.

· 若い人の間で人気がある。 젊은이들 사이에서 인기가 있다.

 잠깐주목!

「五時で」와「五時に」
다음 두 문장을 비교하며 의미의 차이를 생각해 보자.

当店は五時で閉める。 (당점은 5시에 닫는다.):개점의 기한을 나타낸다.

当店は五時に閉める。 (당점은 5시에 닫는다.):폐점의 시점을 나타낸다.

4 원인·근거를 나타낸다.

· 彼は風邪で休んでいる。 그는 감기로 쉬고 있다.

· 不注意で事故を起こしてしまった。 부주의로 사고를 일으키고 말았다.

5 범위를 한정한다.

· 希望者は全部で14人です。 희망자는 전부해서 14명입니다.

· 歌では勝てないが将棋では勝てる。 노래로는 이길 수 없으나 장기로는 이길 수 있다.

⑤ 「と」: ~와[과], ~와 함께, ~라고

1 비교의 대상이나 동작의 상태를 나타내며, 여럿을 열거할 때 사용한다.

- 昔_{むかし}と違_{ちが}います。 옛날과 다릅니다.

- 部屋_{へや}に兄_{あに}と弟_{おとうと}がいます。 방에 형과 동생이 있습니다.

  A あのう、これ家族_{かぞく}です。家内_{かない}とこどもです。

  〈사진을 보여 주며〉 저어, 이거 가족입니다. 처하고 아이입니다.

  B ああ、かわいいですね。 いくつですか。 야, 귀엽네요. 몇 살입니까?

2 다음에 오는 동사가 나타내는 동작, 작용의 상태를 나타낸다.

① 변화의 결과(~으로, ~가)

- 発言_{はつげん}が問題_{もんだい}となった。 발언이 문제가 되었다.

- 明日_{あす}を決戦_{けっせん}の日_ひと決_きめた。 내일을 결전의 날로 정했다.

② 모양이나 내용

- にこにこと笑_{わら}う。 싱글벙글 웃다.

- 禁煙_{きんえん}と書_かいてある。 금연이라고 쓰여 있다.

③ 소량을 나타내는 말에 붙고 부정어를 수반하여 사물이 지속되거나 범위 이상 초과하지 않음을 강조

- あの店_{みせ}には二度_{にど}と行_いきたくありません。 그 가게에는 두 번 다시 가고 싶지 않습니다.

- 何_{なに}をやっても３日_{みっか}と続_{つづ}かない。 무엇을 해도 사흘을 넘기지 못한다.

3 기본형에 접속하여 「~(하)면, ~하자마자, ~(하)든」의 의미를 나타낸다.

- 早_{はや}く帰_{かえ}らないと心配_{しんぱい}するだろう。 빨리 돌아가지 않으면 걱정할 것이다.

- 起_おきるとすぐ水_{みず}を飲_のみます。 일어나자마자 바로 물을 마십니다.

- どこへ行_いこうと私_{わたし}の勝手_{かって}だ。 어디에 가든 내 맘이다.

4 「～という」:～라고 한다

 회화로 익히는 문법

A	デスノートという映画を知っていますか。	A	데스노트란 영화를 알고 있습니까?
B	はい、知ってます。いい映画だと思います。	B	예, 알아요. 좋은 영화라고 생각해요.
A	うなぎって韓国語で何と言うか知っていますか。	A	우나기란 한국말로 뭔지 아십니까?
B	いいえ、知りません。	B	아뇨, 모르겠어요.

「という」는 앞에 나온 내용을 인용하여 말하는 것으로, 뒤에 명사를 수식할 때는 「～라는+명사」의 꼴을 취한다. 발음은 [いう]가 [ゆ]로 나기도 한다. 축약형은 「～っていう」이다.

· 中村という人を知っていますか。(中村っていう人) 나카무라라는 사람을 알고 있습니까?

· 「雪国」という小説を読んだことがありますか。(雪国っていう小説)

　유키구니라는 소설을 읽은 적이 있습니까?

📖 확인연습 1

> ex 映画 영화 / 家族 가족
>
> → 家族という映画を知っていますか。 가족이라는 영화를 아십니까?

① レストラン 레스토랑 / ソナタ 소나타

② テキスト 교재 / わくわく日本語会話 와쿠와쿠 일본어 회화

③ 小説 소설 / 沈黙 침묵

④ 島 섬 / プーケット 푸켓

📖 확인연습 2

ex これは母がいつも飲んでいます。 그것은 어머니가 항상 드시고 있습니다.

その薬です。 그 약입니다.

→ これは母がいつも飲んでいるという薬です。

이것은 어머니가 항상 드시고 있다는 약입니다.

① 吉田さんが入院しました。 요시다 씨가 입원했습니다.

そのうわさは本当ですか。 그 소문은 사실입니까?

② あのレストランはおいしいです。 그 레스토랑은 맛있습니다.

その話は嘘です。 그 이야기는 거짓말입니다.

③ 毎日新聞です。 마이니치신문입니다.

その新聞は日本で有名な新聞です。 그 신문은 일본에서 유명한 신문입니다.

📖 확인연습 3

ex EJUの小林さん EJU의 고바야시 씨

→ EJUの小林さんという人から電話がありました。

EJU의 고바야시 씨라는 분에게서 전화가 왔습니다.

① 日本語の学生の林くん 일본어 배우는 학생인 임 군

② 三井物産の鈴木さん 미츠이물산의 스즈키 씨

③ 赤坂協会の姫井 아카사카협회의 히메이

📖 확인연습 4

ex きのう東京へ帰ってきた 어제 도쿄에 돌아왔다

→きのう東京へ帰ってきたと言っていました。 어제 도쿄에 돌아왔다고 했습니다.

① 先週引っ越しをした 지난 주 이사를 했다

② 今度電話番号が分かった 이번에 전화번호를 알았다

③ 今日は休む 오늘은 쉰다

④ 林さんはいなかった 하야시 씨는 없었다

⑤ 今日は30分ぐらい遅れる 오늘은 30분 정도 늦다

「知(し)る」와「分(わ)かる」

1. 「知(し)る」는 타동사로 학습을 통해 얻은 「지식이나 지적인 측면」을 말하는 표현이다. 「知(し)る」는 동작을 나타내는 동사인 만큼 「알고 있다」라는 표현은 현재 상태를 나타내는 「知(し)っている」로 해야 한다.

一(いち)を聞(き)いて十(じゅう)を知(し)る。 하나를 들으면 열을 안다.
一度(いちど)習(なら)ったことはすべて知(し)っている。 한 번 배운 것은 모두 알고 있다.
この機械(きかい)の使(つか)い方(かた)を知(し)っていますか。 이 기계 사용법을 알고 있습니까?

2. 「わかる」는 어떤 사물에 대한 「내용파악」 및 「심정이나 사정을 이해한다」라는 뜻이다.

A 何(なん)の意味(いみ)かわかりましたか。 무슨 의미인지 알겠습니까?
B はい、わかりました。 예, 알겠습니다.

---

5 「기본형＋と思(おも)います」 : ～라고 생각한다

앞의 말을 받아 단정을 피하고 완곡하게 자신의 의견이나 생각을 약화시켜 부드럽게 말하는 표현이다.

기본형	공손한 표현	
そうだ(그렇다)	そうです	そうだと思います。 そうじゃないと思います。
高(たか)い(비싸다)	高いです	高いと思います。 高くないと思います。
静(しず)かだ(조용하다)	静かです	静かだと思います。 静かじゃないと思います。

확인연습

ex てんぷら / おいしい 튀김 / 맛있다
→ てんぷらが一番(いちばん)おいしいと思(おも)います。 튀김이 가장 맛있다고 생각합니다.

① サッカー / おもしろい 축구 / 재미있다
② 彼女(かのじょ) / 優(やさ)しい 그녀 / 상냥하다
③ 焼(や)き肉(にく) / 高(たか)い 불고기 / 비싸다
④ 銀行(ぎんこう) / 安全(あんぜん) 은행 / 안전함
⑤ 韓国(かんこく)のカメラ / 性能(せいのう)がいい 한국 카메라 / 성능이 좋다

6 「に」

1 장소 · 시간을 나타낸다.

- 会議室にいます。 회의실에 있습니다.
- 日曜日に約束があります。 일요일에 약속이 있습니다.

2 이동이나 설치 등을 나타내는 동사와 함께 장소, 방향을 나타낸다. 동작의 방향성을 중시하는 경우에는 조사「へ」로 바꿔 말할 수 있다.

- 東京駅に着く。 도쿄 역에 도착하다.
- プールに飛び込む。 풀장에 뛰어들다.
- リボンを胸に付けなさい。 리본을 가슴에 다세요.

3 변화의 결과를 나타낸다.

- 有名な芸術家になる。 유명한 예술가가 되다.
- 氷が水になる。 얼음이 물이 되다.

4 비교의 기준 및 대상을 나타낸다.

- 長男は父に似ている。 장남은 아버지를 닮았다.
- このマンションは駅に近い。 이 맨션은 역에서 가깝다.

5 감각이나 감정, 동작의 계기가 된 사항을 나타낸다.

- 病気に悩んでいる。 병으로 고민하고 있다.
- 突然の訪問にとまどう。 갑작스런 방문에 당황하다.

6 「동사 ます형+に+동사」의 꼴로 강조의 뜻을 나타낸다.

- 雨が降りに降る。 비가 계속 온다.
- 待ちに待った旅行です。 기다리고 기다리던 여행입니다.

7 수동·사역의 뜻을 가진 동작의 주체를 나타낸다.

- 先生にしかられた。 선생님께 꾸중을 들었다.
- 息子に習い事をさせる。 아들에게 과외활동을 시키다.

8 사물을 나열하여 대등한 문절을 만든다.

- 父に母に妹の四人家族です。 아버지와 어머니와 여동생 4인 가족입니다.

- 国語に算数に理科に社会。 국어에 산수에 이과에 사회.

9 「に」를 수반하는 특별한 동사가 있다. 대개의 경우 우리말의 「～을, ～를」로 해석한다.

> ①「…に乗る」

A ここまでどうやって来ましたか。 여기까지 어떻게 왔습니까?

B 時間がなかったのでタクシーに乗ってきました。 시간이 없어서 택시를 타고 왔습니다.

> ②「…に会う」

- 今晩、友達に会います。 오늘밤, 친구를 만납니다.

☞「会う」동사는 조사「に」를 동반하지만, 「と」를 동반할 때도 있다. 「…に会う」가 대상에 비중을 두는 표현으로 찾아가서 만나는 경우라면, 「…と会う」는 심리적 측면에서 대등한 관계나 우연히 만났음에 비중을 두는 표현이다.

> ③「…にあこがれる」

- スターにあこがれる。 스타를 동경하다.

10 동사를 받아 「～には」의 꼴로 「～경우에는, ～하려면(목적)」의 의미가 된다.

- 始発に乗るには五時に起きなくてはならない。 첫차를 타려면 5시에 일어나야 한다.

- 結婚するには家が要る。 결혼하려면 집이 필요하다.

> 📖 확인연습

ex 環境問題を解決する 환경 문제를 해결하다 / いろいろな事実を正確に知る

여러 가지 사실을 정확히 알다

→ 環境問題を解決するには、いろいろな事実を正確に知ることが大切だと思います。 환경 문제를 해결하기 위해서는 여러 가지 사실을 정확히 아는 것이 중요하다고 생각합니다.

① 大気汚染をなくす / できるだけ車を使わないようにする

대기 오염을 없애다 / 가능하면 차를 사용하지 않도록 하다

② 川や湖を守る / できるだけ生活排水を流さないようにする

강이나 호수를 지키다 / 가능하면 생활 배수를 흘려보내지 않도록 하다

③ 森を守る / 紙をむだに使わないようにする

숲을 지키다 / 종이를 함부로 사용하지 않도록 하다

11 시간 표현과 조사 「に」의 관계

조사 「に」는 원래 어떤 상황을 한정(限定)하거나, 정확성을 요구하는 경향이 많은 조사이다. 따라서 「때, 시간」을 나타내는 표현에서도 「に」가 붙는 경우와 붙지 않는 경우가 있으므로 주의해야 한다.

① 조사 「に」가 붙는 경우 (구체적인 시간)

- 時_じに(~시에), ~月_{がつ}に(~월에), ~曜日_{ようび}に(~요일에)
- ~日_{にち}に(~일에), ~年_{ねん}に(~년에)
- 何時_{なんじ}に(몇 시에), 何日_{なんにち}に(며칠에)
- 昼休_{ひるやす}みに(점심시간에)

② 조사 「に」가 붙지 않는 경우

- 今_{いま}(지금), いつ(언제)
- 一昨日_{おととい}(그저께), 昨日_{きのう}(어제), 今日_{きょう}(오늘), 明日_{あした}(내일), 明後日_{あさって}(모레)
- 先月_{せんげつ}(지난달), 今月_{こんげつ}(이달), 来月_{らいげつ}(다음달)
- 今年_{ことし}(금년)
- 先週_{せんしゅう}(지난주), 今週_{こんしゅう}(이번 주), 来週_{らいしゅう}(다음주)
- 朝_{あさ}(아침), *夕方_{ゆうがた}(저녁), 夜_{よる}(밤), 午前_{ごぜん}(오전), 午後_{ごご}(오후), 今晩_{こんばん}(오늘밤)
- 毎日_{まいにち}(매일), 毎朝_{まいあさ}(매일아침), 毎週_{まいしゅう}(매주), 毎月_{まいげつ}(매월), 毎年_{まいねん}(매년)
- 夕_{ゆう}べ(어제 밤), 今朝_{けさ}(오늘아침), ~頃_{ごろ}(~경), (~する)時_{とき}(~할 때)

☞ 「~頃_{ごろ}」는 대략적인 시간, 때를 나타낸다. 「~頃」에는 시간, 때를 나타내는 「に」를 붙여도 되고 생략해도 된다.

📖 **확인연습 1**

> ex 起_おきます 일어납니다 / 7時_じ 7시
>
> → 7時に起きます。 7시에 일어납니다.

① 会社_{かいしゃ}へ行きます 회사에 갑니다 / 9時 9시

② ひるごはんを食べます 점심을 먹습니다 / 12時 12시

③ うちへ帰_{かえ}ります 집에 돌아갑니다 / 6時 6시

④ 寝_ねます 잡니다 / 11時ごろ 11시경

📖 확인연습 2

> ex 起きます 일어납니다
>
> → 何時に起きますか。 몇 시에 일어납니까?
>
> 何時ごろ起きますか。 몇 시쯤 일어납니까?

① 会社へ行きます 회사에 갑니다

② うちへ帰ります 집에 돌아갑니다

③ 寝ます 잡니다

📖 확인연습 3

> ex 教会へ行く / 日曜日 교회에 가다 / 일요일
>
> → 日曜日に教会へ行きます。 일요일에 교회에 갑니다.

① 定例の会議がある / 木曜日 정례 회의가 있다 / 목요일

② 仕事をする / 月曜日から金曜日まで 일을 하다 / 월요일부터 금요일까지

③ 会社へ行く / 9時 회사에 가다 / 9시

④ 寝る / 11時ごろ 자다 / 11시 경

⑤ 昼御飯を食べる / 12時 점심을 먹다 / 12시

📖 확인연습 4

> ex 演劇を見る / 明日 연극을 보다 / 내일 → 明日演劇を見ます。 내일 연극을 봅니다.

① テストがある / 来週 테스트가 있다 / 다음 주

② 仕事に追われて忙しい / 毎日 일에 쫓겨 바쁘다 / 매일

③ 亡くなる / 去年 돌아가시다 / 작년

④ 高校時代の友だちに会う / 先週 고등학교 때 친구를 만나다 / 지난 주

⑤ 日本に着いたばかりだ / 昨日 일본에 막 도착했다 / 어제

❼ 「へ」: ~에, ~으로(이동)

동작이 향하는 방향이나 장소를 나타낸다.

- 私は今日、郵便局へ行きました。 나는 오늘, 우체국에 갔습니다.

- ゆうべは10時ごろに家へ帰りました。 어젯밤은 10시 정도에 집에 돌아갔습니다.

확인연습

> ex 鐘路 종로 / 映画を見る 영화를 보다
>
> ➡ 鐘路へ映画を見に行きます。 종로에 영화를 보러 갑니다.

① 新宿 / 本を買う 신주쿠 / 책을 사다　　　② 公園 / ジョギングをする 공원 / 조깅을 하다

③ 国 / 家族に会う 고향 / 가족을 만나다　　　④ 図書館 / 本を借りる 도서관 / 책을 빌리다

⑤ 日本 / 歴史を研究する 일본 / 역사를 연구하다

잠깐주목!

「に」와 「へ」의 용법

일반적으로 조사 「に」는 도착하는 장소에 비중을 두며, 「へ」는 이동 경로 및 방향을 나타낸다고 배우지만, 뒤에 「行く」와 같은 동작을 포함한 동사가 올 경우 어느 쪽을 사용해도 무방하다.

日本へ行きます。(○)　　　日本に行きます。(○)

다만, 다음의 경우에는 꼭 「に」와 「へ」를 구별하여 사용해야 한다.

1. 꼭 「へ」를 쓰는 경우 :

　① 「へ」 다음에 동사를 생략할 경우

　　田中さん, どちらへ。 다나카 씨, 어디 가세요?

　　ようこそ、北海道へ。 홋카이도에 오신 것을 환영합니다.

　② 「へ」를 반복하여 사용할 경우

　　右へ、右の方へ曲がってください。 오른쪽으로 도세요.

　　前へ前へ突き進む。 앞으로, 앞으로 힘차게 나아가다.

　③ 동작의 대상을 구적으로 나타내는 「へ+の」의 형태로 말할 경우

　　彼女への関心を表す。 그녀에 대한 관심을 나타내다.

　　私の書いた母への手紙を渡す。 내가 쓴 엄마에게 보내는 편지를 전해주다.

2. 꼭 「に」만 쓰는 경우 :

　존재를 나타낼 경우에는 「に」만을 쓴다.

　　書類は引き出しの中にあります。 서류는 서랍 안에 있습니다.

　　課長は会議室にいます。 과장님은 회의실에 있습니다.

⑧「より」: ～보다, ～에 비해

1 비교의 기준

・果物はりんごよりみかんがおいしいです。 과일은 사과보다 귤이 맛있습니다.

・私はジュースよりコーヒーが好きです。 나는 주스보다 커피를 좋아합니다.

2 시간·장소가 시작되는 시점

・会議は1時より始まる。 회의는 1시부터 시작된다.

・友達より手紙が来た。 친구한테서 편지가 왔다.

3 경유·경계 지점

・ここより先には何もありません。 여기부터 앞에는 아무것도 없습니다.

・横浜より出航した。 요코하마에서 출항했다.

📖 확인연습

ex 物価が高い 물가가 비싸다

➡ 思ったより高いんです。 생각보다 물가가 비쌉니다.

---

① 時間がかかった 시간이 걸렸다

② 道が混んでいた 길이 복잡했다

③ おもしろくなかった 재미없었다

④ 真面目じゃなかった 성실하지 않았다

⑤ 能力のある人だった 능력이 있는 사람이었다

⑨「から」: ～부터, ～때문에, ～로 인해서

1 시간적, 공간적 출발점 및 사물의 순서, 범위를 구체적으로 나타낸다.

・会議は10時からです。 회의는 10시부터입니다.

・月曜から金曜まで授業があります。 월요일부터 금요일까지 수업이 있습니다.

📖 **확인연습**

> **ex** 昼休み 점심시간 / 12:00 ~ 1:00
>
> ➡ 昼休みは12時から1時までです。 점심시간은 12시부터 1시까지입니다.

① 土曜日 토요일 / 9:00~11:00
② 郵便局 우체국 / 9:00~5:00
③ 日本語の授業 일본어 수업 / 7:30~9:10

2 원인, 이유, 동기, 근거를 나타낸다.

・風邪から病気になる。 감기가 병이 되다.

・たばこの火から火事になった。 담뱃불로 인하여 화재가 났다.

📖 **확인연습**

> **ex** 金曜日 / 会議 / 10時ごろ帰る 금요일 / 회의 / 10시경 돌아가다
>
> ➡ 金曜日は会議がありますから、10時ごろ帰ります。
> 금요일은 회의가 있으니까 10시경 돌아갑니다.

① 火曜日と木曜日 / アルバイト / 6時ごろ起きる 화요일과 목요일 / 아르바이트 / 6시경 일어나다
② 月曜日 / 残業 / 10時半ごろ帰る 월요일 / 잔업 / 10시반 경 돌아가다
③ 水曜日 / 宴会 / 11時ごろ帰る 수요일 / 회식 / 11시경 돌아가다

3 「~을 통해서」라는 의미인 경유점(経由点)을 나타낸다.

・窓からものを捨ててはいけません。 창문으로 물건을 버려서는 안 됩니다.

・裏通りから来る。 뒷길로 오다.

4 원료, 재료를 나타낸다.

・お酒は米から作る。 술은 쌀로 만든다.

・ワインはぶどうから作る。 와인은 포도로 만든다.

「から」와「を」

「出る」「出発する」「降りる」「曲がる」「離れる」「飛び立つ」와 같은 이동성 동작을 나타내는 동사는 「から」와

「を」를 다 쓸 수 있으나 의미에 다소 차이가 있다.

1. 「から」가 출발 지점임을 강조하는 경우나 의지가 없는 현상을 표현할 경우.

　　大学から出る。 대학[구내]에서 밖으로 나가다.

　　成田から出発した。 나리타에서 출발했다.

　　鼻から血が出る。 코에서 피가 나다.

2. 「～を」가 의지나 목적의식을 강하게 나타내고 뒤에 오는 동사의 움직임에 비중을 두는 경우.

　　大学を出る。 대학을 졸업하다.

　　この3月に家を出ました。 이번 3월에 독립했습니다.

　　ソウルを出て東京から大阪へ行った。 서울을 떠나 도쿄를 거쳐 오사카에 갔다.

---

2. 접속조사

활용어에 붙어서, 그 활용어와 다른 말과의 접속관계를 나타낸다.

---

① 「が」 : ～지만

1 두 문장을 잇는 접속조사로 앞 문장과 뒷 문장은 상반되는 내용이다.

　A　旅行はどうでしたか。 여행은 어떠했습니까?

　B　楽しかったんですが、ちょっと疲れました。 즐거웠습니다만, 약간 피곤합니다.

・急いだが間に合わなかった。 서둘렀지만 제 시간에 가지 못했다.

2 두 가지 사실을 열거할 때 사용한다.

・野球もうまいが、水泳もうまい。 야구도 잘하지만 수영도 잘한다.

・いいにおいがするが、今晩のごちそうは何だろう。 맛있는 냄새가 나는데, 오늘 저녁 요리는 뭘까?

확인연습

ex 品質 품질 / この商品 이 상품 / いい 좋다

値段 가격 / その商品 그 상품 / 安い 싸다

→ 品質はこの商品のほうがいいですが、値段はその商品のほうが安いです。

품질은 이 상품이 좋습니다만, 가격은 그 상품이 쌉니다.

① 発音 발음 / 林くん 임 군 / きれい 깨끗함

会話 회화 / 朴くん 박 군 / 上手 능숙함

② 英語 영어 / 鈴木さん 스즈키 씨 / 上 위

数学 수학 / 佐藤さん 사토 씨 / 得意 잘함

③ 夏 여름 / ビール 맥주 / いい 좋다

冬 겨울 / 日本酒 정종 / おいしい 맛있다

④ 歌 노래 / ポップス 팝송 / 好き 좋아함

スポーツ 스포츠 / サッカー 축구 / 好き 좋아함

② 「から」 : ~하니까, ~하므로

활용어의 기본형에 붙어 원인이나 이유 등을 나타낸다. 주로 뒷말에 화자 자신의 주장, 추측, 명령, 요구, 의지를 나타내는 말이 이어지며, 주관성이 강한 표현이다.

・明日は日曜日だから銀行は休みです。 내일은 일요일이기 때문에 은행은 쉽니다.

・天気がいいからどこかへ行こう。 날씨가 좋으니까 어딘가에 가자.

A 何にお金がかかりますか。 무엇에 돈이 듭니까?

B 私は、よく外食をするから、とくに食費がたいへんです。

나는, 자주 외식을 하니까, 특히 식비가 만만치 않습니다.

확인연습 1

ex 授業があります 수업이 있습니다

→ ちょっと行けないと思います。授業があるもんですから。

미안하지만 못갈 것 같습니다. 수업이 있기 때문에.

① 風邪をひいています 감기에 걸렸습니다   ② 国から友だちが来ます 고향에서 친구가 옵니다

③ 雨が降っています 비가 내리고 있습니다   ④ 仕事が忙しいです 일이 바쁩니다

⑤ ほかの約束があります 다른 약속이 있습니다

확인연습 2

ex 日本のサラリーマン / 残業が多い / 大変　일본 샐러리맨 / 잔업이 많다 / 힘들다

→ 日本のサラリーマンは残業が多いから大変だと思います。

일본 샐러리맨은 잔업이 많아서 애로가 많을 거라고 생각합니다.

① 韓国の高校 / 規則が多い / 大変だ　한국의 고등학교 / 규칙이 많다 / 힘들다
② 漢字 / 読み方が多い / 面倒だ　한자 / 읽는 법이 많다 / 귀찮다
③ 韓国の主婦 / 家事が多い / 大変だ　한국의 주부 / 가사가 많다 / 힘들다
④ 韓国の子供 / 試験が多い / 大変だ　한국의 어린이 / 시험이 많다 / 힘들다

확인연습 3

ex よく外食をする / 食費　자주 외식을 하다 / 식비

→ よく外食をするから、特に食費が大変です。

자주 외식을 하니까 특히 식비가 부담됩니다.

① 子供が小さい / 教育費　아이가 어리다 / 교육비
② 学校が遠い / 交通費　학교가 멀다 / 교통비
③ よくエアコンを使う / 電気代　자주 에어컨을 쓰다 / 전기요금
④ よく帰りが遅くなる / タクシー代　자주 귀가가 늦어지다 / 택시 요금

❸ 「ので」: ~ 때문에

원인·이유를 나타내며 활용어의 연체형에 붙는다. 「から」가 주관적인 이유를 나타내는 데 비해 「ので」는 자기만의 생각이 아닌 객관적인 이유를 나타내며 사실을 설명하는 말투이다. 다른 사람에게 어떤 일을 부탁하거나 거절할 때, 변명이나 겸손하게 말해야 하는 경우 「から」를 쓰면 어조가 강하게 들리므로 주의가 필요하다. 보통 여성들의 경우는 부드러운 느낌을 주는 「ので」를 많이 쓰는 경향이 있다.

・試験があるので図書館で勉強しています。　시험이 있어서 도서관에서 공부하고 있습니다.

・きのうは雨が降ったので山に登りませんでした。　어제는 비가 와서 산에 오르지 않았습니다

・働かないので貧乏だ。　일하지 않으므로 가난하다.

A　教科書を忘れたので見せてもらえますか。　교과서를 두고 왔는데, 좀 보여주실 수 있겠습니까?

B　ええ、どうぞ。　예, 보세요.

확인연습 1

ex まだ仕事がある 아직 일이 있다

→ すみません。今日はちょっと…。まだ仕事がありますので。

미안합니다. 오늘은 좀… 아직 일이 있어서요.

① まだ会議がある 아직 회의가 있다.

② 約束がある 약속이 있다

③ 友だちに会う 친구를 만나다

④ 国から母が来る 고향에서 어머니가 오다

⑤ 体の調子が悪い 몸 상태가 좋지 않다

☞ 「~ので」로 문장이 끝날 수도 있지만 「~のでです」는 쓸 수 없고, 이때는 「~からです」를 써야 한다.

 확인연습 2

ex 薬を飲んだ / 熱が下がった 약을 먹었다 / 열이 내려갔다

→ 薬を飲んだので、熱が下がりました。 약을 먹어서 열이 내렸습니다.

① バスが遅れた / 学校に遅刻した 버스가 늦게 왔다 / 학교에 지각했다

② スープが冷めてしまった / もう一度あたためた 스프가 식어 버렸다 / 한 번 더 데웠다

③ 久しぶりに休暇がとれた / 一日中何もしないでのんびりした

오랜만에 휴가를 얻었다 / 하루 종일 아무것도 하지 않고 느긋하게 지냈다

④ あまり日本人と話す機会がない / なかなか上手に話せない

별로 일본인과 말할 기회가 없다 / 좀처럼 능숙하게 말할 수 없다

  잠깐 주목!

「~ですので」는 틀린 표현인가?

결론적으로 틀린 표현은 아니다. 원인, 이유를 나타내는 조사 「ので」(~때문에)는 모든 활용어의 연체형에 붙는다고 정의한다. 따라서 특수 활용을 하는 「です」의 연체형은 아래 예문처럼 「ので」에 연결될 수 있다. 문법에서 연체형이란 통상 명사를 수식하는 꼴을 가리키는 말이지만, 좀 더 의미를 확대하여 좁은 의미의 연체형을 받아들이는 포괄적 접속 형태를 지칭하는 의미로 보면 되겠다.

④ 「のに」

1 「~하는데도, ~함에도 불구하고」의 뜻으로 기대에 어긋나는 사항이 뒤에 올 때 쓴다.

・一生懸命がんばったのに、だめでした。 열심히 노력했는데, 실패했습니다.

・お金もないのに、ぜいたくする。 돈도 없으면서, 사치한다.

・日曜日なのに、学校へ行かなきゃならないんです。 일요일인데 학교에 가야 해요.

확인연습 1

ex もう四月だ / まだ寒い 벌써 4월이다 / 아직 춥다

→ もう四月なのに、まだ寒いです。 벌써 4월인데 아직 춥습니다.

① 一生懸命勉強した / できなかった 열심히 공부했다 / 안 되었다

② 古くてきたない / 家賃が高い 낡고 더럽다 / 집세가 비싸다

③ 必ず来ると言った / 来なかった 반드시 온다고 했다 / 오지 않았다

④ 何度もあやまった / 許してくれない 몇 번이고 사과했다 / 용서해 주지 않는다

⑤ 有能だ / 管理職になれない 유능하다 / 관리직이 될 수 없다

확인연습 2

ex 一生懸命に勉強した / 試験に落ちた / 残念だ

열심히 공부했다 / 시험에 떨어졌다 / 유감이다

→ 一生懸命に勉強したのに、試験に落ちたのは残念だと思います。

열심히 공부했는데 시험에 떨어진 것은 안타깝습니다.

① 経験年数が同じだ / 学歴によって給料がちがう / おかしい

경험 년수가 같다 / 학력에 따라 급여가 다르다 / 이상하다

② 能力がある / 結婚したら仕事をやめる / もったいない

능력이 있다 / 결혼하면 일을 그만두다 / 아깝다

③ 高い授業料を払っている / 勉強しない / もったいない

비싼 수업료를 내고 있다 / 공부하지 않는다 / 아깝다

④ 能力が同じだ / 女性が管理職になれない / 不公平だ

능력은 같다 / 여성이 관리직이 될 수 없다 / 불공평하다

⑤ 有給休暇がある / とらない / もったいない 유급 휴가가 있다 / 쉬지 않는다 / 아깝다

22 조사

2 「〜는데, 〜텐데, 〜련만」으로 예상한 것과 다른 결과가 된 것에 대해 유감을 나타낸다.

- あれほど注意しておいた<ruby>のに<rt>ちゅう い</rt></ruby>…。 그만큼 주의해 두었건만…
- <ruby>早<rt>はや</rt></ruby>く<ruby>雨<rt>あめ</rt></ruby>が<ruby>上<rt>あ</rt></ruby>がるといいのに…。 빨리 비가 그치면 좋겠는데…

「から」·「ので」·「のに」의 접속방법

	から	ので	のに
<ruby>送<rt>おく</rt></ruby>る (보내다)	送るから	送るので	送るのに
<ruby>忙<rt>いそが</rt></ruby>しい (바쁘다)	忙しいから	忙しいので	忙しいのに
<ruby>危険<rt>き けん</rt></ruby>だ (위험하다)	危険だから	危険なので	危険なのに
<ruby>主婦<rt>しゅ ふ</rt></ruby>だ (주부이다)	主婦だから	主婦なので	主婦なのに

확인연습 전체 문장의 흐름과 의미를 생각하며 완성해 보세요.

① <ruby>日曜日<rt>にちよう び</rt></ruby>なのに_____。

　　일요일인데 _____ .

② <ruby>暑<rt>あつ</rt></ruby>いのに_____。

　　더운데 _____ .

③ <ruby>熱<rt>ねつ</rt></ruby>があるのに_____。

　　열이 나는데 _____ .

❺ 「ても(でも)」：〜하여도, 〜했음에도 불구하고

- どんなに<ruby>読<rt>よ</rt></ruby>んでも<ruby>意味<rt>い み</rt></ruby>がわからなかった。(読んだって)
  아무리 읽어도 의미를 알 수 없었다.
- いくら<ruby>言<rt>い</rt></ruby>っても<ruby>駄目<rt>だ め</rt></ruby>なんだ。(言ったって) 아무리 말해도 소용없다.

📖 **확인연습 1**

ex 家賃が安い / 古いアパート 집세가 싸다 / 낡은 아파트

➜ いくら家賃が安くても、古いアパートはいやです。

아무리 집세가 싸더라도 낡은 아파트는 싫습니다.

① 通勤に便利だ／うるさいところ 통근에 편리하다 / 시끄러운 곳
② 環境がいい／通勤に不便なところ 환경이 좋다 / 통근하기에 불편한 곳
③ 安くてきれいなアパートだ／都心まで1時間以上かかるところ

싸고 깨끗한 아파트다 / 도심까지 1시간 이상 걸리는 곳

④ 給料が高い／やりがいのない仕事 월급이 높다 / 보람이 없는 일

📖 **확인연습 2**

ex 探す / 安いアパートはなかなか見つからない

찾다 / 싼 아파트는 좀처럼 보이지 않는다

➜ いくらさがしても、安いアパートはなかなか見つかりません。

아무리 찾아도, 싼 아파트는 좀처럼 보이지 않습니다.

① 探す / いい仕事はなかなか見つからない 찾다 / 좋은 일자리는 좀처럼 보이지 않는다
② 働く / お金がたまらない 일하다 / 돈이 모이지 않는다
③ 勉強する / 漢字がおぼえられない 공부하다 / 한자를 외울 수 없다
④ おもしろい / 忙しくて見にいけない 재미있다 / 바빠서 보러 갈 수 없다

⑥ 「けど」: ~하여도, ~하지만

「けれど(も)」의 축약형이다.

· 何度も話し合ったけれど、結論は出なかった。 몇 번이나 이야기했지만, 결론은 나오지 않았다.

A 悪いですけど、コーヒーを入れてもらえますか。 미안하지만 커피 좀 타 주실래요?

B ええ、いいですよ。 예, 좋아요

A よく降りますね。 많이 내리는군요

B ええ、早くやめばいいんですけど。 예, 빨리 그치면 좋겠는데.

ex 日本の新聞を読む 일본 신문을 읽다

→ 日本の新聞が読みたいんですけど読めません。

일본 신문을 읽고 싶지만 읽을 수 없습니다.

① 日本語で話す 일본어로 말하다

② バイオリンをひく 바이올린을 켜다

③ 一人で歩く 혼자서 걷다

④ 漢字を書く 한자를 쓰다

⑤ 日本の歌を歌う 일본 노래를 부르다

⑦ 「ながら」

1 동사「ます형」+ ながら : ～하면서

동작의 병행을 나타낸다. 그 동작을 하는 것과 동시에 다른 동작을 한다는 의미이며 뒤에 이어지는 동작이 주 동작인 경우에 사용한다.

· 飲みながら話そう。 마시면서 이야기하자.

· ラジオを聞きながら勉強する。 라디오를 들으면서 공부하다

· 働きながら学校を卒業した。 일하면서 학교를 졸업했다.

ex テレビを見る 텔레비전을 보다 / ひるごはんを食べる 점심을 먹다

→ テレビを見ながらひるごはんを食べます。 텔레비전을 보면서 점심을 먹습니다.

① 音楽を聞く 음악을 듣다 / 新聞を読む 신문을 읽다

② コーヒーを飲む 커피를 마시다 / 本を読む 책을 읽다

③ 歌を歌う 노래를 부르다 / 掃除をする 청소를 하다

④ 歩く 걷다 / たばこを吸う 담배를 피우다

⑤ 私たちはお互いに助け合う / 暮す 우리들은 서로 돕다 / 살다

2 역접 관계를 나타낸다.

- 狭いながらも楽しいわが家。 옹색하기는 하지만 즐거운 우리 집.

- 知っていながら知らないふりをするのはよくないことだ。
  알고 있으면서도 모르는 척하는 것은 좋지 않은 일이다.

- もう起きなければと思いつつもなかなか起きられない。
  이제 일어나야지라고 생각하면서도, 좀처럼 일어날 수 없다. (ながらも로 바꿀수 있다.)

확인연습

ex 狭い / 楽しいわが家である 좁다 / 즐거운 우리 집이다

→ 狭いながらも楽しいわが家である。 좁지만 즐거운 우리 집이다

---

① お金がある / 買おうとしない 돈이 있다 / 사려고 하지 않는다
② 体は小さい / 力は強い 체격은 작다 / 힘은 세다
③ 熱心にやっている / うまく出来ない 열심히 하고 있다 / 잘 안 된다
④ 薄給だ / 子供たちを大学までやった 박봉이다 / 아이들을 대학까지 보냈다
⑤ 体格は立派だ / どこかもろいところがある 체격은 훌륭하다 / 어딘지 약한 면이 있다

---

8 「なり」: ~하자마자

동사 및 동사형 조동사 기본형에 붙어 「~하자마자」의 뜻이 된다. 어떤 동작이 끝나자마자 바로 이어서 다음 동작이나 반응을 보일 때 쓴다.

- 家にかばんを置くなり、遊びに出掛けた。 집에 가방을 놓자마자 놀러 나갔다.

- それを見るなり、ほしいという。 그것을 보자마자 갖고 싶다고 한다.

잠깐주목!

「なり」의 유사 표현

① 동사기본형 + や否や : ~하자마자
   学校から帰ってくるや否やけんかをしている。 학교에서 돌아오자마자 싸움을 하고 있다.

② 동사기본형 + が早いか : ~하자마자
   家に帰るが早いか、また外に飛び出した。 집에 돌아오자마자 또 밖으로 뛰어나갔다.

⑨ 조건가정을 나타내는「と」「ば」「たら」「なら」

▶ 다음을 조건가정형으로 고치세요.

기본형	~と	~ば	~たら	~なら
行く(가다)				
する(하다)				
来る(오다)				
よい(좋다)				
ない(없다)				
忙しい(바쁘다)				
暇だ(한가하다)		×		
静かだ(조용하다)		×		
有名だ(유명하다)		×		
子供(아이)		×		
休み(휴일)		×		

☞ 명사와 ナ형용사는「~ば」형이 없고, 대신「~ならば」형태로 쓴다.

9-1 「と」

Aと、B A하면「100%, 반드시, 꼭」B하다

1 자연현상 · 불변의 진리(수식, 계산) · 길의 순서(길안내) · 필연적 결과를 나타낸다.

· 春になると、花がさきます。 봄이 되면 꽃이 핍니다.

· 2に3を足すと5になります。 2에 3을 더하면 5가 됩니다.

A この近くにKB銀行はありますか。 이 근처에 KB은행 있습니까?

B KB銀行ですか。それならこの信号を渡って、まっすぐ行って、 一つ目の角を右に曲がると右側にあります。

KB은행 말입니까? 그거라면 이 신호를 건너, 곧장 가서, 첫 번째 모퉁이를 오른쪽으로 돌면 오른쪽에 있습니다.

2 B문에 과거형이 와서 어떤 사항에 대한 발생이나 인식의 계기를 나타낸다. 「동시성 · 발견성」을 나타내는 객관적인 묘사로 「~하니까, ~했다」의 뜻이다.

・テレビをつけると、ニュースをやっていました。 텔레전전을 켜니, 뉴스를 하고 있었습니다.

・家に帰ると食事の支度ができていた。 집에 돌아가니 식사 준비가 되어 있었다.

확인연습 1

ex 春になる / 桜が咲く 봄이 되다 / 벗꽃이 피다

→ 春になると、桜が咲きます。 봄이 되면 벗꽃이 핍니다.

① 夏になる / 海水浴ができる 여름이 되다 / 해수욕을 할 수 있다
② 秋になる / 紅葉がきれいだ 가을이 되다 / 단풍이 아름답다
③ 冬になる / 雪がふる 겨울이 되다 / 눈이 내리다
④ 寝不足だ / 頭が痛くなる 잠이 부족하다 / 머리가 아파지다
⑤ 風邪をひく / いつも熱がでる 감기에 걸리다 / 항상 열이 나다

확인연습 2

ex この道をまっすぐ行く / 左がわにある 이 길을 곧장 가다 / 왼쪽에 있다

→ この道をまっすぐ行くと、左がわにあります。 이 길을 곧장 가면 왼쪽에 있습니다.

① 駅を出る / 正面にある 역을 나가다 / 정면에 있다
② 駅を出て、右へ行く / 左がわにある 역을 나와 오른 쪽으로 가다 / 왼쪽에 있다
③ 一つ目の角を右に曲がる / 右がわにある 첫 번째 모퉁이를 오른쪽으로 돌다 / 오른쪽에 있다
④ 二つ目の角を左に曲がって50mぐらい行く / 右がわにある

두 번째 모퉁이를 왼쪽으로 돌아 50미터 정도 가다 / 오른쪽에 있다

9-2 「ば」

A ば、B 「B가 성립되기 위한 조건」으로 A하면, B하다

1 앞으로 일어날 수 있는 조건이 두 가지 있어 그 중 어느 쪽을 택해야 할지를 말하는 표현이다.(「그렇지 않으면」이라는 뜻을 느끼게 하는 말투이다.)

・お金があれば、買えます。 돈이 있으면 살 수 있습니다.

・忙しければ来なくてもいいです。 바쁘면 안 와도 됩니다.

・バスが来なければ、タクシーで行きます。 버스가 안 오면, 택시로 가겠습니다.

☞ 뒷 문장을 보고 '어떻게 하면?' 하고 의문을 가지면 그 답이 앞에 오는 것을 알 수 있다.

2 「と」와 마찬가지로 논리적으로 사실을 말할 때나, 필연적인 결과를 나타낼 때 쓴다. 특히 속담이나 관용구에 많이 쓰인다.

・住めば都。 정들면 고향.

・ちりも積もれば山となる。 티끌 모아 태산이다.

3 B문에 과거형은 오지 않는다.

「ば」는 어떤 조건이 충족되는 것을 전제로 어떤 사항이 성립한다는 의미이므로 당연히 과거형이 올 수 없다.

・春になれば、雪が溶ける。 봄이 되면 눈이 녹는다.

・あと彼さえ来れば、メンバーが揃う。 이제 그만 오면, 멤버가 다 모인다.

📖 **확인연습 1**

ex 週末に来る / 空いている 주말에 오다 / 비어 있다

→ 週末に来れば、空いています。 주말에 오면 비어 있습니다.

① 煮る / やわらかくなる 삶다 / 부드러워지다
② 船便で出す / 安い 배편으로 보내다 / 싸다
③ 敬語をおぼえる / 使える 경어를 익히다 / 사용할 수 있다
④ 春が来る / 花が咲く 봄이 오다 / 꽃이 피다
⑤ 10から3を引く / 7になる 10에서 3을 빼다 / 7이 되다

📖 **확인연습 2**

ex このクリームをつける / 肌がきれいになる 이 크림을 바르다 / 피부가 깨끗해지다

→ このクリームをつければ、肌がきれいになります。
　　이 크림을 바르면 피부가 깨끗해집니다.

① この薬をのむ / 1週間で10キロやせる 이 약을 먹다 / 일주일이면 10킬로 빠진다
② ビタミンCをたくさんとる / 風邪をひかない 비타민 C를 많이 먹다 / 감기에 안 걸리다
③ ジョギングをする / ストレスがたまらない 조깅을 하다 / 스트레스가 쌓이지 않는다
④ 調べてみる / 分かるはずだ 조사해 보다 / 알 것이다
⑤ ホームステイをする / 日本語がうまく話せるようになる 홈스테이를 하다 / 일본어를 잘 할 수 있게 되다

9-3 「たら」

Aたら、B 「B하기 직전에」A하면,

---

1 상상해서 가정하거나 화자의 희망을 말할 때 쓰인다.

· もし3か月後に地球が滅亡するとしたら、何がしたいですか。

　만일 3개월 후에 지구가 멸망한다면, 무엇을 하고 싶습니까?

· あなたが妻だったら、夫に皿洗いをさせますか。

　당신이 부인이라면, 남편에게 설거지를 시키겠습니까?

· 調べてみたら、分かるでしょう。 조사해 보면 알 수 있겠지요.

2 「~하고 나서, ~한 다음에」라는 뜻을 나타낸다.

· 日本に行ったら、山田さんに電話してください。 일본에 가면, 야마다 씨에게 전화하세요.

· 新聞を読み終わったら、私に貸してください。 신문을 다 읽으면, 나에게 빌려주세요.

3 「~하니까」「~했더니」의 뜻으로 우연한 발견이나 의외, 놀라움 등을 나타낸다. B문에 과거형이 온다.

· 辞書を調べたら、すぐわかりました。 사전을 찾아보고, 바로 알았습니다.

· 思いきって打ったら、ホームランになりました。 힘껏 쳤더니, 홈런이 되었습니다.

· 調べてみたら、分かりました。 조사해 보고 알았습니다.

📖 확인연습 1

> ex お金が _____、旅行に行きたいです。(ある)
>
> → お金があったら、旅行に行きたいです。 돈이 있으면 여행을 가고 싶습니다.

① 歩くのが _____、バスに乗りましょう。(いやだ) 걷는 것이 싫으면 버스를 탑시다

② 仕事が _____、すこし休みましょう。(終わる) 일이 끝나면 조금 쉽시다.

③ そんなことを _____、危ないですよ。(する) 그런 일을 하면 위험합니다.

④ 涼しく _____、窓を閉めてください。(なる) 서늘해지면 창문을 닫아 주세요.

⑤ A: コーラを買ってきてください。 콜라를 사 오세요.

　B: コーラが _____、どうしますか。(ない) 콜라가 없으면 어떻게 합니까?

　A: だったら、何でもかまいません。 그러면 뭐든지 상관없습니다.

📖 확인연습 2

> ex いい天気だ / ハイキングに行く 좋은 날씨다 / 하이킹을 가다
>
> → 明日、いい天気だったら、ハイキングに行こうと思っています。
>
> 내일 날씨가 좋으면 하이킹을 가려고 합니다.

① 雨だ / 映画を見る 비가 오다 / 영화를 보다

② 映画館が込んでいる / 買い物でもする 영화관이 붐비다 / 쇼핑이라도 하다

③ 暇だ / 友だちとテニスをする 한가하다 / 친구와 테니스를 하다

④ 天気がいい / 掃除と洗濯をする 날씨가 좋다 / 청소와 세탁을 하다

⑤ 天気がよくない / 両親や友だちに手紙を書く

날씨가 좋지 않다 / 부모님과 친구에게 편지를 쓰다

📖 확인연습 3

> ex. 家へ帰った / 友だちの手紙が来ていた 집에 돌아갔다 / 친구의 편지가 와 있었다
>
> → 家へ帰ったら友だちの手紙が来ていました。
>
> 집에 돌아가니 친구의 편지가 와 있었습니다.

① 山田さんに頼んだ / お金を貸してくれた 야마다 씨에게 부탁하다 / 돈을 빌려 주었다

② 部屋の掃除をした / 昔の恋人の写真が出てきた 방 청소를 했다 / 옛날 애인 사진이 나왔다

③ ご飯をいっぱい食べた / 眠くなった 밥을 많이 먹었다 / 졸렸다

④ 駅前に自転車を置いた / だれかにとられてしまった

역 앞에 자전거를 두었다 / 누군가 훔쳐 버렸다

⑤ トイレへ入った / 紙がなかった 화장실에 들어갔다 / 종이가 없었다

9-4 「なら」

Aなら、B 「A의 경우를 한정(限定)하여」 만약 A라면 B하다

1 상대방의 이야기나 결심을 듣고 그것을 근거로 충고나 권유를 할 때 자주 쓰인다.

A 旅行に行こうと思っているんですが、どこがいいでしょうか。

여행을 가려고 합니다만, 어디가 좋겠습니까?

B 旅行に行くなら、ヨーロッパがいいでしょう。 여행을 갈 거라면, 유럽이 좋겠지요.

A あした暇ですか。 내일 시간 있어요?

B ええ、特に予定はありませんけど。 예, 특별히 예정은 없습니다만.

A もし暇なら、ドライブでもしませんか。 만약 한가하면, 드라이브라도 안할래요?

B いいですよ。 좋아요

· いっしょに遊ぶなら、山田さんが一番ですよ。 함께 놀 거라면, 야마다 씨가 제일입니다.

· 電気製品なら、秋葉原が安いです。 전기제품이라면 아키하바라가 쌉니다.

2 B문이 시간적으로 A문을 앞지르는 관계를 나타낼 수 있는 것은 「なら」뿐이다. 따라서 B문에 과거형은 올 수 없다.

· この本読むなら、貸してあげますよ。 貸してあげる(先)→読む(後)

　이 책을 읽을 거라면 빌려줄게요.

A 夏目漱石の「心」っていう小説がおもしろいって聞いたんだけど…。

　나쓰메 소세키의 「코코로」라는 소설이 재미있다고 들었는데….

B その本なら私が持ってるから貸してあげますよ。

　그 책이라면 내가 가지고 있으니까 빌려줄게요

📖 확인연습 1

ex 子供向けの本 / 読む 어린이를 대상으로 하는 책 / 읽다

→子供向けの本なら読めます。 어린이용 책이라면 읽을 수 있습니다.

① 日本語 / 話す 일본어 / 말하다　　② ピアノ / 弾く 피아노 / 치다
③ 必要 / 貸す 필요함 / 빌려주다　　④ ひらがな / 書く 히라가나 / 쓰다

📖 확인연습 2

ex 地下鉄でどこでも行ける / ソウル 지하철로 어디라도 갈 수 있다 / 서울

→ ソウルなら地下鉄でどこでも行けます。 서울이라면 지하철로 어디든지 갈 수 있습니다.

① 傘を持っていく / 雨 우산을 가지고 가다 / 비
② 映画を見に行きたい / 休み 영화를 보러 가고 싶다 / 휴일
③ 秋葉原が一番安い / 電気製品 아키하바라가 제일 싸다 / 전기제품
④ もう一人でどこでも行ける / 買い物 이제 혼자서 어디라도 갈 수 있다 / 쇼핑

---

3. 부조사

여러 가지 말에 붙어서 어떤 의미를 첨가하며 다음에 오는 용언을 수식하거나, 문 말과의 호응관계를 나타낸다.

---

① 「は」: ~은, ~는

명사 및 명사 상당어에 직접 붙어 서술하려는 주제를 나타낸다.

・日本は地震が多い。 일본은 지진이 많다.

・社長は出かけております。 사장님은 외출했습니다.

📖 **확인연습 1**

> **ex** くつ 구두 / 1階 1층 → くつは1階です。 구두는 1층입니다.

① 食料品 식료품 / 地下1階 지하 1층
② 婦人服 숙녀복 / 2階と3階 2층과 3층
③ 文房具 문방구 / 6階 6층
④ 会議室 회의실 / 5階 5층
⑤ お手洗い 화장실 / 4階 4층

📖 **확인연습 2**

> **ex** 韓国 / きれいな山がたくさんある 한국 / 아름다운 산이 많이 있다
> → 韓国はきれいな山がたくさんありますよ。 한국은 아름다운 산이 많이 있어요.

① 北海道 / 広くていい 홋카이도 / 넓고 좋다
② うちのアパート / 駅から近い 우리 아파트 / 역에서 가깝다
③ この会社 / 土曜日は休みだ 이 회사 / 토요일은 휴일이다
④ 日本のサラリーマン / 転勤が多い 일본의 샐러리맨 / 전근이 많다
⑤ 秋の雪嶽山 / 紅葉がきれいだ 가을의 설악산 / 단풍이 아름답다

---

② 「か」: ~인지, ~인가

1 불확실하고 분명히 그것이라고 단정 지을 수 없는 경우에 사용한다.

또한 「AかBか」 (~ㄴ지, ~ㄴ지)의 형태로 둘 중 하나를 선택하는 용법으로도 사용한다.

- 玄関に誰か来たようだ。 현관에 누군가 온 것 같다.

- どこからか風が吹いてくる。 어디선가 바람이 불어온다.

- 日本を一周しようと思っているんですけど、車か鉄道か、迷っているんです。
  일본을 일주하려고 합니다만, 자동차로 갈지, 철도로 갈지 망설이고 있습니다.

📖 확인연습

> ex. どんな仕事を選びますか / 考え方や価値観 어떤 일을 선택합니까? / 사고방식이나 가치관
>
> ➜ どんな仕事を選ぶかは、考え方や価値観によってちがいます。
>   어떤 일을 선택할지는 사고방식이나 가치관에 따라 다릅니다.

① 1日にどのぐらい仕事ができますか / 能力 하루에 어느 정도 일을 할 수 있습니까? / 능력

② どんな家を選びますか / 好みや考え方 어떤 집을 고릅니까? / 취향이나 사고방식

③ どんな人と結婚しますか / 考え方や価値観 어떤 사람과 결혼합니까? / 사고방식이나 가치관

④ 社員は何人ぐらい要りますか / 判断 사원은 몇 명 정도 필요합니까? / 판단

⑤ どの大学に入りますか / 成績 어느 대학에 들어갑니까? / 성적

2 「의문사 + か」의 형태로 문장에 의문사를 포함하는 어구가 들어갈 때는 뒤에 「か」를 붙여, 불확실함을
나타낸다.

何(무언가)

どれ(어느 것인지)

どこ(어딘지)

どちら(어느 쪽인지)　　　　+ か

いつ(언제인지)

どんな所 (어떤 곳인지)

どうやって来た(어떻게 왔는지)

A いつ試験があるか知っていますか。 언제 시험이 있는지 압니까?

B はい、知っています。 예. 압니다.

A この花は日本語で何というか知っていますか。 이 꽃은 일본어로 뭐라고 하는지 알고 있습니까?

B いいえ、知りません。 아뇨, 모릅니다.

확인연습

> ex 会社はどこにありますか。 회사는 어디에 있습니까?
>
> → 会社がどこにあるかご存じですか。 회사가 어디에 있는지 아십니까?

① 有給休暇は一年に何日ぐらいですか。 유급휴가는 1년에 며칠 정도입니까?

② ボーナスは一年に何日出ますか。 보너스는 1년에 몇 번 나옵니까?

③ 初月給はいくらですか。 초임은 얼마입니까?

④ 家から会社まで何分ぐらいかかりますか。 집에서 회사까지 몇 분 정도 걸립니까?

⑤ 休みは何日ぐらいとれるんですか。 휴가는 며칠 정도 얻을 수 있습니까?

2 의문사가 없는 경우에는 「〜かどうか」의 형태로 「〜일지 〜어떨지」의 뜻으로 쓰인다. 사실 여부나 실행 여부가 불확실한 경우를 나타낸다.

· 明日行くかどうかまだ分かりません。 내일 갈지 어떨지 아직 모릅니다.

· おいしいかどうか食べてみないと分からない。 맛있는지 어떤지 먹어보지 않으면 모릅니다.

· 帰国するかどうか迷っているんです。 귀국할지 말지 망설이고 있습니다.

확인연습

> ex やりがいがある 보람이 있다
>
> → 仕事を決めるときは、やりがいがあるかどうかということが大切です。
>
> 일을 결정할 때는 보람이 있는 일인지 아닌지가 중요합니다.

① 自分に向いている 자신의 적성에 맞다

② 自分のやりたいことができる 자신이 하고 싶은 일을 할 수 있다

③ 給料が高い 급여가 높다

③ 「とか」: ~라든가, ~라거나, ~든지

「AとかBとか」의 형태로 명사나 활용어의 단정적인 말투에 붙어 비슷한 사물이나 동작을 두 개 정도 예를 들어 말할 때 쓴다.

A 朴さん、日本でどんなことをやってみたいですか。 일본에서 어떤 일을 해 보고 싶습니까?

B そうですねえ。いろいろ習ってみたいですね。柔道とか剣道とか。

글쎄요. 여러 가지 배워보고 싶습니다. 유도라든가, 검도 같은 것.

확인연습

ex いろいろな所へ行く / 北海道 / 京都　여러 곳을 가다 / 홋카이도 / 교토

→ いろいろな所へ行ってみたいですね。北海道とか京都とか。

여러 곳에 가보고 싶군요. 홋카이도라든가 교토라든가.

① いろいろな所を旅行する / 釜山 / 慶州　여러 곳을 여행하다 / 부산 / 경주
② いろいろなものを見る / 映画 / 演劇　다양한 것을 보다 / 영화 / 연극
③ いろいろ習う / 生花 / 書道　여러 가지 배우다 / 꽃꽂이 / 서예
④ いろいろなものを食べる / しゃぶしゃぶ / 納豆　다양한 것을 먹다 / 샤브샤브 / 낫또
⑤ いろいろなペットを飼う / 犬 / 猫　다양한 애완동물을 기르다 / 개 / 고양이

④ 「など」「なんか」

회화체에서는 「なんか」를 쓰기도 한다.

1 체언이나 활용어의 종지형에 붙어 「~등, ~따위」로 예시를 나타낸다.

· 休日は本を読むなどして過ごします。　휴일은 책을 읽는 등으로 지내고 있습니다.

A 来月、知り合いが結婚するので、お祝いをあげようと思うんですが、何がいいでしょう。

다음 달에 아는 사람이 결혼해서, 선물을 주려고 하는데 무엇이 좋을까요?

B そうですね。コーヒーカップなんかどうですか。

글쎄요. 커피 잔 같은 건 어떻습니까?

확인연습 1

ex コーヒーカップとか花　커피 잔이나 꽃

→ コーヒーカップとかお花なんかどうですか。　커피 잔이나 꽃 같은 것은 어떻습니까?

① ジャズとかクラシック　재즈나 클래식
② アルバムとか時計　앨범이나 시계
③ 日本料理とかフランス料理　일본 요리나 프랑스 요리
④ ベビー服とかおもちゃ　아기 옷이나 장난감
⑤ テニスとかジョギング　테니스나 조깅

2 「~따위, ~같은 것」으로 경시하거나 비하하는 말투가 된다.

· 学校なんか行きたくないんです。　학교 따위 가고 싶지 않습니다.
· 授業時間に居眠りなんかしないだろう。　수업 시간에 조는 일 따위는 안 할 것이다.

・お前<ruby>前<rt>まえ</rt></ruby>なんか分<ruby>分<rt>わ</rt></ruby>かるもんか。 너 같은 것이 알게 뭐야!

📖 확인연습

> ex 朝御飯<ruby>朝御飯<rt>あさ ご はん</rt></ruby> / 食<ruby>食<rt>た</rt></ruby>べる 아침 밥 / 먹다
>
> → 朝御飯なんか食べなくてもいいです。 아침 밥 같은 것 먹지 않아도 좋습니다.

① 結婚<ruby>結婚<rt>けっこん</rt></ruby> / する 결혼 / 하다　　② 給料<ruby>給料<rt>きゅうりょう</rt></ruby> / もらう 월급 / 받다

③ スケジュール / 立<ruby>立<rt>た</rt></ruby>てる 스케줄 / 세우다　　④ 昇進<ruby>昇進<rt>しょうしん</rt></ruby> / できる 승진 / 할 수 있다

⑤ 神社<ruby>神社<rt>じんじゃ</rt></ruby> / 行<ruby>行<rt>い</rt></ruby>く 신사 / 가다

⑤ 「なんて」

1 「〜따위」 「〜같은 것」으로 예시를 나타낸다.

・いやだなんて言<ruby>言<rt>い</rt></ruby>ってはいけない。 싫다는 등 말 해서는 안 된다.

・映画<ruby>映画<rt>えい が</rt></ruby>なんてめったに見ない。 영화 같은 것 좀처럼 안 본다.

・もう勉強<ruby>勉強<rt>べんきょう</rt></ruby>なんていやだ。 이제 공부 같은 것 싫다.

2 「〜이라니」 「〜하다니」로 놀람, 의외, 경멸하는 말투임.

・彼<ruby>彼<rt>かれ</rt></ruby>が病気<ruby>病気<rt>びょう き</rt></ruby>だなんて嘘<ruby>嘘<rt>うそ</rt></ruby>だ。 그가 병이라니 거짓말이다.

・親<ruby>親<rt>おや</rt></ruby>をだますなんて悪<ruby>悪<rt>わる</rt></ruby>いよ。 부모를 속이다니 나쁘다.

・これが一万円<ruby>一万円<rt>いちまんえん</rt></ruby>もするなんて。 이게 만 엔이나 하다니.

📖 확인연습

> ex 親<ruby>親<rt>おや</rt></ruby>をだます / 悪<ruby>悪<rt>わる</rt></ruby>いよ 부모를 속이다 / 나쁘다
>
> → 親をだますなんて悪いですよ。 부모를 속이다니 좋지 않아요.

① 学生<ruby>学生<rt>がくせい</rt></ruby>が学校<ruby>学校<rt>がっこう</rt></ruby>をサボる / いけないよ 학생이 학교를 빠지다 / 안 된다

② 約束<ruby>約束<rt>やくそく</rt></ruby>をしておいて待<ruby>待<rt>ま</rt></ruby>たせる / いけないよ 약속을 해 놓고 기다리게 하다 / 안 된다

③ 友<ruby>友<rt>とも</rt></ruby>だちの悪口<ruby>悪口<rt>わるぐち</rt></ruby>を言<ruby>言<rt>い</rt></ruby>う / よくないよ 친구의 험담을 하다 / 좋지 않다

④ 早<ruby>早<rt>はや</rt></ruby>く帰<ruby>帰<rt>かえ</rt></ruby>る / おかしいと思<ruby>思<rt>おも</rt></ruby>うよ 일찍 돌아가다 / 이상하다고 생각하다

⑤ 一時間<ruby>一時間<rt>いち じ かん</rt></ruby>もかかる / おかしい 1시간이나 걸리다 / 이상하다

⑥ 「ばかり」: ~정도, ~뿐, ~만, 막 ~했다

1 범위를 한정하는 말이다.

- 見えるのは田んぼばかりだ。 보이는 것은 논뿐이다.

- 今度ばかりは助けてください。 이번만은 도와 주십시오.

- 自分のことばかり考えている。 자기만 생각하고 있다.

📖 **확인연습**

> ex 最近の子供は野菜を食べない / 肉を食べる 요즘 아이들은 야채를 안 먹는다 / 고기를 먹는다
>
> → 最近の子供は野菜を食べないで、肉ばかり食べています。
>
> 요즘 아이들은 야채를 먹지 않고 고기만 먹고 있습니다.

---

① 独身の男性は自分で料理を作らない / 外食をする

독신 남성은 스스로 음식을(요리를) 만들지 않는다 / 외식을 하다

② 日本のサラリーマンは土日も休まない / 仕事をする

일본 샐러리맨은 토, 일요일도 쉬지 않는다 / 일을 하다

③ 最近の大学生は勉強をしない / アルバイトをする

요즘의 대학생은 공부하지 않는다 / 아르바이트를 하다

④ 最近の親は子供に家事を手伝わせない / 勉強をさせる

요즘 부모는 아이에게 집안일을 돕게 하지 않는다 / 공부를 시키다

2 「~정도, 쯤, 가량」의 뜻으로 「ほど」「ぐらい」와 같은 뜻으로 쓰인다.

앞에는 수량을 나타내는 말이 온다.

- 一時間ばかりかかった。 1시간쯤 걸렸다.

- 後一時間ばかり待ってください。 지금부터 한 시간쯤 기다려 주십시오.

3 「~たばかりです」: 막 ~했습니다, ~한지 얼마 안 되었습니다.

동작이 방금 끝났음을 나타낸다.

- 今、出発したばかりです。 지금 막 출발했습니다.

- まだ、日本語を習いはじめたばかりです。 아직, 일본어를 배우기 시작한지 얼마 안 되었습니다.

> **ex** ゆうべ、日本へ来る 어젯밤 일본에 오다
>
> → ゆうべ、日本へ来たばかりです。 어젯밤 일본에 막 왔습니다.

① 今年、会社に入る 금년, 회사에 들어오다   ② 先月、結婚する 지난 달 결혼하다

③ 去年、大学に入学する 작년, 대학에 입학하다   ④ 昨日生まれる 어제 태어나다

4 「〜ばかりだ」: (금방이라도)〜할 듯하다, (아주)〜한 듯하다

특히 「동사 ない형+んばかりだ」의 꼴로, 어떤 일이 금방이라도 일어날 것 같은 단계에 있음을 나타내는 말이다. 이미 그러할 준비나 상태가 갖춰져 있음을 의미한다.

· 後は週発するばかりだ。 나머지는 출발만 하면 된다.

· 開演するばかりになって、中止せよとの連絡がきた。

　개연하려는 단계에서, 중지하라는 연락이 왔다.

· 飛び上がらんばかりに喜んだ。 뛸 듯이 기뻐했다.

· いやだと言わんばかりの顔をする。 싫다는 듯한 표정을 지었다.

5 「ばかりに」: 〜해서, 〜한 탓으로, 〜한만큼

활용어의 연체형을 받아 부정적 결과를 수반하는 원인이나 이유를 나타낸다.

· 腹を立てたばかりに損をした。 화를 낸 탓으로 손해를 보았다.

· 優しかったばかりに、人一倍も苦労した。 순진했기 때문에, 남보다 갑절이나 고생했다.

6 「〜て(で)ばかりいる」: 〜하고만 있다

동사의 「て」형에 연결되어 어떤 일이 미치는 범위가 한쪽으로만 치우쳐져 있음을 나타낸다.

· 何もしないで、遊んでばかりいる。 아무 것도 하지 않고 놀기만 하고 있다.

· 年から年じゅう遊んでばかりいる。 일년 내내 놀기만 하고 있다.

7 「〜ばかりか」: 〜뿐만 아니라

「그것뿐만 아니라 나아가 그 이상의 것까지도」의 뜻을 나타낸다.

· 頭がいいばかりか、気だてもやさしい人だった。

　머리가 좋을 뿐만 아니라, 마음씨도 상냥한 사람이었다.

· 品質がいいばかりか、値段も安い。 품질이 좋을 뿐만 아니라, 가격도 싸다.

⑦ 「も」: ～도

1 어떤 사실을 들고 같은 종류가 또 있음을 나타낸다.

· ここからも見えます。 여기서도 보입니다.

· 今日も暑いですね。 오늘도 덥군요.

2 사물이나 사실에 대하여 하나를 예를 들어 나타냄.

A もう日本の生活に慣れましたか。 이제 일본 생활이 익숙해졌습니까?

B ええ、だいぶ慣れました。友だちもできました。 예, 꽤 적응이 되었습니다. 친구도 생겼습니다.

3 「～씩이나, ～이나」로 예측 이상의 수량을 강조한다.

A 会社までどのぐらいかかりますか。 회사까지 어느 정도 걸립니까?

B うちは都心から遠いので、片道、1時間半もかかるんです。

우리 집은 시내에서 멀기 때문에, 편도 1시간 반이나 걸립니다.

A それは大変ですね。 그거 힘들겠네요.

4 같은 것을 열거하는 뜻을 나타낸다.

· 父も母も同意してくれない。 아버지도 어머니도 동의해 주시지 않는다.

· 数学も理科も苦手だ。 수학도 이과도 잘 못한다.

📖 **확인연습 1**

> ex 映画を見た 영화를 보았다 ➡ 映画も見ました。 영화도 보았습니다.

① 旅行をした 여행을 했다
② 日本語を始めた 일본어를 시작했다
③ 日本料理が大好きだ 일본 요리를 아주 좋아한다
④ 北海道へ行った 홋카이도에 갔었다
⑤ 新幹線に乗った 신칸센을 탔다

☞ ④ ⑤의 경우 첨가의 대상이 되고 있음과 동시에 '방향'이나 '탈 것'을 전제로 한 것이므로 「でも」「にも」라고 해도 무방하다.

확인연습 2

ex **家が会社から遠い / 通勤に1時間半 / かかる**

집이 회사에서 멀다 / 통근하는데 1시간 반 / 걸리다

→ **家が会社から遠いので、通勤に1時間半もかかります。**

집이 회사에서 멀어서, 통근하는데 1시간 반이나 걸립니다.

① **家がデパートから遠すぎる / 買い物に行くのに40分 / かかる**

집이 백화점에서 너무 멀다 / 쇼핑하러 가는데 40분 / 걸리다

② **家はマンションだ / 家賃が20万円 / かかる** 집은 맨션이다 / 집세가 20만엔 / 든다

③ **大変な工事だった / 完成までは2年 / かかる** 어려운 공사였다 / 완성까지는 2년 / 걸리다

⑧ 「まで」

1 「〜까지」의 의미로 도착점·한계점을 나타낸다.

A **このバスはソウル駅まで行きますか。** 이 버스는 서울역까지 갑니까?

B **違います。ソウル駅なら次のバスに乗ってください。** 아뇨, 서울역이라면 다음 버스를 타세요.

2 동작, 상태가 지속하는 범위를 나타낸다.

· **9時から2時半まで学校で勉強します。** 9시부터 2시 반까지 학교에서 공부합니다.

· **8時まで寝てもいいです。** 8시까지 자도 좋습니다.

· **雨がやむまで、ここで待ちましょう。** 비가 그칠 때까지, 여기서 기다립시다.

3 「まで」·「までに」의 차이

 회화로 익히는 문법

A **もしもし、中央病院ですか。**

B **はい、そうです。**

A **受付は何時までですか。**

B **11時までです。**

A **母が階段から落ちました。11時半までにはそちらに着きます。お願いします。**

A 여보세요, 중앙병원입니까?

B 예, 그렇습니다.

A 접수는 몇 시까지예요?

B 11시까지입니다.

A 어머니가 계단에서 넘어졌어요. 11시 반까지는 거기에 도착합니다. 부탁합니다.

- 「まで」 어느 시점까지 어떤 동작이나 상태가 계속되는 것과 범위를 나타낸다.
- 「までに」 동작의 최종기한에 중점을 두는 표현으로 「늦어도 어느 시점까지는」의 의미이며 이동의 도착시간을 나타낸다. 따라서 「계속적」인 의미를 갖는 표현과는 함께 쓸 수 없다.

- 8時まで寝てもいいですか。 8시까지 자도 됩니까?

- 8時までに起きてください。 8시까지 일어나세요

- (電車が)釜山に着くまで(ずっと)寝ました。 열차가 부산에 도착할 때까지 계속 잤습니다.

- (電車が)釜山に着くまでに、昼ごはんを食べてください。
  열차가 부산에 도착할 때까지, 점심을 먹으세요.

잠깐 주목!

「あいだ」와 「あいだに」

뜻은 「~동안(에)」로 「に」가 붙는가 하는 여부에 따라 의미상의 차이가 크다. 아래 문장 중 「間」는 불에 올려놓는 동안 계속해서 섞는 것을 말하는데 비해 「間に」는 불에 올려놓은 동안 어떤 한 시점만 뒤섞으면 된다는 의미이다.

鍋を火にかけている間、かき混ぜる。 냄비를 불에 올려놓고 있는 동안 (계속)뒤섞는다.

鍋を火にかけている間に、かき混ぜる。 냄비를 불에 올려놓고 있는 동안 뒤섞는다.

⑨ 「だけ」

1 「だけ」 : ~만, ~뿐

범위를 그것에만 한정한다는 뜻과 정도가 그 이상은 미치지 못함을 나타내는 최저한도, 최소한도를 나타낸다.

- 気持ちだけで十分です。 마음만으로 충분합니다.

- 残りはこれだけだ。 나머지는 이것뿐이다.

- 欲しいだけ持って行きなさい。 원하는 만큼 가져가세요.

- できるだけ早く帰りたい。 가능한 한 빨리 돌아가고 싶다.

2 「~だけに」 「~だけあって」 : ~인 만큼, ~했으니만큼

앞에 제시한 내용을 근거로 당연히 예상되는 결과를 유도하는 말이다.

- 若いだけに体力がある。 젊은 만큼 체력이 있다.

- あの人は中国人だけに漢字をよく知っている。 저 사람은 중국인이니 만큼 한자를 잘 알고 있다.

- あきらめていただけに合格は嬉しい。 포기하고 있었던 만큼 합격은 기쁘다.

3 「～だけでなく」 : ～뿐만 아니라

- 雨が降るだけでなく、風まで吹き出した。 비가 올 뿐만 아니라, 바람까지 불었다.

- 人間だけではなく動物もストレスを感じるという。

인간뿐만 아니라 동물도 스트레스를 느낀다고 한다.

⑩ 「しか」 : ～밖에

문장 끝에 항상 부정표현을 동반하여 그 사항에 한정하여 다른 사항을 부정하는 「오직 그것뿐」이란 뜻을 나타낸다.

- 学生しか入場できない。 학생밖에 입장할 수 없다.

- 通勤に片道20分しかかかりません。 통근에 편도 20분밖에 걸리지 않습니다.

확인연습

ex 通勤に片道20分 통근하는데 편도 20분

→ 通勤に片道20分しかかかりません。 통근하는데 편도 20분밖에 걸리지 않습니다.

ex 通勤に片道1時間半 통근하는데 편도 1시간 반

→ 通勤に片道1時間半もかかります。 통근하는데 편도 1시간 반이나 걸립니다.

---

① 都心に出るのに2時間 도심지에 나가는데 2시간
② 市内に出るのに20分 시내에 나가는데 20분
③ 買い物に行くのに10分 쇼핑하러 가는데 10분
④ 通勤時間が2時間 통근 시간이 2시간
⑤ 食費が6万円 식비가 6만엔

⑪ 「でも」 : ～라도, ～조차도

적당한 것을 예시하는 기분이나, 간단한 예를 들고 예로 든 것은 물론 그 이상의 것도라는 뜻을 나타낸다. 축약형은 「～たって(だって)」이다.

- 夕食にでも呼んだらどうですか。 저녁 식사에라도 부르면 어떻습니까?

- 少し不便でもかまわないよ。 (不便だって) 조금 불편해도 상관없어요.

- 私、一人でもできますよ。 (一人だって) 나 혼자서도 할 수 있어요.

확인연습

ex お菓子を持っていく 과자를 가지고 가다

→ お菓子でも持っていったらどうですか。 과자라도 가지고 가면 어떻습니까?

① 昼ごはんをごちそうする 점심을 대접하다　② お礼の手紙を書く 감사의 편지를 쓰다
③ 本を読む 책을 읽다　④ お茶を飲む 차를 마시다

⑫ 「ほど」「くらい(ぐらい)」

대략의 수량, 정도를 나타내는 말이다.

1 「～정도, ～쯤, ～만큼」의 뜻

・十日ほど待ちました。 10일 정도 기다렸습니다.

・駅まで10分くらいかかります。 역까지 10분정도 걸립니다.

2 문장 끝에 「ない」를 수반하여 「～만큼 ～한 것은 없다」

・きのうほどは寒くないんです。 어제만큼은 춥지 않습니다.

・今日くらい忙しい日はなかった。 오늘만큼 바쁜 날은 없었다.

⑬ 「こそ」: ～만은, ～야말로, 참으로

많은 것 중에서 하나를 내세워 강조하거나, 「こそすれ」의 형태로 일단 긍정하지만 뒤의 내용을 부정하는 뜻으로도 쓰인다.

・ようこそ、おいでくださいました。 참으로 잘 오셨습니다.

・これこそ長い間探していたものだ。 이거야말로 오랫 동안 찾고 있던 것이다.

확인연습

ex 今度 / お礼を言わなくちゃならない 이번 / 감사의 말을 하지 않으면 안 된다

→ 今度こそ、お礼を言わなくちゃならない。 이번에야말로 감사의 말을 하지 않으면 안 된다.

① こちら / 失礼いたしました 이쪽 / 실례했습니다
② あなた / 立派ですよ 당신 / 훌륭합니다
③ 君だから / 相談するのだ 당신이니까 / 의논하는 것이다

⑭ 「さえ」: ~조차, ~마저, ~까지, ~만(~면)

1 첨가의 의미나 같은 부류의 사항을 덧붙여서 더욱 일이 진전됨을 나타낸다.

・雨が降るうえに、風さえ吹き出した。 비가 오는데다가, 바람까지 불기 시작하다.

・子供だけでなく大人さえもが夢中になる。 아이들뿐만 아니라 어른조차도 정신이 없다.

2 한 가지 예를 들어 다른 것을 유추시키거나, 가정조건문에서, 하나의 사항을 한정지어 다른 것은 상관하지 않음을 나타낸다.

・パンさえあればよい。 빵만 있으면 된다.

・新聞さえも読む暇がありません。 신문마저도 읽을 틈이 없었다.

⑮ 「きり」: ~뿐, ~만, ~을 마지막으로, ~한 채

1 범위를 그것으로 한정하거나, 한정된 수량을 나타낸다.

・二人きりで話そう。 둘이서만 이야기하자.

・手持ちの金はこれっきりだ。 수중에 있는 돈은 이것뿐이다.

2 부정을 나타내는 말이 오면 「그것을 마지막으로 해서」와 같은 뜻으로 「~っきり」의 형태로 쓰인다.

・今朝出たっきりで帰って来ない。 오늘 아침 나간 후 돌아오지 않는다.

・一度見たきりです。 한 번 보았을 뿐입니다.

⑯ 「なり」: ~든, ~든지, ~(이)라도

둘 이상에서 하나를 선택하거나, 예시하는 뜻을 나타내기도 한다.

・行くなりやめるなり決めてくれ。 가든지 말든지 결정해 주게.

・出発の時間は電話なり(と)お知らせいたします。 출발 시간은 전화로 알려드리겠습니다.

⑰ 「やら」

1 「~인지, ~인가」 의문을 나타내는 말에 붙어 확실하지 않은 뜻을 나타내거나 흐릿하게 말하는 경우에 쓴다.

・だれやらが置いていった。 누군가가 두고 갔다.

・何やら不満げな様子だ。 무엇인가 불만이 있는 듯한 모습이다.

2「～(이)며 ～(이)며」열거하는 뜻을 나타낸다.

・泣くやら叫ぶやら大騒ぎだ。 울며 외치며 큰 소동이다.

・酒やら料理やらを振る舞われた。 술이며 요리 등을 대접받았다.

확인연습

ex. 英語を教える 영어를 가르치다

→ 英語を教えるやら日本語を勉強するやら、大変です。
영어를 가르치랴 일본어를 공부하랴 야단입니다.

① フランス語を教える 프랑스어를 가르치다
② 大学へ行く 대학에 가다
③ 銀行で働く 은행에서 일하다
④ 家事をする 집안일을 하다
⑤ 大学で研究する 대학에서 연구하다

⑱「の」

「～の・～のと」의 꼴로「～하느니, ～하느니」의 뜻이다.

・行くの、行かないのと争っている。 가니, 안 가니 하고 다투고 있다.

・どうのこうのと不平ばかり言う。 이러니 저러니 하고 불평만 한다.

⑲「ほか」

뒤에 부정 표현을 수반하여 그 외에는 다른 방법이 없음을 나타낸다.

・待つよりほかはない。 기다리는 수밖에 없다.

・雨が降っているので、残念だが今日の遠足は延期するほかない。
비가 오니까, 안타깝지만 오늘 소풍은 연기할 수밖에 없다.

4. 종조사

문말에 위치하며, 체언·용언에 붙어 여러 가지 뜻을 첨가한다.

❶「か」

1 질문이나 의문을 나타낸다.

· 学校はどこにありますか。 학교는 어디에 있습니까?

· テストはいつあるか知っていますか。 시험이 언제 있는지 아십니까?

> **확인연습**
>
> ex. 日本語 / 話す / 読む / 難しい 일본어/말하다/읽다/어렵다
>
> → 日本語は話すのと読むのとどっちの方が難しいですか。
>
> 일본어는 말하는 것과 읽는 것 중 어느 쪽이 어렵습니까?

① 日本語 / 読む / 書く / 大変 일본어 / 읽다 / 쓰다 / 힘듦
② 日本語 / 話す / 聞く / 得意 일본어 / 말하다 / 듣다 / 자신 있음
③ 歌 / 聞く / 歌う / 好き 노래 / 듣다 / 노래하다 / 좋아함
④ スポーツ / 見る / する / 好き 스포츠 / 보다 / 하다 / 좋아함
⑤ 仕事 / 日本でする / お国でする / いい 일 / 일본에서 하다 / 고국에서 하다 / 좋다

2 반어적 의미로 사용한다.

· これが学生のすることか。 이것이 학생이 할 일인가?

· ほら、あそこに信号があるじゃないですか。 보세요, 저기에 신호가 있지 않습니까?

> **확인연습**
>
> ex ウィークデーに来れば、すいている 평일에 오면 비어 있다
>
> → ウィークデーに来れば、すいているんじゃありませんか。
>
> 평일에 오면 비어 있지 않겠습니까?

① 船便で出せば、安い 배편으로 보내면 싸다
② コーヒーでも飲めば、目がさめる 커피라도 마시면 잠이 깨다
③ お酒でも飲めば、寝られる 술이라도 마시면 잘 수 있다
④ 肺ガンのデータでも見せれば、たばこをやめる 폐암 데이터라도 보여주면 담배를 끊다

② 「が」

문장 맨 끝에 올 경우에는 생략된 내용이 있다고 볼 수 있으며, 어떤 사항이 실현되기를 바라는 경우나, 분명히 표현하는 것을 삼가는 마음으로 말끝을 흐릴 때 쓴다.

- うまく行くといいですが。 잘 되었으면 좋으련만.

- きのうまで一万円ありましたが…。 어제까지 만엔이 있었습니다만…

> 📖 **확인연습**
>
> **ex.** 日本の家 일본 집 / 狭い 좁다
>
> → 日本の家はほんとうに狭いと思いますが。 일본 집은 정말 좁다고 생각합니다만.

① 韓国 한국 / 物価が高い 물가가 비싸다
② 中国 중국 / 人が多い 사람이 많다
③ 漢字の勉強 한자 공부 / 面倒 귀찮음
④ 療 기숙사 / 規則が多い 규칙이 많다
⑤ 東京の地下鉄 도쿄의 지하철 / 便利 편리함

③ 「ね」: ~이군요, ~이겠지요

1 상대방의 동의를 구하며 확인이나 다짐하는 기분을 나타낸다.

- 出発は明日でしたね。 출발은 내일이지요?

- ここで待っててね。 여기서 기다려요!

- お互いにがんばろうね。 서로 노력하자고요!

2 가벼운 감탄이나 감동의 기분을 나타낸다.

- このパンはおいしいですね。 이 빵은 맛있네요

- ずいぶん久しぶりですね。 정말 오래간만이에요

- うまく行ってよかったですね。 잘 되어서 다행이에요

ex. いい天気です 좋은 날씨입니다

→ 今日はいい天気ですね。 오늘은 날씨가 좋군요.

① いやな天気です 별로 좋지 않은 날씨입니다
② よく降ります 비가 많이 내립니다
③ 暑いです 덥습니다
④ 蒸し暑いです 무덥습니다
⑤ 寒いです 춥습니다

④ 「な」

1 「〜하지 마라」의 뜻으로 금지를 나타낸다.

· そんなことをするな。 그런 일을 하지 마라.

· 人に迷惑をかけるな。 남에게 폐를 끼치지 마라.

· 親にもう漫画を読むなと言われた。 부모님에게 이제 만화를 보지마라는 말을 들었다.

ex. 乗る 타다 → 乗るな。 타지 마라

① 飲む 마시다
② 運転する 운전하다
③ 止まる 멈추다
④ 食べる 먹다
⑤ 飛び出す 뛰어 나가다

2 「〜구나」의 뜻으로 감동, 감탄을 나타낸다.

A 今年ももう終わりだなあ。 올해도 벌써 끝이구나.

B ほんと。あっという間の一年でしたね。 정말이야. 올 1년은 눈 깜짝할 사이에 지나간 것 같아.

ex. 日本のサラリーマンは勤勉だ 일본의 샐러리맨은 근면하다

→ 日本のサラリーマンは本当に勤勉だなあ。 일본 샐러리맨은 정말로 근면하구나.

① このデパートは食料品が豊富だ 이 백화점은 식료품이 풍부하다
② 日本は安全で住みやすい 일본은 안전하고 살기 편하다
③ 東京は交通が便利だ 도쿄는 교통이 편리하다
④ 韓国の春は気候がおだやかだ 한국의 봄은 기후가 온화하다
⑤ ソウルは店やレストランが多い 서울은 가게나 레스토랑이 많다

⑤ 「かな」: ~일까

가벼운 의문이나 혼잣말, 자기 자신에게 묻는 기분을 나타낸다.

· あの人はひとりでうまくやれるかな。 저 사람은 혼자서 잘 할 수 있을까.

· お茶でも飲もうかな。 차라도 마셔볼까.

· 早く学校が始まらないかな。 학교가 빨리 시작되었으면.

⑥ 「かしら」: ~을까, ~일까, ~일지 몰라

여성어로 의심이나 수상쩍음을 나타낸다. 혼자말로 스스로에게 묻는 경우와 다른 사람에게 묻는 경우에 쓰인다. 「~ないかしら」의 꼴로 완곡한 부탁이나 희망을 나타내기도 한다.

· この車は、盗難車かしら。ナンバーが書き換えてある。
  이 차는 도난 차일지 몰라. 번호를 바꿔 써 놓았어.

· これ、いただいてもよろしいかしら。 이것, 받아도 좋을지 모르겠어.

· 少しお金を貸していただけないかしら。 돈을 좀 빌려주었으면 싶은데.

⑦ 「わ」: ~요, ~군요

여성어로 가벼운 결의, 주장, 다짐을 나타내는 말이다.

· あれだけがんばったんだもの。仕方がないわ。 그만큼 노력했는걸. 할 수 없지요.

· わたしは行かないわ。 나는 안 갈래요.

22
조
사

⑧「ぞ」

의문, 놀람, 만족, 결의 등을 나타낸다.

- こりゃ、おかしいぞ。 이거 이상하구나.
- きっと成功して見せるぞ。 꼭 성공해 보일거야.
- どんなことがあっても負けないぞ。 어떤 일이 있어도 굴복하지 않겠다.

⑨「よ」: ~요, ~해요

서술, 명령, 의뢰, 권유, 의문 등의 말에 붙어서 가벼운 감동이나 자기의 주장 또는 다짐을 나타내는 말이다.

- そのりんごより、こちらの方が大きいよ。 그 사과보다 이쪽이 크다고요
- なぜ、ぼくに教えてくれなかったんだよ。 왜 나한테 가르쳐 주지 않았었지.

⑩「もの」: ~걸

어리광, 불평, 이유, 설명, 반론 등을 할 때 사용한다. 구어체에서는 「もん」으로 발음하기도 한다.

- だって一人で行ってしまたもん。 그런데 혼자 가 버렸는걸.
- いくら探してもないんだもん。 아무리 찾아도 없는 걸.

확인연습

ex 授業がある 수업이 있다

→ ちょっと行けないと思うよ。授業があるもん。 좀 갈 수 없을 것 같아요. 수업이 있는 걸요.

---

① 風邪をひいている 감기에 걸렸다
② 国から友だちが来る 고향에서 친구가 오다
③ 雨が降っている 비가 내리다
④ 仕事が忙しい 일이 바쁘다
⑤ ほかの約束がある 다른 약속이 있다

부사

23

부사의 종류

1 상태부사

용언을 수식하여 상태나 동작을 설명하는 말로, 의성어·의태어도 여기에 속한다.

さっそく 즉시	じっと 가만히	しばらく 잠시	すぐ 곧
すでに 이미	だんだん 점점	ときどき 때때로	はっきり 분명히
まだ 아직	ゆっくり 천천히, 느긋하게	わざわざ 일부러	せっかく 모처럼, 일부러
そよそよ 산들산들	ごろごろ 데굴데굴, 빈둥빈둥	どんどん 척척	

A 鈴木さん、映画のチケットがあるけど、今晩一緒に見に行かない。

스즈키 씨, 영화 티켓이 있는데, 오늘 밤 같이 보러 안 갈래요?

B せっかくですが、今日はちょっと体の調子が悪くて…。

호의는 고맙지만, 오늘은 몸이 좀 안 좋아서….

2 정도부사

용언을 수식하여 동작, 상태의 정도를 나타내는 말이다.

かなり 꽤, 제법	ずいぶん 꽤, 상당히	すくなくとも 적어도	すぐ 곧
すこし 조금	すっかり 완전히, 깨끗이	ずっと 훨씬	だいぶ 제법
たいへん 대단히	やっと 간신히	ちょっと 조금, 약간	とても 매우
なかなか 꽤, 상당히	もう 이미	もっと 좀 더	

1 「なかなか」 : 꽤 ↔ 좀처럼

뒤에 긍정문이 오면 「꽤, 제법, 상당히, 어지간히」라는 뜻이 되고, 부정문에 쓰이면 「쉽사리, 좀처럼」의 뜻이 되므로 의미 파악에 유의해야 한다.

- なかなかおもしろい本だった。 꽤 재미있는 책이었다.

- なかなか仕事が終わらない。 좀처럼 일이 끝나지 않는다.

확인연습

> **ex.** 上手に / 話せない 능숙하게 / 말할 수 없다
>
> → なかなか上手に話せないんです。 좀처럼 능숙하게 말할 수 없습니다.

① 上手に / 書けない 능숙하게 / 쓸 수 없다

② お金 / たまらない 돈 / 모이지 않는다

③ 手に / 入らない本 손에 / 들어오지 않는 책

④ 上手に / ならない 능숙하게 / 안 된다

⑤ ニュアンスが / わからない 뉘앙스를 / 모르겠다

---

2 「やっと」: 가까스로, 간신히, 겨우

시간이나 수고를 들여 어떻게든 일을 실현하거나 성립시키려는 마음을 나타내는 말이다. 「ようやく」와 유사한 의미이다.

A やっと大学に合格しました。 겨우 대학에 합격했어요.

B それはおめでとうございます。 그것 참 축하합니다.

・いろいろな字引を調べてやっとわかった。 여러 가지 사전을 찾아서 가까스로 알았다.

---

3 「とても」: 아주, 대단히, 매우(=非常に、たいへん)

「정도」를 나타내는 표현이다. 뒤에 부정문이 오면「아무래도, 도저히」의 뜻이 된다.

・きょうはとても疲れた。 오늘은 굉장히 지쳤다.

・数学ではとても彼にはかなわない。 수학에서는 도저히 그를 당할 수 없다.

---

4 「まだ・もう」

 회화로 익히는 문법

A 来週から日本語の勉強を始めます。	A 다음 달부터 일본어 공부를 시작합니다.
B そうですか。もうテキストを買いましたか。	B 그래요? 이미 교재를 샀습니까?
A ええ、買いました。 / いいえ、まだ買っていません	A 예, 샀습니다. / 아뇨, 아직 안 샀습니다.

23 부사

① 「もう」 「이미」 「벌써」

동작의 완료를 나타낸다. 대답이 「はい」일 때는 「~ました」라고 대답하면 된다.

A もう宿題をしましたか。 벌써 숙제를 했습니까?

B はい、しました。 예, 했습니다.

② 「벌써」 「아직」

할 생각이 있으나, 동작이 완료되지 않은 지금까지 계속되는 상태를 말한다. 「いいえ」일 경우에는 「まだ ~ていません」이라고 해야 한다. 「いいえ、~ませんでした」라고 대답하면 이는 이미 끝난 일이어서 앞으로도 할 의사가 없음을 나타낸다.

A もう朝ごはんを食べましたか。 벌써 아침을 먹었습니까?

B いいえ、まだ食べていません。 아니요, 아직 안 먹었습니다.

확인연습 1

ex. 日本の生活 일본 생활
→ もう日本の生活に慣れましたか。 이제 일본 생활에 적응이 되었습니까?

① 日本の食べ物 일본 음식
② 畳の部屋 다다미 방
③ 朝のラッシュ 아침 출근 시간
④ 日本語 일본어
⑤ 今の仕事 지금 하는 일

확인연습 2

ex. できる 완성되다
→ まだできていません。 아직 완성되지 않았습니다.

① 決まる 정해지다
② 入る 들어가다
③ もどる 돌아가다
④ 来る 오다

5 「かえって」 「むしろ」

① 「かえって」 : 도리어

사물의 진행 상태나 정도가 예상이나 기대와는 반대로 전개되는 경우로 부작용의 의미가 강한 표현이다.

・この薬を飲んだら、かえって病気が悪くなった。 이 약을 먹었더니 도리어 병이 악화됐다.

・そんなことをしたら、かえって失礼になる。 그런 짓을 하면 도리어 실례가 된다.

②「むしろ」: 오히려

둘 중에서 저것보다 이것을 선택한다는 기분을 나타낸다. 「どちらかといえば」의 의미이다.

・彼は天才というよりむしろ努力家だ。 그는 천재라기보다 오히려 노력가다.

・むしろこちらのほうがいい。 오히려 이쪽이 좋다.

6 「ちょっと」: 조금, 약간, 좀

양이나 정도가 사소함을 나타내는 말로, 아주 짧은 시간의 경우에는 「잠깐, 잠시」의 뜻이다.

・ちょっと右のほうへ行ってください。 조금 오른쪽으로 가십시오

・ちょっと待ってください。 잠깐 기다리십시오

A おでかけですか。 외출하십니까?

B はい、ちょっと、そこまで。 예, 잠깐 볼일이 있어서.

3 서술부사

앞에 나온 부사가 그 뒤의 서술내용을 결정하는 호응관계로 이를 호응부사(呼応副詞)라고도 한다.

부정	あまり(그다지, 별로) · ぜんぜん(전혀) · 全く(전혀)
	けっして(결코) · かならずしも(반드시) · 一概に(일률적으로)겸양어
희망	どうぞ(부디) · どうか(제발, 아무쪼록) · ぜひ(꼭)
비유	まるで(마치) · ちょうど(꼭, 정확히, 마치) · あたかも(마치, 흡사)
추측	たぶん(아마) · まさか(설마) · きっと(꼭, 틀림없이) · てっきり(틀림없이)
가정	もし(만일) · まんいち(만일)
부정추측	とても(도저히) · まさか(설마) · けっして(결코)
의문	どうして(왜, 어째서) · なぜ(왜, 어째서)
반어	どうして(어떻게, 어째서) · いったい(도대체) · はたして(도대체)
강조	やはり/やっぱり(과연, 역시) · もちろん(물론) · さすが(과연)
단정	かならず(반드시) · まさに(틀림없이, 그야말로)

1 「どうぞ」: 부디, 어서

영어의 「please」와 비슷한 말로 상대에게 어떤 동작을 권할 때, 또는 물건 등을 건네줄 때 사용하는 말로서, 뒤에 「~하세요」라는 말을 생략해도 충분히 의사 전달이 가능하다.

- お先にどうぞ。 먼저 하십시오

- どうぞよろしく(お願いします)。 잘 부탁드립니다.

- どうぞ、こちらへ(来てください)。 어서, 이쪽으로 오세요

- どうぞおかまいなく。 부디 신경 쓰지 마시고

2 「ずっと」·「もっと」

① ずっと : 훨씬

두 사물의 비교에서 격차나 간격이 있음을 나타내는 말이다.

- 冬は東京よりソウルの方がずっと寒いです。 겨울은 도쿄보다 서울이 훨씬 춥습니다.

- 彼は私よりずっと背が高いです。 그는 나보다 훨씬 키가 큽니다.

② もっと : 좀더 더욱

동일한 사항에서 그 정도를 좀 더 높이려는 의도를 나타내는 말이다.

- もっと勉強しなければいけません。 더욱 더 공부를 해야 합니다.

- もっと前に詰めてください。 좀 더 앞으로 좁혀 주세요

▶ これよりもっと大きいかばんがほしいんです。 이것보다 좀 더 큰 가방이 필요합니다.

        ↳ 비교문에서는 기본적으로 「もっと」를 쓸 수 없지만, 강조하는 의미로 이렇게 쓰기도 한다.

3 「だんだん」·「どんどん」

「だんだん」은 '조금씩, 점점'의 뜻으로 어떤 상태가 시간이 흐름에 따라 완만하게 변해가는 모습을 나타낸다. 이에 비해 「どんどん」은 '마구, 척척, 쑥쑥'으로 계속적으로 급속하게 일이 진척되는 모습을 나타낸다.

A 12月に入ってだんだん寒くなってきましたね。

   12월에 들어와 점점 추워졌군요.

B そうですね。冬らしくなってきましたね。

   그러네요. 겨울다워 졌네요

A 毎日練習をしているので、テニスがどんどん上手になってきましたよ。

   매일 연습을 해서, 테니스가 부쩍 능숙해 졌어요

B それはよかったね。

   그거 잘됐네.

4 「かならず」「きっと」「ぜひ」

모두「꼭, 반드시」의 의미이다. 그러나 고유한 용법이 있으므로 구별해서 사용하도록 해야 한다.

「かならず」 필연성을 나타내는 가장 강한 표현으로 뒤에 어떤 결과가 확실하게 얻어진다고 생각할 때나 판단에 의한 요구, 약속 등이 온다.

- 朝になれば必ず日が昇る。 : 아침이 되면 반드시 해가 뜬다. 〈자연 현상〉
- この薬を飲めば必ず治ります。 : 이 약을 먹으면 반드시 낫습니다. 〈전제조건에 대한 확신〉

「きっと」 「かならず」보다는 신뢰도가 떨어지며, 판단 내용이 동작을 수반하지 않는 단순 사실에 근거한 추측이나 추정 표현이 뒤에 오며, 「かならず」와는 달리 부정 표현이 뒤에 올 수 있다.

- 顔色が悪いから彼はきっと病気だ。 얼굴색이 나쁘니까 그는 틀림없이 병에 걸렸다.
- 彼女はきっと忙しいだろう。 그녀는 틀림없이 바쁠 것이다.

「ぜひ」 「かならず」가 상대방의 의사를 무시한 일방적인 희망을 표현한다면 「ぜひ」는 말하는 사람의 간절한 희망이나 의뢰 등을 나타내는 표현이다.

- 明日ぜひうかがいたいです。 내일 꼭 찾아뵙고 싶습니다.
- 今度だけはぜひ引き受けてください。 이번만은 꼭 맡아 주십시오

④ 빈도를 나타내는 부사

회화로 익히는 문법

A 木村さんはよく旅行に行きますか。	A 기무라 씨는 자주 여행을 갑니까?
B ええ、**よく**行きます。	B 예, 자주 갑니다.
A 木村さんはよくテニスをしますか。	A 기무라 씨는 자주 테니스를 치십니까?
B ええ、**時々**します	B 예, 가끔 칩니다.
A 木村さんはよくお酒を飲みますか。	A 기무라 씨는 자주 술을 마십니까?
B いいえ、**あまり**飲みません。	B 아뇨, 별로 마시지 않습니다.
A 木村さんはよくお酒を飲みますか。	A 기무라 씨는 자주 술을 마십니까?
B いいえ、**全然**飲みません。	B 아뇨, 전혀 안 마십니다.

빈도100%   빈도0%

항상	자주	때때로	가끔	거의	전혀
いつも	よく	とき どき 時々	たまに	ほとんど	ぜん ぜん 全然

연체사

24

이번 과에서 배울 내용은?

① 연체사란?

활용이 없고 자립어이며 항상 명사 등의 체언만을 수식하는 말이다.

② 연체사의 종류

「～の」형태	この(이)	その(그)	あの(저)	どの(어느)
	·例^{れい}の(예의, 그, 여느 때)			

「～な」형태	こんな(이런)	そんな(그런)	あんな(저런)	どんな(어떤)
	·大^{おお}きな(큰) · 小^{ちい}さな(작은) · いろんな(여러 가지) ·おかしな(우스운, 이상한)			

「～る」형태	·ある(어떤, 어떤) · いわゆる(소위, 이른바) · 去^さる(지난) ·来^{きた}る(오는) · あらゆる(온갖, 모든)

「～た, ～だ」형태	·たった(다만, 단지) · とんだ(엉뚱한) ·大^{たい}した(대단한, 엄청난) ·おもいきった(과감한, 대담한)

기타 형태	·我^わが(우리의) · わずか(불과, 고작)

> **大^{たい}した**

어떤 사항에 대한 정도가 심한 경우를 나타내는 말로 「대단한, 굉장한」의 의미나 부정문이 올 경우에는 「그다지, 그리, 별로」의 뜻으로 쓰인다.

· たいした金額^{きんがく}だ。 엄청난 금액이다.

· たいした心配^{しんぱい}はいらない。 그다지 염려할 필요는 없다.

· たいしたご馳走^{ち そう}もありませんが、どうぞ召^めし上^あがってください。
별로 차린 것은 없지만 많이 드십시오

> 📖 **확인연습**

> ex. スポーツをします 스포츠를 합니다
>
> → どんなスポーツをしますか。 어떤 스포츠를 합니까?

① 料理^{りょう り}を作^{つく}る 요리를 만들다 ② お酒^{さけ}を飲^のむ 술을 마시다

③ 音楽^{おんがく}を聞^きく 음악을 듣다 ④ 本^{ほん}を読^よむ 책을 읽다

접속사와 감동사

25

이번 과에서 배울 내용은?

A. 접속사

B. 감동사

A. 접속사

① 접속사란?

활용이 없는 자립어로 단어와 단어, 문장과 문장을 이어주는 말이다.

② 접속사의 종류

1 첨가

・そして 그리고	・それに 게다가, 더욱이	・それから 그리고
・なお 또한	・そのうえ 게다가, 그밖에도	・また 또
・しかも 더욱이, 더구나	・おまけに 게다가	

2 병렬

・また 또	・および 및, 또한	・ならびに 및, 더불어

3 선택

・または 혹은, 또는	・あるいは 혹은, 또는
・それとも 그렇지 않으면	・もしくは 혹은, 아니면

4 화제 전환

・では 그러면=じゃ	・ところで 그런데, 그건 그렇고	・さて 자, 그런데

「ところで」와「さて」

「ところで」(그런데, 그건 그렇고)는 앞 뒤 문장의 내용이 전혀 관련이 없거나 문장의 흐름을 끊어 다른 화제로 전환할 때 사용한다. 이에 비해「さて」(자, 그런데)는 앞에 전개한 내용(서론)을 일단 다 마치고 새로운 화제로 전환할 때 도입 부분에 쓰며, 전반적으로 제시한 내용에 대한 순차적 제시이므로 문장의 흐름이 이어진다.

ところで、仕事のほうはどうですか。 그건 그렇고 일은 어떠십니까?

以上天気予報でした。 さて次に、交通情報をお届けします。

이상 일기예보였습니다. 자, 다음에는 교통 정보를 보내드리겠습니다.

5 선택

・だから=ですから 따라서	・それで=そこで 그래서, 그러므로
・したがって 따라서, 그러므로	・ゆえに 그러므로

확인연습

ex. 地下鉄の乗り方がわからない / 友だち / 一緒に行く

지하철 타는 법을 모르다 / 친구 / 함께 가다

→ 日本へ来たばかりの時、地下鉄の乗り方がわからなかったんです。

それで友だちに一緒に行ってもらいました。

일본에 처음 왔을 때 지하철 타는 법을 몰랐습니다. 그래서 친구가 함께 가 주었습니다.

① 仕事がなかなか見つからない / 友だち / 紹介する 일을 좀처럼 못 찾다 / 친구 / 소개하다

② 日本語が全然わからない / 会社の人 / 通訳する 일본어를 전혀 모르다 / 회사 사람 / 통역하다

③ 道に迷ってしまう / 通りがかりの人 / 道を教える

길을 잃어버리다 / 지나가는 사람 / 길을 가르쳐 주다

④ 入学の手続きがまったくわからない / 学校の人 / 案内する

입학 수속을 전혀 모르다 / 학교 직원 / 안내하다

6 단순 순접

・そして 그리고	・すると 그러니까, 그러면

7 역접

・が 그러나	・しかし 하지만	・でも=だって 하지만, 그럴지만
・だが 하지만	・しかしながら 그렇다고는 하나	・それでも 그래도
・ところが 하지만	・それなのに 그런데, 그럼에도 불구하고	・それにしては 그렇다고는 하나

「だって」: 왜냐하면, 그래도

앞에 제시한 것에 대한 이유나 상황을 설명하거나, 반론의 의미를 나타낸다.

A そんなに不満が多いと、会社を辞めればいいじゃない。

그렇게 불만이 많으면, 회사를 그만두면 되잖아?

B だって、このごろ就職厳しいんだもん。 하지만, 요즘 취직이 힘들잖아.

25
접
속
사
와
감
동
사

📖 **확인연습**

> **ex.** 仕事 / 大変だ / おもしろい 일 / 힘들다 / 재미있다
>
> → 仕事は大変です。でも、おもしろいです。
>
> 일은 힘듭니다. 하지만 재미있습니다.

① 日本語 / 難しい / おもしろい 일본어 / 어렵다 / 재미있다

② 仕事 / 忙しい / やりがいがある 일 / 바쁘다 / 보람이 있다

③ スイミングクラブ / 疲れる / 気持ちがいい 수영 클럽 / 피곤하다 / 기분이 좋다

④ 東京の生活 / 大変だ / おもしろい 동경 생활 / 힘들다 / 재미있다

⑤ 新幹線 / 速い / 高い 신칸센 / 빠르다 / 비싸다

⑥ 漢字の勉強 / 面倒だ / おもしろい 한자 공부 / 귀찮다 / 재미있다

⑦ 山田さんの部屋 / 広くない / きれいだ 야마다 씨의 방 / 넓지 않다 / 깨끗하다

⑧ ファーストフード / 安い / おいしくない 즉석식품 / 싸다 / 맛없다

8 부연 설명

・つまり 즉, 다시 말해	・たとえば 예를 들면	・すなわち 즉
・ただし 단, 그러나	・いいかえれば 다시 말하면, 바꿔 말하면	・なぜなら 왜냐하면

B. 감동사

① 감동사란?

활용이 없는 자립어로, 감동사 한 단어만으로도 문장이 될 수 있다.

② 감정표현에 관한 말

1 첨가

- ・あのう 말이 막혔을 때나 다음 말을 시작할 때 : 저, 저어
- ・ええと 말이 막히거나 망설일 때 내는 소리 : 저~, 에~
- ・さあ 대답을 머뭇거릴 때나, 남에게 어떤 행동을 재촉할 때 : 글쎄…, 자 어서!
- ・ねえ 친근한 사람을 부르거나 다짐을 나타낼 때 : 저기, 이봐
- ・ほら 상대방의 주의를 환기시킬 때 : 어이, 이봐, 저것 봐, 거 있잖아
- ・これはこれは 감탄했을 때나 놀랐을 때 하는 말 : 이런, 아니 이거, 이것 참
- ・しまった 실수나 실패 등을 때해서 난처하거나 분할 때 : 아차, 아뿔싸, 큰일 났다
- ・しめた 자기의 의도대로 일이 성사되어 기쁠 때 : 됐다, 옳거니.

A ねえ、何か食べて帰らない…。 저기, 뭣좀 먹고 가지 않을래?

B いいね。 좋지.

・さあ、乾杯しましょう。乾杯! 자, 건배합시다. 건배!

・ほら見てごらん。 자, 봐라.

・これはこれは、ようこそおいでくださいました。 이것 참, 잘 오셨습니다.

・しまった、財布をすられた。 아차, 지갑을 소매치기 당했다.

・しめた、うまい方法を考えついた。 됐다, 좋은 방법을 생각해냈다.

2 놀라움을 나타내는 말

・**あれ** 놀라거나 의외의 경우에 : 어, 어럽쇼, 아니!	・**えっ** 상대방의 말에 놀랄 때 : 뭐라고요? 넷? 어!
・**おや** 의외의 경우에 : 아니, 어머나, 이런, 저런	・**あら** 여성어, 놀랐을 때 : 어머, 어머나
・**はあ** 놀람, 의문을 나타낼 때 : 허어, 예!	・**へえ** 감동하거나 놀랐을 때: 저런, 허, 어머나
・**まあ** 여성어, 놀라거나 뜻밖일 때 : 어머, 어머나, 정말	

・おや、雨だ。しかし、すぐ止むだろう。 저런, 비가 오는구나. 하지만 곧 그치겠지.

・あら、田中さん。 어머, 다나카 씨.

・あれ、わたしの眼鏡はどこ。 어, 내 안경은 어디 있지.

・ああ、おどろいた。 아, 놀랬다.

・まあ、驚いた。 어머, 놀랐어.

・まあ、すばらしい。 왜! 멋지다.

・はあ、すごいですね。 허어, 굉장하군요.

3 부르는 말

・**おい** 손아랫사람이나 친한 상대방을 부르는 말: 어이, 이봐
・**もしもし** 전화에서 상대방을 부를 때 : 여보세요
・**あの/あのね** 말을 걸거나 말문이 막혔을 때 : 저, 저어
・**すみません** 상대를 불러 주의를 환기시키는 말 : 실례합니다, 여보세요
・**ちょっと** 여보세요, 이봐요, 잠깐만요
・**こら** 막된 말씨임: 야, 이놈아

A すみません。ちょっと、手伝ってもらえますか。 실례합니다. 좀 도와주시겠어요.

B ごめんなさい。今、手がはなせないんです。 죄송합니다. 지금 하고 있는 일이 있어서 곤란합니다.

• あのう、腹が痛いのですから。 저, 배가 아프기 때문에.

4 응답하는 말

> • はい 상대방의 말에 대한 긍정, 승낙 따위의 말 : 예
>   はあ 네 はい 예 ええ 예 うん 응
> • いいえ 상대의 말을 부정하는 말 : 아니오
>   いいえ 아니오 いや 아냐, 아니오
> • なに 부정하는 말 : 아니
> • いやいや 부정을 강조한 말 : 아냐! 아니!, 아니 결코, 천만에
> • ほんと 상대방의 말에 맞장구치는 말 : 정말이야, 그래요
> • よし 승낙, 결의를 나타내는 말 : 좋아, 알았어, 자

① 「はい」 「ええ」

「はい」가 예의를 갖춘 말인데 비해, 「ええ」는 친구나 동료 등 허물없는 사이에서 많이 쓴다. 「うん」(응, 그래)이라고도 한다.

A あの赤いかばんを見せてください。 저 빨간 가방을 보여 주세요.

B はい、どうぞ。 예, 여기 있습니다.

A 田中さん、お元気ですか。 다나카 씨, 안녕하세요?

B ええ、おかげさまで。 네, 덕분에.

② 「いいえ」 「いや」

「いいえ」는 부정의 응답 표현 중에서 가장 대표적인 말로서 누구에게나 무난하게 쓸 수 있는 말인데 비해, 「いや」는 막역한 사이나 손아랫사람에게만 쓸 수 있다. 반말은 「ううん」(아니).

A 今も貿易の仕事をやっているんですか。 지금도 무역 업무를 하고 있습니까?

B いいえ、その会社はつぶれましたので、辞めてしまいました。
아니요, 그 회사는 망했기 때문에, 그만두었습니다.

A この書類、見直しましょうか。 이 서류, 다시 검토할까요?

B いや、もういいんですよ。アルバイトの人にやらせますから。
아니, 이제 됐어요. 아르바이트 직원에게 시킬 테니까.

경어

26

이번 과에서 배울 내용은?

경어의 종류

1_ 존경어
2_ 겸양어
3_ 정중어
4_ 특별한 형을 갖는 경어동사
5_ 요구나 부탁에 관한 표현

경어의 종류

일본어의 경어는 보통 존경어 · 겸양어 · 정중어의 세 종류로 분류한다.

① 존경어(尊敬語)

상대방 및 제3자의 행위나 그와 관련된 표현을 높여 경의를 나타내는 말이다.

1 존경공식

お(ご) + ます형(한자어) + になる ~하시다

A 先生、もうお帰りになりますか。(←帰りますか) 선생님, 벌써 가십니까?

B いいえ、まだ学校にいますよ。 아니, 계속 학교에 있을 거예요.

A お宅でお使いになりますか。(←使いますか) 댁에서 사용하실 겁니까?

B いいえ、贈り物なんです。 아뇨, 선물입니다.

A すみません。このワンピス、ください。 여보세요. 이 원피스, 주세요.

B ご試着になりますか。(←着てみますか) 입어 보시겠습니까?

📖 **확인연습 1**

> **ex.** 読む 읽다 → お読みになりますか。 읽으십니까? / 읽으시겠습니까?

① 書く 쓰다
② 分かる 알다
③ 使う 사용하다
④ 会う 만나다
⑤ 入る 들어가다
⑥ 帰る 돌아가다
⑦ 始める 시작하다
⑧ 掛ける 앉다

📖 **확인연습 2**

> **ex.** よくお酒を飲みますか。 자주 술을 마십니까?
> → よくお酒をお飲みになりますか。 자주 술을 드십니까?

① 毎日新聞を読みますか。 매일 신문을 읽습니까?

② よくスポーツをしますか。 자주 운동을 합니까?

③ うちで日本語の勉強をしますか。 집에서 일본어 공부를 합니까?

④ よくコンサートや展覧会に行きますか。 자주 콘서트나 전람회에 갑니까?

⑤ 会社で日本語を使いますか。 회사에서 일본어를 사용합니까?

📖📖📖 확인연습 3

> ex. いつ国へ帰るんですか。 언제 고국으로 돌아갑니까?
>
> → いつ国へお帰りになるんですか。 언제 고국으로 돌아가십니까?

① 会社で日本語を使いますか。 회사에서 일본어를 사용합니까?
② 毎日新聞を読みますか。 매일 신문을 읽습니까?
③ よくコーヒーを飲みますか。 커피를 잘 마십니까?
④ いつ日本語の勉強を始めたんですか。 언제 일본어 공부를 시작했습니까?
⑤ 相撲を見たことがありますか。 스모를 본 적이 있습니까?

2 여러 가지 존경 표현

① お(ご) + ます형(한자어) + ください ~하십시오

존경어의 부드러운 의뢰표현이다.

· 少々お待ちください。 잠깐 기다려 주십시오

A ごめんください。 계십니까?

B まあ、いらっしゃい。どうぞ、お上がりください。

어머, 어서 오세요. 자, 들어오세요

A 失礼します。 실례합니다.

B どうぞ、こちらにお掛けください。 어서 이쪽으로 앉으세요

📖📖📖 확인연습

> ex. 昨日東京へ帰ってきました 어제 도쿄에 돌아왔습니다
>
> → 昨日東京へ帰ってきたとお伝えください。 어제 도쿄에 돌아왔다고 전해 주십시오.

① 先週引っ越しをしました 지난주에 이사를 했습니다
② 今度電話番号が変りました 이번에 전화번호가 바뀌었습니다
③ ソウル支店へ行きます 서울 지점에 갑니다
④ 支店長に会いました 지점장을 만났습니다

② お(ご) + ます형(한자어) + です ~하시다

A　お決まりですか。(決まる) 정하셨습니까? / 주문하시겠습니까?

B　はい、トンカツください。 네, 돈가스 주세요.

・先生、もうお帰りですか。(帰る) 선생님, 벌써 돌아가십니까?

・社長のお呼びです。(呼ぶ) 사장님이 부르십니다.

・日曜日はご在宅ですか。 일요일은 집에 계십니까?

③ 존경의 접두어「お」「ご」+ 형용사

・この頃お忙しいですか。 요즘 바쁘십니까?

・お若く見えますね。 젊어 보이시네요.

・お暇ですか。 시간 있습니까?/한가하십니까?

・お元気ですか。 건강하십니까?

④ 존경의 접두어「お」「ご」+ 명사

・先生はどんなお話をなさいましたか。(話) 선생님은 어떤 말씀을 하셨습니까?

・いつご帰国なさる予定ですか。(帰国) 언제 귀국하실 예정입니까?

・ご主人はどこにいらっしゃいますか。(主人) 부군께서는 어디에 계십니까?

A　お住まいはどちらですか。(住まい) 사시는 곳은 어디십니까?

B　ソウル駅のすぐ近くです。 서울역 바로 근처입니다.

⑤「명사」+ でいらっしゃる ~이시다 (「です」의 존경 표현)

・どちらさまでいらっしゃいますか。(←どなたですか) 누구십니까?

・お元気でいらっしゃいますか。(←お元気ですか) 건강하십니까?

---

⑥ 「동사」+ ていらっしゃる ~하시다 (「ている」의 존경 표현)

- どちらに立っていらっしゃいますか。 어느 쪽에 서 계십니까?

- 先生は採点をしていらっしゃいます。 선생님은 채점을 하고 계십니다.

3 존경의 「れる・られる」

수동형을 공부할 때 이미 설명을 한 표현으로 「존경표현」이나 「존경어 동사」보다는 경어의 정도가 조금 낮은 표현이다.

- この本は先生が書かれたんですか。 이 책은 선생님이 쓰신 겁니까?

- 何時に起きられましたか。 몇 시에 일어나셨어요?

- いつ日本に来られたんですか。 언제 일본에 오셨어요?

② 겸양어(謙讓語)

말하는 사람이 자신이나 자기 쪽의 사람의 행위를 낮추어 표현함으로써 상대를 높이는 겸손한 표현을 말한다.

1 겸양공식

이 표현은 겸양 표현으로 특히 화자의 행위가 상대방에게 어떤 이익을 안겨주는 경우에 사용하는 경우가 많다.

お(ご) +동사ます형(한자어) + する(いたす) ~하다, ~해 드리다

A ちょっとお話ししたいんですが。 (←話したい) 잠깐 말씀드리고 싶습니다만.

B じゃ、教室で待っていてください。 그럼, 교실에서 기다려요.

A その荷物重そうですから、お持ちしましょうか。 그 짐, 무거워 보이는데 들어 드릴까요?

B あ、ありがとうございます。 아, 고맙습니다.

- ホテルまでお送りいたします。 (←送ります) 호텔까지 바래다 드리겠습니다.

- お客さんにご案内いたします。 (←案内します) 손님 여러분께, 안내 말씀드리겠습니다.

26
경어

확인연습 1

> ex. 待^まつ 기다리다 ➡ お待ちします。 기다리겠습니다

① 貸^かす 빌려주다

② 見^みせる 보여주다

③ 送^{おく}る 보내다

④ 直^{なお}す 고치다

⑤ 届^{とど}ける 보내다

⑥ 持^もつ 들다

확인연습 2

> ex. いいガイドブックがある / お持^もちする 좋은 가이드북이 있다 / 가지고 가다
>
> ➡ いいガイドブックがありますから、お持ちしましょうか。
>
> 좋은 가이드북이 있으니까 가지고 갈까요?

① カタログを持^もっている / お見^みせする 카탈로그를 가지고 있다 / 보여 드리다

② いい店^{みせ}を知^しっている / お連^つれする 좋은 가게를 알고 있다 / 데리고 가다

③ いい先生^{せんせい}を知^しっている / ご紹介^{しょうかい}する 좋은 선생님을 알고 있다 / 소개하다

④ 車^{くるま}で来^きている / お送^{おく}りする 차로 왔다 / 바래다 드리다

⑤ ここの地理^{ちり}に詳^{くわ}しい / ご案内^{あんない}する 이 곳 지리에 밝다 / 안내하다

2 여러 가지 겸양 표현

① お(ご) + 동사ます형(한자어) + もうしあげる ~말씀드리다

· お願^{ねが}い申^{もう}し上^あげます。 부탁드리겠습니다.

· ご報告^{ほうこく}申^{もう}し上^あげます。 보고 드리겠습니다.

② お(ご) +동사ます형(한자어) + いただく ~받다(~해 주시다)

· お送^{おく}りいただく。 보내 주시다, 바래다주시다.

· ご利用^{りよう}いただく。 이용해 주시다.

3 겸양의 의미를 갖는 말

弊社 폐사, 저희 회사 拝見 삼가 봄 粗品 변변찮은 물건 愚息 우식, 자기 아들을 낮춰 지칭하는 말

> **확인연습 2** 다음 표를 완성하고 뜻을 생각해 보세요.

① お + 동사ます형 + になる ~하시다〈존경 공식〉

② お + 동사ます형 + ください ~하십시오〈공손한 부탁〉

③ お + 동사ます형 + する ~하다, ~해 드리다〈겸양 공식〉

기본형	정중어	존경어	공손한 의뢰	겸양어
読む 읽다	読みます	お読みになる	お読みください	お読みする
書く 쓰다				
聞く 듣다				
休む 쉬다				
持つ 들다				
食べる 먹다				
伝える 전하다				

③ 정중어(丁寧語)

말하는 사람이 직접 상대방에게 점잖게 격식을 차려 말하는 경어법으로 「です/ます형」처럼 반말이 아닌 공손한 말투를 말한다. 또한 「ございます」는 「あります(있습니다)」, 「~でございます」는 「です(입니다)」의 보다 공손한 말이다.

1 정중한 표현

· はい、中村でございます。(←中村です) 예, 나카무라입니다.

· その品物はどの店にもございます。(←どの店にもあります)
  그 물건은 어느 가게에나 있습니다.

2 접두어(=美化語)

특별히 존경의 의미를 부여하기 보다는 보편화되어 관용어로 굳어진 말이다.

お茶 차 お料理 요리 お休み 휴일 おつり 거스름돈 お祝い 축하 ご飯 밥

④ 특별한 형을 갖는 경어 동사

일부 동사는 존경어와 겸양어 각각 특별한 형을 가진 동사가 있다. 경어에는 여러 가지 형태가 있으나 가장 경어의 도가 높은 표현은「특별한 형」을 쓴 경어라 할 수 있다.

존경어	기본형	겸양어
いらっしゃる おいでになる (가시다, 오시다, 계시다)	いる(있다)	おる
	行く(가다) 来る(오다)	参る
	尋ねる(묻다) 訪ねる(방문하다)	伺う(여쭙다)
お聞きになる (들으시다)	聞く(묻다·듣다)	伺う(여쭙다) お聞きする
おっしゃる (말씀하시다)	言う(말하다)	申す(말씀 드리다) 申し上げる
召し上がる (드시다)	食べる(먹다) 飲む(마시다)	いただく
くださる (주시다)	くれる(주다)	
	やる(주다) あげる(주다)	差し上げる(드리다)
	もらう(받다)	いただく
ご覧になる (보시다)	見る(보다)	拝見する
ご存じだ (아시다)	知る(알다)	存ずる·存じる
お会いになる (만나시다)	会う(만나다)	お目にかかる(뵙다)
	見せる(보여주다)	お目にかける(보여드리다)
なさる (하시다)	する(하다)	致す
	借りる(빌리다)	拝借する
お休みになる (쉬시다)	寝る(자다)	

경어 사용의 예

A　どなたといらっしゃいましたか。 어느 분과 오셨습니까?

B　家内と参りました。 아내와 왔습니다.

A 高橋さんには、いつもお世話になっております。 다카하시 씨에게는, 언제나 신세지고 있습니다.

B いいえ、こちらこそ。いろいろとお世話になっております。
아닙니다, 저야말로, 여러모로 신세지고 있습니다.

A いらっしゃいませ。何になさいますか。 어서 오십시오 무엇으로 하시겠습니까?

B カレーとスパゲッティください。 카레하고 스파게티 주세요.

A はい、わかりました。 예, 알겠습니다.

확인연습 1

ex. 今日、何時にここへ来ましたか 오늘 몇 시에 여기 왔습니까?

→ 今日、何時にここへいらっしゃいましたか。 오늘 몇 시에 여기 오셨습니까?

① レセプションに来ますか 리셉션에 오십니까?

② どうぞ食べてください 어서 먹으세요

③ お子さんはいますか 자녀는 있습니까?

④ 旅行の写真を見ますか 여행 사진을 보겠습니까?

⑤ 来年、本社が移転するのを知っていますか 내년에 본사가 이전하는 것을 압니까?

확인연습 2

ex. 李と言います 이라고 합니다 → 李と申します。 이라고 합니다.

① 今年の6月に来ました 금년 6월에 왔습니다

② 上げたいものがあるんです 드리고 싶은 것이 있습니다

③ 今、主人は外出しています 지금 남편은 외출했습니다

④ ホテルのロビーで会いましょう 호텔 로비에서 만납시다

⑤ 今度の週末に日本へ行きます 이번 주말에 일본에 갑니다

📖 확인연습 3

> **ex.** ご相談したいこと 의논드리고 싶은 것
>
> → ご相談したいことがあるんですが、明日おじゃましてもよろしいでしょ
>
> うか。 의논하고 싶은 일이 있습니다만, 내일 찾아뵈어도 되겠습니까?

① お話ししたいこと 말씀드리고 싶은 것

② お聞きしたいこと 여쭙고 싶은 것

③ お願いしたいこと 부탁드리고 싶은 것

④ お知らせしたいこと 알려드리고 싶은 것

⑤ お借りしたいもの 빌리고 싶은 것

⑤ 요구나 부탁에 관한 표현

1 「～てくれ」 : ～해 다오, ～ 해 주라

· 「静かにしてくれ。」と隣の家の人に言われた。 「조용히 해 달라.」고 옆 집 사람에게 들었다.

· 「一人にしてくれ。」と言ったきり、彼は自分の部屋に閉じこもってしまった。

「혼자 있게 해 달라.」고 한 뒤, 그는 자기 방에 틀어박혀 버렸다.

📖 확인연습

> **ex.** お誕生日のプレゼントは花を買う 생일 선물로 꽃을 사다
>
> → お誕生日のプレゼントは花を買ってくれ。 생일 선물은 꽃을 사 다오.

① 家事を手伝う 가사를 거들다

② 急いで李さんに電話をかける 이 씨에게 서둘러 전화를 걸다

③ 遅くても6時までには帰る 늦어도 6시까지는 돌아가다

④ 安いから2本買っておく 싸니까 2개 사 놓다

⑤ 海はすごい人出だから家にいる 바다는 엄청난 인파이니까 집에 있다

2 「～てほしい」 : ～하길 원하다

· 自分の子供に幸せになってほしいと願わない親はいない。

자기 자식이 행복하길 바라지 않는 부모는 없다.

· 私のことを忘れないでほしい。 나를 잊지 않길 바란다.

확인연습

> **ex.** こちらの気持ちを分かる 이쪽 기분을 이해하다
>
> → こちらの気持ちを分かってほしいんです。 이쪽 기분을 이해해 주길 바랍니다.

① 何か本を送る 뭔가 책을 보내다
② 早く帰らせる 빨리 집에 가게 하다
③ これだけは覚える 이것만은 외우다
④ うちまで持ってくる 집까지 가지고 오다
⑤ 一人で来る 혼자서 오다

3 「〜てくださいませんか, 〜てもらえませんか, 〜ていただけませんか」 : 〜해 주시지 않겠습니까?

· すみません、ちょっとテレホンカードを貸してもらえませんか。

　미안합니다. 잠깐 전화카드를 빌려 주시겠습니까?

· あの、この千円札を百円玉に両替してくださいませんか。

　저, 이 천 엔짜리를 백 엔 동전으로 바꿔 주시겠습니까?

4 「〜ていただけないでしょうか」 : 〜해 주실 수 없을까요?

A 先生の研究室の本を見せていただけないでしょうか。

　선생님의 연구실 책을 보여 주실 수 없겠습니까?

B ええ、どうぞ。 예, 그러세요.

A すみませんが、この荷物をしばらく見ていただけないでしょうか。

　미안합니다만, 이 짐을 잠시 봐 주실 수 없겠습니까?

B あ、いいですよ。 아, 좋아요.

A きょう鈴木さんは家にいるでしょうか。 오늘 스즈키 씨는 집에 있을까요?

B きのう家ですることがあると言っていたから、いるはずです。

어제 집에서 할 일이 있다고 했으니까, 있을 겁니다.

확인연습

> ex. 朴さんは、もうすぐ着きます 박 씨는 곧 도착합니다.
>
> → 朴さんは、もうすぐ着くはずです。 박 씨는 곧 도착할 것입니다.

① 鈴木さんはこの店を知っています 스즈키 씨는 이 가게를 알고 있습니다

② 岡田さんは音楽が好きです 오카다 씨는 음악을 좋아합니다

③ 金曜日の夜は込みます 금요일 밤은 붐빕니다

④ 岡田さんはお酒を飲みません 오카다 씨는 술을 마시지 않습니다

⑤ ソウルから来たと言っていたから韓国人です 서울에서 왔다고 하니 한국인입니다

2 「〜はずがない」 : 〜(일)할 리가 없다

그러할 이유나 근거가 없다는 의미에서 어떤 사항을 강하게 부정하는 말이다.

· 賛成するはずがない。 찬성할 리가 없다.

· 彼女がそんなことを言うはずがない。 그녀가 그런 소리를 할 리가 없다.

· これは現実なのだ。夢のはずがない。 이것은 현실이다. 꿈일 리가 없다.

확인연습

> ex. ある 있다 → あるはずがない 있을 리가 없다

① 彼がそんなことを言う 그가 그런 말을 하다

② あれほどの実力で落ちる 그 만큼의 실력으로 떨어지다

③ 今日も来ない 오늘도 오지 않는다

④ それぐらいのことができない 그 정도의 일을 할 수 없다

⑤ 嘘をつく 거짓말을 하다

③「つもり」

1 「동사 현재기본형＋つもり」: ～할 작정

- 来月帰国するつもりです。　다음 달에 귀국할 작정입니다

- こんなに夜おそく出かけて、どこへ行くつもりだろう。

  이렇게 밤늦게 나가니 어디에 갈 작정인가

2 「동사 과거형+た つもり」「～たつもり」: ～한 셈 치고

- たしかにここに置いたつもりなんですが、ないんですよ。

  분명히 여기에 둔 기분이 드는데 없어요

- 映画をみたつもりで、貯金することにしました。　영화를 본 셈치고 저금하기로 했습니다.

3 「～つもりはありません」: ～할 생각은 없습니다

- 日本へ行くつもりはありませんか。　일본에 갈 생각은 없습니까?

- 就職するつもりはありません。　취직할 생각은 없습니다

④「ところ」

아래 제시한 명사 자체로서의 의미는 물론 연관된 표현이 매우 많은 단어이다.

- バスに乗るところはどこですか。〈장소, 곳〉

  버스를 타는 곳은 어디입니까?

- 駅の出口のところで待っていてください。〈근처〉

  역 출구 근처에서 기다리고 있어 주십시오

- ここにおところとお名前を書いてください。〈주소, 집, 댁〉

  여기에 주소와 이름을 써 주십시오

- えらい人は子供の時からどこかちがうところがある。〈부분, ～데, 점〉

  훌륭한 사람은 어릴 때부터 어딘가 다른 부분이 있다.

1 「～たところ」: ～한 결과, ～했더니

- 実験してみたところ、うまくできた。　실험해 보았더니 잘 되었다.

- この話を新聞に書いたところ、いろいろな方から手紙をいただきました。

  이 이야기를 신문에 썼더니 여러분으로부터 편지를 받았습니다

2 「〜どころじゃない」：〜(할) 때가 아니다, 〜(할) 상황이 아니다

어떤 사항을 강하게 부정하고 나아가 정도가 높은 다른 사항을 주목하게 하는 말이다.

・今はそれどころじゃない。 지금은 그러고 있을 때가 아니다.

・受験を前にして花見どころじゃない。 수험을 앞두고 꽃구경 갈 처지가 아니다.

・大事故発生で休暇どころの話ではない。 큰 사고 발생으로 휴가를 갈 기분이 아니다.

3 「ところだ」：〜할 참이다

① 기본형 + ところ : 막 〜할 참이다

A 早く宿題しなさい。 빨리 숙제를 해라.

B 今するところです。 지금 하려는 참입니다.

② 진행형 + ところ : 막 〜하고 있는 중이다

A これから食事しに行きませんか。 이제 식사하러 안 가시겠습니까?

B 今食事をしているところなんです。 지금 식사를 하고 있는 중입니다.

③ 과거형 + ところ : 방금 〜한 참이다

어떤 행위가 끝난 「바로 직후」라는 뉘앙스가 강한 표현이다. 따라서 「〜たところ」 앞에는 「まだ」나 과거를 나타내는 어휘와 함께 사용할 수 없다.

A 何してるの。待ち合わせの時間、30分も過ぎてるよ。

뭐하고 있어? 만나기로 한 시간, 30분이나 지났어.

B ごめん、ごめん。今仕事が終わったところだからもう少し待って。

미안, 미안. 지금 막 일이 끝났으니까 조금만 더 기다려 줘.

📖 확인연습

ex. 韓国に来る 한국에 오다
→ たった今、韓国に来たところです。 방금 막 한국에 왔습니다.

① 空港に着く 공항에 도착하다
② クリスマスツリーを運ぶ 크리스마스트리를 운반하다
③ ワインを買ってくる 와인을 사 오다
④ ケーキを作る 케이크를 만들다
⑤ ご飯を食べる 밥을 먹다

⑤ 「まま」: ~대로, ~채

변화나 변경이 되지 않은 상태나, 동사「た형」을 받아 사물이 그 다음 상태로 진전하지 않고「그 상태 그대로 있음」을 나타낸다.

- 見た**まま**感じた**まま** 본 대로 느낀 대로

- 着の身着の**まま**出掛けました。 걸치고 있던 옷만 입은 채로 나갔습니다.

- 電気をつけた**まま**眠る。 전기를 켜 놓은 채로 잠들다.

- 出ていった**まま**帰らない。 나간 채 돌아오지 않는다.

확인연습

ex. テレビをつける 텔레비전을 켜다 / 寝ている 자고 있다

→ テレビをつけたまま寝ています。 텔레비전을 켜 놓은 채로 자고 있습니다.

---

① かばんをバスの中に置く / 電車を降りた 가방을 버스 안에 놓다 / 전차를 내렸다

② 自転車を公園に置く / 帰ってしまった 자전거를 공원에 놓다 / 돌아가 버렸다

③ うで時計をする / お風呂に入っている 손목시계를 차다 / 목욕하고 있다

④ 家に子供を残す / 母は買物にでかける 집에 아이를 남겨두다 / 어머니는 장보러 나가다

⑤ 部屋の電気をつける / 父はどこかへ出掛けた 방의 전기를 켜다 / 아버지는 어딘가 나갔다

잠깐주목!

동사ます형+っ放し : 그냥 ~한 채로임

「まま」의 유사표현으로 사물을 현 상태 그대로 방치한다는 뜻이다.

- 電気をつけっ放しで出かける。 전깃불을 켠 채로 외출하다.

- 水道の水を出しっ放しにする。 수돗물을 나오는 채로 두다.

- 窓を開けっ放しにして寝たため、風邪をひいてしまった。 창문을 연 채로 자서, 감기에 걸려 버렸다.

⑥「もの」

1 「〜ものだ(です)」의 꼴로「〜법이다, 〜하고는 했었지」등 당연, 회상의 의미를 나타낸다.

- 先生の言うことは聞くものだ。 선생님 말씀은 듣는 법이다.
- 子供のときはこの川でよく遊んだものだ。 어릴 때에는 이 강에서 자주 놀았었지.

2 부정이나, 의문 표현과 함께 쓰면 강한 부정을 하거나 반문하는 말투가 된다.

▲ 회화체에서는「もん」으로 발음한다.

- あんなことを信じるもんですか。 그런 것을 믿을 수 있습니까?
- あんな店には二度と行くもんか。 그런 가게에는 두 번 다시 가지 않을 거야!

📖 확인연습

> **ex.** 子供のころはよく雨の中を歩いた 어릴 때는 자주 빗속을 걸었다
>
> → 子供のころはよく雨の中を歩いたものです。 어릴 때는 자주 빗속을 걷곤 했습니다.

① 雪が降ると喜んだ 눈이 오면 기뻐했다
② 暇さえあればよく出掛けていった 틈만 나면 자주 나갔다
③ 日が暮れるのも知らず遊びふけった 해 지는 것도 모르고 노는데 빠졌다
④ いろいろな不思議な空想にふけった 여러 가지 이상한 공상에 빠졌다
⑤ 体が弱くて、しょっちゅう風邪をひいた 몸이 약해서 늘 감기에 걸렸다

⑦「ため」

접속은「동사, い형용사의 연체형 + ため(に)」「명사 + の + ため(に)」.

1 「〜때문」의 뜻으로 원인, 이유를 나타낸다.

- 頭が重いのは空気が悪いためです。 머리가 아픈 것은 공기가 나쁘기 때문입니다
- 病気のため会社を休みました。 병 때문에 회사를 쉬었습니다.

2 「〜위하여」의 뜻으로 목적, 목표를 나타낸다.

- 家を買うため生活費を節約します。 집을 사기 위하여 생활비를 절약합니다.
- 言葉の意味を知るために辞書を引きます。 말의 뜻을 알기 위해 사전을 찾습니다.

27
형
식
명
사

📖 확인연습

> ex. 砂糖は食べ物を甘くする / 使う 설탕은 음식을 달게 하다 / 사용하다
>
> → 砂糖は食べ物を甘くするために使います。 설탕은 음식을 달게 하는데 사용합니다.

① 体を丈夫にする / 毎日運動をする 몸을 튼튼하게 한다 / 매일 운동을 한다

② 社員旅行 / 30日まで休みだそうだ 사원여행 / 30일까지 휴무라고 한다

③ 今日 / 特別注文した 오늘 / 특별 주문했다

④ 日本語に慣れる / なるべく日本語で話すようにしている

  일본어에 익숙해지다 / 가능하면 일본어로 말하도록 하고 있다

⑤ 熱があった / 授業に欠席した 열이 났다 / 수업에 결석했다

⑧ 「とおり」: ~대로

명사가 앞에 올 경우에는 「どおり」가 된다. 앞서 제시한 내용과 같은 상태, 방법을 나타내는 말이다.

・お前の言うとおりだ。 네가 말한 대로다.

・先生のおっしゃるとおりにしたらできた。 선생님이 말씀하신 대로 했더니 되었다.

・計画どおりに事業は進行しています。 계획대로 사업은 진행되고 있습니다

📖 확인연습

> ex. 命令 / 実行せよ 명령 / 실행해라
>
> → 命令どおりに実行せよ。 명령대로 실행해라.

① 時間 / 来るに違いない 시간 / 틀림없이 오다

② 教えられた / 練習する 배우다 / 연습하다

③ 元 / 片づけてくれ 원래 / 치워 다오

④ 言われた / したらできた 들었다 / 했더니 되었다

⑤ 注文 / 品物が届いた 주문 / 물건이 도착했다

⑨ 「わけ」

1 「〜わけだ(です)」 : 〜할 만하다, 〜하는 것이다

앞에 서술한 내용이 사실로 성립됨이 당연함을 나타낸다.

- 昨日習ったばかりだから、よくできるわけです。 바로 어제 배운 것이기 때문에 잘 할 것입니다
- 熱が40度もあるのですから、苦しいわけです。 열이 40도나 되니까, 괴로울 겁니다.

A 金先生は中学生の時、三年間日本に住んでいたそうですよ。

　김 선생은 중학교 때 3년간 일본에 살았답니다.

B なるほど、日本語が上手なわけですね。 과연, 일본어를 잘 할 만도 하네요.

2 「〜わけではない」 : 〜인 것은 아니다

듣는 사람이 어떤 사항을 통해 당연히 예상할 수 있는 추측이나 결론을 부정하는 말이다. 유사한 의미를 나타내는 표현으로 「〜ということではない」가 있다.

- 魚が嫌いだというわけではないが、肉が好きなので、肉の方をよく食べるんです。

　생선을 싫어하는 것은 아니지만, 고기를 좋아해서 고기를 자주 먹습니다.

- 読書があまり好きではないからと言って、全く本を読まないわけではありません。

　독서를 별로 좋아하지 않는다고 해서, 전혀 책을 읽지 않는 것은 아니다.

3 「〜わけにはいかない」 : 〜할 수는 없다

현실적인 입장, 상황을 고려할 때 의도한 대로만 일이 진행되지 않음을 나타낸다.

- 今日は忙しいので、遊んでいるわけにはいかない。 오늘은 바빠서 놀고 있을 수는 없다.
- 社長の意見を聞かないで決めるわけにはいかない。 사장님의 의견을 듣지 않고 결정할 수는 없다.

확인연습

ex. ちょっと具合が悪い / 休む 약간 몸 상태가 안 좋다고 / 쉬다

→ ちょっと具合が悪いからといって、休むわけにはいかない。

　약간 몸이 안 좋다고 해서 쉴 수는 없는 노릇이다.

---

① 試験か終わった / 遊んでいる 시험이 끝났다 / 놀고 있다

② 予定が決まっている / そんなに早く帰る 예정이 있다 / 그렇게 빨리 돌아가다

③ 上司とけんかをした / 会社をやめる 상사와 다투었다 / 회사를 그만두다

④ お金かない / 人のものをぬすむ 돈이 없다 / 남의 물건을 훔치다

4 「〜ないわけにはいかない」 : 〜하지 않을 수 없다

이중 부정으로 당연, 의무를 강조하는 표현이다.

· 試験^{しけん}があるので勉強^{べんきょう}しないわけにはいかない。 시험이 있어서 공부하지 않으면 안 된다.

· これは先生に頼^{たの}まれたことなので、やらないわけにはいかない。

　　이것은 선생님에게 부탁 받은 것이므로 해야 한다.

확인연습

> ex. 社長^{しゃちょう}の許可^{きょか}を得^える 　사장님의 허락을 받다
>
> → 社長の許可を得ないわけにはいきません。 사장님의 허가를 받아야만 합니다.

① 約束^{やくそく}しておいて行く 　약속을 해 놓고 가다

② 友^{とも}だちの結婚式^{けっこんしき}なんだから行く 　친구 결혼식이라서 가다

③ 出張^{しゅっちょう}だから日本へ行く 　출장이라 일본에 가다

④ せっかくの旅行^{りょこう}だから写真^{しゃしん}を撮^とる 　모처럼의 여행이라 사진을 찍다

⑤ 明日^{あした}まで結論^{けつろん}を出^だす 　내일까지 결론을 내다

잠깐! 주목!

「동사 ない형+ざるを得^えない」 : (마음에 내키지 않지만) 〜하지 않을 수 없다, 〜해야 한다

의무나 당연을 나타내는 「〜ないわけにはいかない」의 유사한 표현이다.

· 彼^{かれ}の好意^{こうい}には感謝^{かんしゃ}せざるを得^えない。 그의 호의에는 감사하지 않을 수 없다.

· 旅行^{りょこう}に行く予定^{よてい}だったが、急^{きゅう}に仕事^{しごと}が入^{はい}ってしまって諦^{あきら}めざるを得^えなくなった。

　여행 갈 예정이었으나, 갑자기 일이 생겨 버려서 포기하지 않을 수 없게 되었다.

28

가족 관계와
전화 표현

① 가족에 대한 호칭

일본어는 「남 앞에서 자기 가족을 말할 때」와 「다른 가족을 부를 때」의 호칭이 각각 다르다. 특히 상대방의 가족에 대해서는, 자기보다 손아랫사람인 경우에도 「子供さん」「息子さん」「弟さん」처럼 「~さん」을 붙여서 말하는 것이 예의이다.

자기 가족	호칭	남의 가족
家族	가족	ご家族
主人・夫	남편	ご主人
家内・妻	아내	奥さん
子供	자녀	お子さん
父	아버지	お父さん
母	어머니	お母さん
兄	형, 오빠	お兄さん
弟	남동생	弟さん
姉	누나, 언니	お姉さん
妹	여동생	妹さん
息子	아들	息子さん・坊っちゃん
娘	딸	娘さん・お嬢さん
両親	부모	ご両親
夫婦	부부	ご夫婦
孫	손자	お孫さん
祖父	할아버지	お祖父さん
祖母	할머니	お祖母さん
嫁	며느리	お嫁さん
婿	사위	お婿さん
姪	여 조카	めいごさん
甥	남 조카	おいごさん
従兄弟・従姉妹	사촌	おいとこさん

A 何人兄弟ですか。 몇 형제입니까?

B 私は三人兄弟です。姉が一人と弟が一人います。

저는 3형제입니다. 언니가 1명, 남동생이 1명 있습니다.

「三人兄弟」, 「五人家族」라는 말은 대답하는 사람 본인까지 포함한 수를 말하는 것으로 「3형제」 「5식구」라는 뜻이다.

② 전화에서의 경어표현

회화로 익히는 문법

A もしもし、渡辺さんのお宅でしょうか。	A 여보세요, 와타나베 씨 댁입니까?
B はい、そうです。	B 예, 그렇습니다.
A わたくし、韓国の李と申しますが。	A 저는 한국에서 온 이라고 합니다.
B あ、いつもお世話になっております。	B 아! 항상 신세지고 있습니다.
A いいえ、こちらこそ。ご主人いらっしゃいますか。	A 아닙니다. 저야말로. 부군 계십니까?
B はい。ちょっとお待ちください。	B 예. 잠깐만 기다려 주세요.

전화에서 사용하는 말

1 상대방을 확인

· 田中さんのお宅ですか。 : 다나카 씨 댁입니까?

2 자신을 소개

· 金と申しますが。 : 김이라고 합니다만.

☞ 첫 대면이나 모르는 사람일 때 쓰고 서로 아는 경우에는 「金ですが」와 같이 말한다.

3 통화하고 싶은 상대를 말함

· ～さん、いらっしゃいますか。 : ～씨 계십니까?(부탁합니다)

· ～さん、お願いします。 : ～씨 부탁합니다.

A 山田課長いらっしゃいますか。 야마다 과장님 계십니까?

B 課長はあいにく今席を外しておりますが。 과장님은 마침 지금 자리를 비우고 안 계시는데요.

4 상대방을 확인할 때

· どちらさまでしょうか。 어디십니까?

5 상대를 기다리게 할 때

- 少々お待ちください。 잠시만 기다리세요.

- ちょっとお待ちください。 잠깐만 기다려 주세요.

6 전화가 잘못 걸려 왔을 때

- かけちがいです。 잘못 거셨습니다.

- 番号を間違えたようです。 번호를 착각하신 것 같습니다.

- すみませんが、どちらにおかけですか。 미안합니다만, 어디로 거셨나요?

- そのような方はこちらにはおりませんが。 그런 분은 여기 안 계십니다.

- 恐れ入りますが、何番におかけでしょうか。 죄송하지만, 몇 번에 거셨습니까?

7 전화를 끊을 때

- 失礼します。 안녕히 계세요.

확인연습 1

> **ex.** 田中さんのお宅 다나카 씨 댁
>
> → 田中さんのお宅でしょうか。 다나카 씨 댁입니까?

① 国会図書館 국회 도서관

② ロッテホテル 롯데 호텔

③ 鈴木先生のお宅 스즈키 선생님 댁

④ 東京不動産 도쿄 부동산

확인연습 2

> **ex.** 木村 기무라 / 日本語教室 일본어 교실
>
> → 日本語教室の木村と申します。 일본어 교실의 기무라라고 합니다.

① 山田 야마다 / 三井物産 미쯔이 물산

② 金 김 / 日本語の学生 일본어를 배우는 학생

③ 李 이 / 経理課 경리과

④ 山下 야마시타 / 奥様の友人 부인의 친구

📖 확인연습 3

> **ex.** ご主人 부군
>
> → ご主人お願いします。 부군 좀 바꿔 주세요.

① マリさん 마리 씨
② 李部長 이 부장님
③ 岩見先生 이와미 선생님
④ 奥さま 부인

📖 확인연습 4

> **ex.** ちょっと出かけておる 잠깐 나가다
>
> → 今、ちょっと出かけておりますが。 지금 잠깐 나갔습니다만.

① 会議に出ておる 회의에 참석하다
② 授業をしておる 수업을 하고 있다
③ 電話をかけておる 전화를 걸고 있다
④ ちょっと席をはずしておる 잠깐 자리를 비웠다

📖 확인연습 5

> **ex.** 外出中 외출 중
>
> → 今、外出中なんですが。 지금 외출 중입니다만.

① 会議中 회의 중
② 授業中 수업 중
③ 出張中 출장 중

28 가족관계와 전화표현

③ 비즈니스에서의 전화 응대

韓国商事 (かんこくしょうじ)	日本商事 (にほんしょうじ)
もしもし、日本商事ですか。 (여보세요, 일본상사입니까?)	はい、日本商事の吉田でございます。 (네, 일본상사의 요시다입니다.)
(あのう)韓国商事のイと申しますが、鈴木さんはいらっしゃいますか。 (저, 한국 상사의 이라고 합니다만, 스즈키 씨 계십니까?) =〜をお願いします。 (〜를 부탁합니다.) =〜をお願いしたいんですが。 (〜를 부탁합니다만.)	
	はい、少々お待ちください。 (네, 잠시 기다려 주세요.) はい、私ですが。 (예, 접니다만.) 申し訳ありません。 鈴木はただいま席を外しておりますが。 (죄송합니다. 스즈키는 지금 잠깐 자리를 비웠는데요.) =外出中ですが、 (외출 중입니다만.) =出張中ですが、 (출장 중입니다만.) =会議中ですが、 (회의 중입니다만.) =電話中ですが、 (통화 중입니다만.)
そうですか。何時ごろ(=いつ)おもどりになりますか。 (그렇습니까? 몇 시쯤 돌아오십니까?)	
	〜時ごろもどる予定です。 (〜시쯤 돌아올 예정입니다.) =と言っておりました。 (〜라고 말했습니다.) 申し訳ありません。ちょっと分かりませんが。 (죄송합니다. 잘 모르겠습니다만.) さあ、ちょっと分かりませんが。 (글쎄요, 잘 모르겠습니다만.)
そうですか。じゃ、またあとで(〜時ごろ)、お電話いたします。 (그래요? 그럼 나중에 또 전화하겠습니다.) そうですか。じゃ、すみませんが、イから電話があったとお伝えください。 (그렇습니까? 그럼 죄송하지만 이한테서 전화 왔었다고 전해 주십시오.)	
	分かりました。 (알겠습니다.)
じゃ、失礼します。 (그럼, 실례하겠습니다.)	

Unit 3
모의고사
문제와풀이

N3
일본어능력시험

모의고사 1회

- 언어지식(문자어휘)
- 언어지식(문법)

> ❝ 자신의 문법과 어휘지식이 어느 정도 되는지 확인해 보세요.
> 새로 바뀐 일본어 능력시험 3급의 언어지식 분야에 관한 모의고사
> 문제입니다. ❞

問題1 _____のことばの読み方として最もよいものを、1・2・3・4から一つえ
らびなさい。

① お土産はふろしきに包んであった。

    1　つづんで　　　2　つうづんで　　　3　つつんで　　　4　つうつんで

② 主人は ただ今お風呂に入っていますから、少々お待ちください。

    1　ふうろ　　　2　ふろ　　　3　ぶろ　　　4　ふろう

③ 彼はドイツ文学を研究しています。

    1　げんきゅう　　　2　けんきゅう　　　3　けんぎゅう　　　4　けんきょう

④ 去年、北海道を旅行したとき、たくさん写真をとりました。

    1　りょこう　　　2　きょうこう　　　3　りょうこ　　　4　りょごう

⑤ 祖母はコーヒーより紅茶のほうがすきです。

    1　そぶ　　　2　そふ　　　3　そぼ　　　4　そば

⑥ 相手が目上の場合は、尊敬語を使わないと失礼になります。

    1　めうえ　　　2　めじょう　　　3　もくじょう　　　4　めした

⑦ 交番の隣に銀行があります。

    1　こうばん　　　2　ごうばん　　　3　こうはん　　　4　こばん

⑧ 病院のなかは禁煙です。

    1　きんねん　　　2　きんえん　　　3　きねん　　　4　きえん

問題2 _____ のことばを漢字で書くとき最もよいものを、1・2・3・4から一つ

えらびなさい。

9 おもい荷物をもって駅まで歩きました。

  1 重い   2 軽い   3 細い   4 多い

10 この地方は自然にめぐまれたところです。

  1 豊   2 恵   3 富   4 巡

11 コーヒーにさとうをいれますか。

  1 砂唐   2 砂豆   3 砂粉   4 砂糖

12 わたしのくにのじんこうはにほんのやく3ばいです。

  1 人頭   2 人数   3 人口   4 人工

13 あの展覧かいはいつごろまでやっていますか。

  1 回   2 絵   3 会   4 界

14 事態のせいじょう化を図るための対策を協議した。

  1 政常   2 政情   3 正条   4 正常

問題3 （　　）に入れるのに最もよいものを、1・2・3・4から一つえらびなさい。

15 A：先生、これ使ってもいいですか。

B：ええ、（　　　　）。

1　そうではありませんよ　　　　　2　いけませんよ
3　だめですよ　　　　　　　　　　4　かまいませんよ

16 窓が開いています。だれが（　　　）たのでしょう。

1　あい　　　　　2　あけ　　　　　3　しまっ　　　　4　しめ

17 わたしの姉は料理が（　　　）です。

1　とくい　　　　2　いい　　　　　3　とくべつ　　　4　きれい

18 きのうの火事の（　　　）はタバコだったそうです。

1　事故　　　　　2　責任　　　　　3　原因　　　　　4　目標

19 このいすを隣の部屋に（　　　）ください。

1　もって　　　　2　はこんで　　　3　うごいて　　　4　ひっこして

20 雨が降っているので運動は（　　　）になりました。

1　ちゅうい　　　2　ちゅうし　　　3　ひっこし　　　4　おねがい

21 あの人の手紙に（　　　）を書かなければなりません。

1　はがき　　　　2　てがみ　　　　3　でんわ　　　　4　へんじ

22 わたしは体がとても（　　　）です。

1　じょうぶ　　　2　まじめ　　　　3　じょうず　　　4　べんり

23 食べたあとは、かならず歯を（　　　）ましょう。

1　あらい　　　　2　みがき　　　　3　ふき　　　　　4　つり

24 今日はもう遅いので地下鉄の駅まで（　　　）あげましょう。

　　1　おくって　　　2　あるいて　　　3　みて　　　　　4　おくれて

25 大地震の時は、本当に（　　　）です。

　　1　こわかった　　2　かたかった　　3　くろかった　　4　まずかった

問題4 ＿＿＿＿＿＿に意味が最も近いものを、1・2・3・4から一つえらびなさい。

26 電車の中でかばんをなくしました。

　　1　おとしました　2　かいました　　3　とりました　　4　こわしました

27 あまりきにしないでください。

　　1　注意　　　　　2　心配　　　　　3　病気　　　　　4　我慢

28 先生の家をいつたずねるつもりですか。

　　1　かえる　　　　2　きいてみる　　3　ほうもんする　4　しゅっきん

29 ごはん食べすぎた。

　　1　すこしたべた　2　たくさんたべた　3　たべのこした　4　たべなかった

30 今からでも十分間に合いますよ。

　　1　遅くならないです　　　　　　2　ぎりぎりです
　　3　着けません　　　　　　　　　4　遅くなります

問題5　つぎのことばの使い方として最もよいものを、一つえらびなさい。

31　ぎりぎり

1　道に空き缶が<u>ぎりぎり</u>ところがっている。
2　かみそりのあとローションをつけたら顔が<u>ぎりぎり</u>した。
3　彼女は難しい数学の問題を<u>ぎりぎり</u>と解いた。
4　彼は時間<u>ぎりぎり</u>にならないと行動しません。

32　リサイクル

1　大雨の山道で<u>リサイクル</u>を出したら、危ないです。
2　このチームは<u>リサイクル</u>したので、優勝に決まっている。
3　この工業用ウエスは古着を<u>リサイクル</u>したものです。
4　あしたは天気がよかったら、<u>リサイクル</u>しようと思う。

33　つれる

1　あねは子どもといっしょに手紙を<u>つれ</u>にいきました。
2　家の近くで買い物を<u>つれる</u>ことにしました。
3　あねは子どもを<u>つれて</u>買い物に行きました。
4　共同でアパートを借りれば、家賃は半分で<u>つれる</u>でしょう。

34　そっくり

1　働く女性は時間の<u>そっくり</u>を上手に<u>し</u>なくてはならない。
2　この魚は骨ごと<u>そっくり</u>食べられて、体にいいです。
3　この体育館はだれでも<u>そっくり</u>利用できます。
4　彼女はドイツ語の本を<u>そっくり</u>読める。

35　すこしも

1　あの人の説明は<u>すこしも</u>わかりません。
2　学校まではほんの<u>すこしも</u>です。
3　この学校の先生は全員英語が<u>すこしも</u>話せます。
4　つぼには砂糖が<u>すこしも</u>入っていた。

언어지식 (문법)

問題1 つぎの文の（　　　）に入れるのに最もよいものを、1・2・3・4から一つえらび
なさい。

1 このパンは焼きたてだから、（　　　）温かくておいしいよ。

　　1　少し　　　　　2　まだ　　　　　3　あまり　　　　4　また

2 私はたくさんの人の前で話すとき、緊張し（　　　）だ。

　　1　かけ　　　　　2　気味　　　　　3　がち　　　　　4　がたい

3 テーブルにケーキがおいて（　　　）。

　　1　います　　　　2　あります　　　3　します　　　　4　おきます

4 予約の受付は1ヶ月前からという（　　　）。

　　1　ことにしていますか　　　　　　2　ことになっています
　　3　ようにしています　　　　　　　4　ようになっています

5 このシャツはきのう（　　　）ばかりです。

　　1　買って　　　　2　買った　　　　3　買う　　　　　4　買いた

6 山本先生は本当に先生（　　　）ですね。

　　1　らしい　　　　2　みたい　　　　3　よう　　　　　4　そう

7 不況で、給料も減り、生活は苦しく（　　　）一方だ。

　　1　なり　　　　　2　なる　　　　　3　ならない　　　　4　なった

8 電車（　　　）時、キップを買います。

　　1　を乗っている　2　を乗った　　　3　に乗る　　　　4　に乗った

9 この道（　　　　）まっすぐ行くと、左側に病院があります。

　　1　で　　　　　　　2　へ　　　　　　　3　を　　　　　　　4　から

10 この店においてある時計は（　　　　）スイス製です。

　　1　全部　　　　　　2　全部で　　　　　3　全部の　　　　　4　全員

11 彼は大学を卒業したのに、全然（　　　　）。家でぶらぶらしてる。

　　1　働かなかった　　　　　　　　　2　働こうとしない
　　3　働いている　　　　　　　　　　4　働かなくていい

12 ルールに（　　　　）ゲームをするところに、スポーツの厳しさと面白さがある。

　　1　ついで　　　　　2　したがって　　　3　つれて　　　　　4　かけて

13 電車の定期券の期限が（　　　　）のに気がつかなかった。

　　1　きっている　　2　おわっている　　3　きれている　　4　かわっている

問題2 つぎの文の＿＿★＿＿に入る最もよいものを、1・2・3・4から一つえらびなさい。

14 森さん＿＿＿＿＿ ＿＿★＿＿ ＿＿＿＿＿ ＿＿＿＿＿、選んだ。

1 として　　　2 を　　　　3 クラスの　　4 代表

15 二度と＿＿＿＿＿ ＿＿★＿＿ ＿＿＿＿＿ ＿＿＿＿＿、また、行ってしまった。

1 が　　　　　2 まい　　　3 と思っていた　4 行く

16 うちには、＿＿＿＿＿ ＿＿★＿＿ ＿＿＿＿＿ ＿＿＿＿＿たくさんある。

1 本が　　　　2 買った　　3 読んでいない　4 ものの

17 水曜日に＿＿★＿＿ ＿＿＿＿＿ ＿＿＿＿＿ ＿＿＿＿＿です。

1 冷凍食品　　2 限り　　　3 半額　　　　4 は

18 ニュースに＿＿＿＿＿ ＿＿＿＿＿ ＿＿＿＿＿ ＿＿★＿＿の家が壊れたそうだ。

1 地震　　　　2 よると　　3 多く　　　　4 で

問題3 つぎの文章を読んで [19] から [23] の中に入る最もよいものを、1・2・3・4 から一つえらびなさい。

　　チューリップはオランダの生れです。チューリップの花は、平均9度という、オランダの春の気温を思い出して、だいたい9度になれば開き、9度 [19] 下がればつぼむのです。だから、チューリップの花は、夜が明けたから開く [20] 、9度という温度になるから開くのです。

　　夏の花のあさがおも、温度でさきます。あさがおはオランダより気温の暑いインドがふるさとで、24度 [21] 気温でさきます。あさがおの花が夜明け前にさくのは、夏の夜は暑く、夜明け近くになると24度ぐらいに [22] からです。

　　たんぽぽの花も、朝が来るとさきます。 [23] 、それはチューリップやあさがおとちがって、光でさくのです。

---

[19]

　1　ほど　　　　2　より　　　　3　ぐらい　　　4　ほか

[20]

　1　ではないで　2　ので　　　　3　のではなくて　4　のでは

[21]

　1　ぐらいの　　2　ごろ　　　　3　だけの　　　4　からの

[22]

　1　上がる　　　2　登る　　　　3　生きる　　　4　下がる

[23]

　1　それなのに　2　でも　　　　3　だから　　　4　それで

N3

일본어능력시험

모의고사 2회

- 언어지식(문자어휘)
- 언어지식(문법)

問題1 _____ のことばの読み方として最もよいものを、1・2・3・4から一つえら
びなさい。

1 かれは書道が得意です。
    1 どくい   2 とくい   3 どおくい   4 とおくい

2 物価がたかいので生活が大変です。
    1 ぶっか   2 ぶつか   3 ものか   4 ものね

3 大学合格のために一生けんめい努力した。
    1 どうりょく   2 どりょく   3 とうりょく   4 とりょく

4 この上着は四万円でした。
    1 うえき   2 うえぎ   3 うわき   4 うわぎ

5 一緒に映画でもみにいきませんか。
    1 いしょう   2 いっしょ   3 いっしょう   4 いしょ

6 妹は掃除や洗濯がきらいです。
    1 そうじ   2 そうし   3 そうち   4 そじ

7 経済の勉強をするために留学しました。
    1 けざい   2 けいさい   3 けえさい   4 けいざい

8 あの夫婦の趣味は読書と水泳だそうですよ。
    1 よみほん   2 よみしょ   3 とくしょ   4 どくしょ

問題2 _____のことばを漢字で書くとき、最もよいものを1・2・3・4から一つえらびなさい。

9 この辺は、ずいぶん変わりましたね。ちょっとしんじられません。

1 伝じ   2 信じ   3 借じ   4 代わり

10 はじめて、日本に来た印象はいかがですか。

1 始めて   2 終めて   3 初めて   4 果めて

11 ひがしのほうには、高い建物が見えます。

1 東   2 西   3 南   4 北

12 にわに大きな木が植えてあります。

1 延   2 庭   3 建   4 誕

13 わたしの住んでいるところは、駅に近くて便利です。

1 場   2 地   3 所   4 家

14 この店はまだじゅんびちゅうですからほかへ行きましょう。

1 准備   2 準備   3 用備   4 順備

問題3 （　　）に入れるのに最もよいものを、1・2・3・4から一つえらびなさい。

15　A：かばんの中に入れてください。

　　B：かばんが小さくて（　　　）ません。

　　1　いれ　　　　　2　あけ　　　　　3　あき　　　　　4　はいり

16　私の家は駅から遠くてとても（　　　）だ。

　　1　ふべん　　　　2　べんり　　　　3　にぎやか　　　4　うるさい

17　このかばんは（　　　）です。

　　1　けんこう　　　2　じょうず　　　3　げんき　　　　4　じょうぶ

18　飛行機の席を（　　　）しにいきます。

　　1　よやく　　　　2　よてい　　　　3　やくそく　　　4　よそう

19　とうふは（　　　）から作ります。

　　1　こめ　　　　　2　ぶどう　　　　3　しょうゆ　　　4　だいず

20　健康診断で（　　　）検査を受けました。

　　1　きょうみ　　　2　ほうかい　　　3　けつえき　　　4　あんぜん

21　日曜日も仕事をしたのでとても（　　　）。

　　1　つとめた　　　2　おわった　　　3　おくれた　　　4　つかれた

22　この洗濯機は（　　　）いますよ。動きません。

　　1　こわれて　　　2　ちがって　　　3　なおって　　　4　あそんで

23 中山さんは病気だそうですね。（　　　　）に行きましょう。

　　1　おねがい　　　　2　おみまい　　　　3　おいわい　　　　4　おれい

24 スケートは氷の上を（　　　　）スポーツです。

　　1　あるく　　　　2　すべる　　　　3　はしる　　　　4　とぶ

25 海水汚染は、環境を壊すばかりか住民の（　　　　）の問題だ。

　　1　費用　　　　2　健康　　　　3　努力　　　　4　同意

問題4 ＿＿＿＿＿　に意味が最も近いものを、1・2・3・4から一つえらびなさい。

26 先生の所へ行っておもしろい話をうかがいました。

　　1　おっしゃいました　　　　　　2　訪問しました
　　3　聞きました　　　　　　　　　4　申し上げました

27 もっと気をつけてください。

　　1　注意して　　　　2　勉強して　　　　3　片付けて　　　　4　がんばって

28 きけんですから、入らないでください。

　　1　安全　　　　2　安心　　　　3　危ない　　　　4　いっぱい

29 どうぞおかけください。

　　1　立って　　　　2　入って　　　　3　座って　　　　4　吸って

30 先輩を通して、入学試験の案内をもらった。

　　1　とおって　　　　2　とおして　　　　3　わたって　　　　4　つたえて

問題5 つぎのことばの使い方として最もよいものを、一つえらびなさい。

31 みかけ

1 この料理はみかけもいいし、味もうまい。
2 新しい設備はみかけがかかる反面、環境にやさしい。
3 この街は昔に比べて、ずいぶんみかけになった。
4 みかけが出たら、新車を買うつもりだった。

32 コミュニケーション

1 コミュニケーションを使えば簡単に連絡できます。
2 今から行っても、人気商品だから、コミュニケーションもあり得る。
3 コミュニケーションは言語だけで行われるわけではありません。
4 電話で出てくれないのでは、コミュニケーションに違いない。

33 まよう

1 医者に言われて、酒もタバコもまようことにした。
2 疲れが取れたのはよくまよったからにすぎない。
3 薬を飲んでも、必ずしも風邪が治るとはまよわない。
4 山中で道にまよって、どっちに行ったらいいかわからなくなった。

34 まずしい

1 彼はまずしい暮らしの中で、十分な教育を受けることができなかった。
2 仕事が忙しいといっても、昼食をとれないほどまずしい。
3 年をとれば、記憶力がまずしくなるものだ。
4 友達が集まって、みんなでおしゃべりするのはまずしい。

35 ようやく

1 運動したら、ようやくやせるというものではない。
2 絵を習えば誰でもようやく上手になるというわけではない。
3 ニュースによると、全国はようやく今日梅雨明けしたそうです。
4 家賃は駅からの距離によってようやく変ります。

언어지식 (문법)

問題1 つぎの文の（　　　）に入れるのに最もよいものを、1・2・3・4から一つえらびなさい。

1 その友だちがあしたここに来る（　　　）どうかわかりません。

    1　か　　　　　2　が　　　　　3　は　　　　　4　も

2 雨の中を30分も（　　　）、かぜをひいてしまった。

    1　歩かれて　　2　歩けて　　　3　歩かされて　4　歩かせて

3 子供が大きくなって（　　　）と、高校、大学と教育費がかかる。

    1　みる　　　　2　くる　　　　3　いく　　　　4　おく

4 あなたは何かプレゼント（　　　）もらったこと（　　　）ありますか。

    1　で、で　　　2　を、が　　　3　が、に　　　4　に、も

5 大山さんは今部屋にいません。ドアにかぎがかけて（　　　）。

    1　います　　　2　なります　　3　します　　　4　あります

6 このあいだ、ごちそうになったので今日は私に（　　　）ください。

    1　はらって　　2　はらわれて　3　はらわせて　4　はらわせられて

7 電気を（　　　）まま眠ってしまった。

    1　つく　　　　2　ついた　　　3　つけた　　　4　つける

8 ご自由にお（　　　）ください。

    1　取って　　　2　取りに　　　3　取れ　　　　4　取り

9 東京に（　　　）前は九州におりました。

    1　来た　　　　2　いた　　　　3　来る　　　　4　いく

10 夜中、となりの赤ちゃんに（　　　）ぜんぜんねむれませんでした。

1　泣いて　　　　2　泣かれて　　　3　泣かせて　　　4　泣かせられて

11 先生に作文をなおして（　　　）。

1　くださいました　　　　　　2　さしあげました
3　いただきました　　　　　　4　もらいました

12 クラスには（　　　）趣味を持っている人が何人かいます。

1　同じい　　　　2　同じな　　　3　同じ　　　　4　同じの

13 おそれいりますが、地下鉄の駅へ（　　　）どう行ったらいいでしょうか。

1　行くには　　　2　行くでは　　　3　行くものは　　4　行くへは

問題2 つぎの文の＿★＿に入る最もよいものを、1・2・3・4から一つえらびなさい。

14 今回の ＿＿＿＿＿ ＿＿＿＿＿ ＿★＿ ＿＿＿＿＿大きな被害が出たそうだ。

　　1 台風　　　　2 農作物　　　　3 によって　　　4 に

15 彼は ＿＿＿＿＿ ＿＿＿＿＿ ＿★＿ ＿＿＿＿＿帰ってしまった。

　　1 何　　　　　2 言わ　　　　　3 も　　　　　　4 ずに

16 人の ＿＿＿＿＿ ＿＿＿＿＿ ＿★＿ ＿＿＿＿＿限る。

　　1 言わない　　2 悪口　　　　　3 は　　　　　　4 に

17 あなた ＿＿＿＿＿ ＿＿＿＿＿ ＿★＿ ＿＿＿＿＿仕事とどちらが大切ですか。

　　1 家族　　　　2 とって　　　　3 と　　　　　　4 に

18 仕事を ＿＿＿＿＿ ＿＿＿＿＿ ＿★＿ ＿＿＿＿＿やるべきだ。

　　1 責任を持って　2 一度　　　　3 以上は　　　　4 引き受けた

問題3 つぎの文章を読んで 19 から 23 の中に入る最もよいものを、1・2・3・4から一つえらびなさい。

　私はフランスに留学している間、フランス人の家に下宿していました。その家のおばさんは、昔、女子学校の校長先生をしていた人でした。

　時々おばさんは私にフランス語を 19 が、いつも教えるのは中学ぐらいのやさしいフランス語でした。わたしはやさしい文法がつまらなくなって、すこし難しいことを 20 としました。けれども、おばさんは「基礎がたいせつです」と言って、何度も何度も初級の教科書をくりかえし 21 。

　フランス語には、ていねいな言い方の「あなた」と学生や親しい人たちのあいだで使う「きみ」というふたつの言い方があります。相手を見て、このふたつを使いますが、おばさんは「ていねいな言い方だけ使いなさい。」と私に言いました。あなたはフランス語が下手なのだから、フランス人のように使うことはできない。ていねいな言葉なら、 22 場合でも使うことができるというのが、おばさんの 23 でした。

19

　　1　教えてくれました　　　　　2　教えてもらいました
　　3　教えてあげました　　　　　4　教えてやりました

20

　　1　教えよう　　　2　教える　　　3　覚えよう　　　4　覚える

21

　　1　勉強しました　　　　　　　2　勉強させました
　　3　勉強されました　　　　　　4　勉強できました

22

　　1　どんな　　　2　こんな　　　3　そんな　　　4　あんな

23

　　1　言い方　　　2　使い方　　　3　捨て方　　　4　教え方

N3

일본어능력시험

모의고사 3회

- 언어지식(문자어휘)
- 언어지식(문법)

언어지식 (문자, 어휘)

問題1 _____ のことばの読み方として最もよいものを、1・2・3・4から一つえらびなさい。

1 家賃は月末に払います。

　　1　いえちん　　　2　いえぢん　　　3　やちん　　　4　やぢん

2 どんな方法ですればはやく上手になりますか。

　　1　ほほう　　　　2　ほうほう　　　3　ほうほ　　　4　ほほ

3 忙しいのでパーティーは欠席します。

　　1　かなしい　　　2　きびしい　　　3　さびしい　　　4　いそがしい

4 地中を掘り進むうちに岩にぶつかった。

　　1　がけ　　　　　2　かべ　　　　　3　いわ　　　　　4　すな

5 座ってばかりいると腰がいたくなります。

　　1　すわって　　　2　たって　　　　3　まって　　　　4　もって

6 特急の指定席をとるために、並ばなければなりません。

　　1　してんせき　　2　しでんせき　　3　していせき　　4　しでいせき

7 あの店は品数が豊富です。

　　1　ひんずう　　　2　びんすう　　　3　しながず　　　4　しなかず

8 新しい植物が発見された。

　　1　はけん　　　　2　はっけん　　　3　はつげん　　　4　はつけん

問題2 _____ のことばを漢字で書くとき、最もよいものを1・2・3・4から一つ えらびなさい。

9 郵便局の角を曲がると<u>ぼうえき</u>会社があります。

  1 賃易   2 留貿   3 買易   4 貿易

10 日本は外国に<u>きかい</u>を輸出しています。

  1 機会   2 機回   3 機械   4 機階

11 この<u>しょうせつ</u>は退屈なので、途中でやめてしまいました。

  1 少説   2 小説   3 少話   4 小話

12 ご両親の病気が早く<u>なおる</u>といいですね。

  1 治る   2 直る   3 修る   4 快る

13 ゴミを<u>ゆか</u>に捨てないでください。

  1 床   2 居   3 屋   4 内

14 今日は<u>あたたかい</u>から散歩に行きませんか。

  1 温かい   2 暑かい   3 暖かい   4 陽かい

問題3 (　　) に入れるのに最もよいものを、1・2・3・4から一つえらびなさい。

15 車は(　　)に止めなければなりません。

   1 うんどうじょう　　　　　　2 じょうしょ
   3 ちゅうしゃじょう　　　　　　4 こうじょう

16 とても美しい山でした。けれども、人が多くて大変(　　)。

   1 おいしかったです　　　　　　2 おもしろかったです
   3 うつくしかったです　　　　　　4 うるさかったです

17 お皿を床の上に落として(　　)しまいました。

   1 わって　　　　2 おって　　　　3 とって　　　　4 きって

18 最近太ってしまってスカートが(　　)なった。

   1 きつく　　　　2 ふとく　　　　3 こまかく　　　　4 かたく

19 計算が(　　)わけではないが、経理の仕事はしたくない。

   1 素敵な　　　　2 苦手な　　　　3 手頃な　　　　4 得意な

20 今日は日曜日なので、父が(　　)で料理を作っています。

   1 おうせつま　　2 げんかん　　3 だいどころ　　4 ろうか

21 そのラジオは(　　)を入れ替えないと、聞こえませんよ。

   1 ボタン　　　　2 でんき　　　　3 ダイヤル　　　　4 でんち

22 わたしは(　　)コーヒーが好きなので、お湯をたくさん入れてください。

   1 あまい　　　　2 うすい　　　　3 にがい　　　　4 こい

23 すみません、これはどうするんですか。(　　)してください。

   1 べんきょう　　2 けんきゅう　　3 しつもん　　4 せつめい

24 「あなたの(　　　)はなんですか。」「映画を見ることです。」

1　とくい　　　　2　きょうみ　　　3　しゅみ　　　　4　とくべつ

25 新宿は人も店も多くてとても(　　　)です。

1　いろいろ　　　2　にぎやか　　　3　りっぱ　　　　4　ふんざつ

問題4 ＿＿＿＿に意味が最も近いものを、1・2・3・4から一つえらびなさい。

26 この家は<u>むだな</u>電気がたくさんついていますね。

1　明るい　　　　2　必要ない　　　3　大切な　　　　4　高い

27 初めての海外旅行なので<u>わくわくしています</u>。

1　楽しみです　　2　心配です　　　3　困っています　4　緊張しています

28 助手席の人もシートベルトを<u>して</u>ください。

1　かけて　　　　2　しめて　　　　3　はいて　　　　4　まいて

29 とても<u>腰の低い</u>人だったので、社長だとは思わなかった。

1　背の低い　　　2　謙虚な　　　　3　自信のない　　4　静かな

30 <u>言い訳</u>をするよりまず謝りなさい。

1　お詫び　　　　2　弁解　　　　　3　文句　　　　　4　説明

問題5 つぎのことばの使い方として最もよいものを、一つえらびなさい。

[31] そっくり

1 いまから行けば電車にそっくり間に合う。
2 父親にそっくりなむすこだったので見違えるほどだった。
3 暑い日はつめたいものがそっくりする。
4 春の花といえば、そっくり桜ですよね。

[32] アナウンス

1 社内アナウンスは録音された女性の声のテープを再生するパタンが多い。
2 言葉の意味がわからない時は、辞書をアナウンスすればわかる。
3 このプロジェクトが失敗したのはアナウンスが不十分だったからだ。
4 健康のため、毎朝6時に起きてアナウンスする。

[33] うける

1 成功するためには、どんなに大変でも、最後までうけることだ。
2 漢字は勉強したことは勉強したが、ほとんどうけていない。
3 来週コンビニの面接をうけることがやっと決定した。
4 電車の中でお年よりが立っていたら、席をうけるものだ。

[34] にがて

1 外国製のものは英語がにがてなので、使えません。
2 ピアノを習えば誰でもにがてになるというわけではない。
3 最近外食ばかりで、野菜不足だから肌の調子がにがてだ。
4 このビルは外見がにがてなわりに、中は昔の古いままだ。

[35] がっかり

1 この辺は交通も便利なら、店もたくさんあって、がっかりした。
2 夏休みが近づくにつれて、何だかがっかりしてきた。
3 上司に対しても、悪いことは悪いとがっかり言うべきだ。
4 お金をなくして子供はすっかりがっかりした。

언어지식 (문법)

問題1 つぎの文の（　　　）に入れるのに最もよいものを、1・2・3・4から一つえらびなさい。

1 あの人の名前を(　　　)か。

1　知りましょう　2　知りました　　3　知ります　　4　知っています

2 いつも週末は本を(　　　)して過ごす。

1　読み　　　　　2　読んだり　　　3　読んだ　　　4　読んで

3 かべに花の絵が(　　　)います。

1　かかって　　　2　かかられて　　3　かけて　　　4　かかせて

4 雨が(　　　)洗濯物を取り込んで下さい。

1　降ったら　　　2　降れば　　　　3　降ると　　　4　降っても

5 日本は国土がせまい(　　　)、山林が多い。

1　から　　　　　2　たの　　　　　3　うえに　　　4　につれて

6 人から金を借り(　　　)、返さなければなりません。

1　なら　　　　　2　れば　　　　　3　ると　　　　4　たら

7 わたしは母の仕事を手伝って(　　　)ました。

1　くれ　　　　　2　あげ　　　　　3　ください　　4　なさい

8 先生の話を(　　　)ながら、メモを取るのが難しかった。

1　きき　　　　　2　きく　　　　　3　きいて　　　4　きか

9 スミスさんは日本語が上手で、まるで日本人(　　　)です。

1　よう　　　　　2　そう　　　　　3　らしい　　　4　みたい

10 この部屋には本がきれいに(　　　)し、テーブルの上に花も飾ってあります。

1　並んでいました　　　　　　2　並んであります
3　並べています　　　　　　　4　並べてあります

11 子供のころに父(　　　)死なれ、苦しい少年時代を過ごしました。

1　は　　　　　　2　が　　　　　　3　に　　　　　　4　も

12 一晩中、うるさく(　　　)、よく眠れませんでした。

1　して　　　　　2　させて　　　　3　されて　　　　4　させられて

13 あしたから夏休み。久しぶりの長期の休み(　　　)、うれしい。

1　せいで　　　　2　くせに　　　　3　だけに　　　　4　ばかりに

問題2 つぎの文の＿＿＿★＿＿＿に入る最もよいものを、1・2・3・4から一つえらびなさい。

14 昨夜、＿＿＿＿＿ ＿＿＿＿＿ ＿★＿＿ ＿＿＿＿に違いない。

　　1 提出する　　　2 から　　　　　3 書いていた　　4 レポートを

15 きのう、＿＿＿＿＿ ＿★＿＿ ＿＿＿＿＿ ＿＿＿＿から、突然手紙が来た。

　　1 きり　　　　　2 友人　　　　　3 会っていない　4 10年前に別れた

16 わたしは寝る前に、＿＿＿＿＿ ＿★＿＿ ＿＿＿＿＿ ＿＿＿＿寝られない。

　　1 でないと　　　2 戸締まりの確認を　3 心配で　　4 してから

17 この辺は ＿＿＿＿＿ ＿＿＿＿＿ ＿★＿＿ ＿＿＿＿もおいしい。

　　1 魚　　　　　　2 限らず　　　　3 に　　　　　4 肉

18 痛みが＿＿＿＿＿ ＿＿＿＿＿ ＿★＿＿ ＿＿＿＿にすぎない。

　　1 から　　　　　2 のは　　　　　3 薬を飲んだ　　4 なくなった

問題3 つぎの文章を読んで ［19］から［23］の中に入る最もよいものを、１・２・３・４から一つえらびなさい。

　こんなことがありました。修学旅行で九州から東京に帰る新幹線の中での ［19］ です。到着は午後六時すぎというので、四時ぐらいに全員にサンドイッチが配られました。

　みんな、あまりおなかが ［20］ らしくて、食べる人はあまりいませんでした。私もおなかがすいていないので、食べないで持って帰ろうと思いました。

　それから時間がすぎて、ごみを集めに来ました。わたしはみんな、食べなかったサンドイッチは ［21］ だろうと思いました。けれどもそんなことをする人はほとんどいなくて、だいたいの人は一口も食べないですてたのです。それを見ていた私は胸が ［22］ 痛くなりました。

　泣きたくなるような気持ちでした。どうして持って帰らないのでしょう。私は食べ物を捨てる人たちに腹がたちました。この世の中に生きる人間なら、一つ一つものを大切にする心を ［23］ と思います。

---

［19］

1　もの　　　　　2　ほう　　　　　3　かた　　　　　4　こと

［20］

1　すいている　　2　すいていない　3　すいていた　　4　すく

［21］

1　持って帰る　　2　人にあげる　　3　捨てる　　　　4　食べてしまった

［22］

1　どきどき　　　2　ちくちく　　　3　ズキンズキン　4　すくすく

［23］

1　持ってほしい　2　待ってほしい　3　ほしい　　　　4　あってほしい

N3

일본어능력시험
모의고사 3회분
정답 및 번역

N3 모의고사 1회 정답 및 번역

언어지식 (문자, 어휘) p.304

1	2	3	4	5	6	7	8	9	10
3	2	2	1	3	1	1	2	1	2

11	12	13	14	15	16	17	18	19	20
4	3	3	4	4	2	1	3	2	2

21	22	23	24	25	26	27	28	29	30
4	1	2	1	1	1	2	3	2	1

31	32	33	34	35
4	3	3	2	1

:: 문제1
1. 선물은 보자기에 싸여 있었다.
2. 남편은 지금 목욕하고 있으니, 조금 기다려 주세요.
3. 오늘 아침 늦잠을 자서 통근 시간에 늦었다.
4. 작년, 홋카이도를 여행할 때, 사진을 많이 찍었습니다.
5. 할머니는 커피보다 홍차를 좋아합니다.
6. 상대가 윗사람의 경우는, 존경어를 사용하지 않으면 실례가 됩니다.
7. 파출소 옆에 은행이 있습니다.
8. 병원 안은 금연입니다.

:: 문제2
9. 무거운 짐을 들고 역까지 걸어갔습니다.
10. 이 지방은 자연의 혜택을 많이 받은 곳입니다.
11. 커피에 설탕을 넣습니까?
12. 우리나라의 인구는 일본의 약 3배입니다.
13. 저 전람회는 언제쯤 까지 합니까?
14. 사태 정상화를 도모하기 위한 대책을 협의했다.

:: 문제3
15. A: 선생님, 이거 사용해도 됩니까?
　　B: 예, (사용해도 괜찮아요).
16. 창문이 열려 있습니다. 누가 연 것일까요?
17. 우리 언니/누나는 요리를 잘합니다.

18. 어제의 화재 원인은 담배였다고 합니다.
19. 이 의자를 옆방에 옮겨 주세요.
20. 비가 내려서 운동은 중지되었습니다.
21. 그 사람의 편지에 답장을 써야 합니다.
22. 나는 몸이 매우 건강합니다.
23. 먹고 난 후는 반드시 이를 닦읍시다.
24. 오늘은 이미 늦었기 때문에 역까지 모셔다 드리겠습니다.
25. 큰 지진 때는, 정말 무서웠습니다.

:: 문제4
26. 차 안에서 가방을 잃어버렸습니다.
　　なくす잃다　落とす잃어버리다, 떨어뜨리다　とる취하다
　　こわす부서뜨리다
27. 너무 걱정하지 마세요.
28. 선생님 댁을 언제 방문할 생각입니까?
29. 밥을 너무 많이 먹었다.
　　1 조금 먹었다　　　　2 많이 먹었다
　　3 남겼다　　　　　　4 먹지 않았다
　　동사ます형/형용사어간/형용동사어간 + すぎる「너무 ~하다」
30. 지금부터라도 충분히 갈 수 있습니다.
　　1 늦지 않습니다　　　2 아슬아슬합니다
　　3 도착할 수 없습니다　4 늦어집니다

:: 문제5
31.	1 からから	2 ひりひり	3 すらすらと
32.	1 スピード	2 すばらしい	4 出かけよう
33.	1 出しに	2 する	4 済む
34.	1 やりくり	3 自由に	4 すらすら
35.	2 わずか	3 上手に	4 すこし

언어지식 (문법) p.309

1	2	3	4	5	6	7	8	9	10
2	3	2	2	2	1	2	3	3	1

11	12	13	14	15	16	17	18	19	20
2	2	3	3	2	4	2	3	2	3

21	22	23
1	4	2

:: 문제1

1. 이 빵은 구운지 얼마 되지 않았기 때문에 아직 따뜻하고 맛있어요.

2. 나는 많은 사람 앞에서 이야기할 때, 긴장하기 일쑤이다.

3. 테이블에 케이크가 놓여 있습니다.

4. 예약 접수는 1개월 전부터 하게 되어 있습니다.

5. 이 셔츠는 어제 막 샀습니다.

6. 야마다 선생님은 정말로 선생님답군요.

7. 불황으로 월급도 줄어, 생활은 어려워지기만 한다.

8. 전차를 탈 때, 표를 삽니다.

9. 이 길을 곧장 가면, 좌측에 병원이 있습니다.

10. 이 가게에 있는 시계는 전부 스위스제입니다.

11. 그는 대학을 졸업했는데, 전혀 일하려고 하지 않는다. 집에서 뒹굴거리고 있다.

12. 규칙에 따라 게임을 하는 점에, 운동의 엄격함과 묘미가 있다.

13. 전차의 정기권의 기한이 다 되었는데 생각을 못했다.

:: 문제2

14. 모리 씨를 학급 대표로 선출했다.

15. 두 번 다시 가지 않겠다고 생각했는데 또 가 버렸다.

16. 우리 집에는 사두었지만 읽지 않은 책이 많이 있다.

17. 수요일에 한해 냉동식품은 반액입니다.

18. 뉴스에 의하면 지진으로 많은 집이 무너졌다고 한다.

:: 문제3

해석

튤립은 네덜란드산입니다. 튤립 꽃은 평균 9도라는 네덜란드의 봄 기온을 생각해내서, 대개 9도가 되면 피고, 9도보다 내려가면 봉오리가 됩니다. 그래서 튤립 꽃은 날이 밝아서 피는 것이 아니라 9도라는 온도가 되기 때문에 피는 것입니다.

여름 꽃인 나팔꽃도 온도 때문에 핍니다. 나팔꽃은 네덜란드보다 기온이 높은 인도가 고향으로 24도정도의 기온에서 핍니다. 나팔꽃이 날이 새기 전에 피는 것은 여름 밤은 덥고, 새벽가까이가 되면 24도 정도로 내려가기 때문입니다.

민들레꽃도 아침이 오면 핍니다. 하지만 그것은 튤립이나 나팔꽃과 달리 빛으로 인해 피는 것입니다.

N3 모의고사 2회 정답 및 번역

언어지식 (문자, 어휘) p.314

1	2	3	4	5	6	7	8	9	10
2	1	2	4	2	1	4	4	2	3

11	12	13	14	15	16	17	18	19	20
1	2	3	2	4	1	4	1	4	3

21	22	23	24	25	26	27	28	29	30
4	1	2	2	2	3	1	3	3	2

31	32	33	34	35
1	3	4	1	3

:: 문제1

1. 그는 서예를 잘합니다.

2. 물가가 비싸기 때문에 생활이 힘듭니다.

3. 대학합격을 위해 열심히 노력했다.

4. 이 겉옷은 4만 엔이었습니다.

5. 같이 영화라도 보러 가지 않겠습니까?

6. 여동생은 청소와 빨래를 싫어합니다.

7. 경제 공부를 하기 위해서 유학을 했습니다.

8. 저 부부의 취미는 독서와 수영이라고 합니다.

:: 문제2

9. 이 주변은, 많이 바뀌었네요. 좀 믿을 수 없습니다.

10. 처음으로 일본에 온 인상은 어떻습니까?

11. 동쪽 방면에는, 높은 건물이 보입니다.

12. 정원에 큰 나무가 심어져 있습니다.

13. 내가 살고 있는 장소는, 역에서 가까워서 편리합니다.

14. 이 가게는 아직 준비 중이니까 다른 곳에 갑시다.

:: 문제3

15. A: 가방 안에 넣어 주세요.

   B: 가방이 작아서 들어가지 않습니다.

16. 우리 집은 역에서 멀기 때문에 매우 불편하다.

17. 이 가방은 튼튼합니다.

18. 비행기 좌석을 예약하러 갑니다.

19. 두부는 콩으로 만듭니다.

20. 건강진단에서 혈액검사를 받았습니다.

21. 일요일도 일을 했기 때문에 매우 피곤했다.

22. 이 세탁기는 고장 났어요. 움직이지 않습니다.

23. 나카야마 씨는 몸이 아프다고 합니다. 병문안 갑시다.

24. 스케이트는 얼음 위를 미끄러져 활주하는 운동입니다.

25. 해수오염은 환경을 파괴할 뿐만 아니라 주민의 건강문제이다.

:: 문제4

26. 선생님 집에 가서 재미있는 이야기를 들었습니다.

　　「うかがう」: 듣다, 묻다, 방문하다의 겸사말

27. 좀 더 조심해 주세요.

28. 위험하니까 들어가지 마세요.

29. 자 앉으세요.

30. 선배를 통해, 입학시험의 안내를 받았다.

　　～を通(とお)して: ～를 통해

:: 문제5

31.	2 コスト		3 にぎやか		4 ボーナス
32.	1 メール		2 買えないことも		4 るす
33.	1 やめる		2 寝た		3 限らない
34.	2 ではありません	3 悪く			4 たのしい
35.	1 必ずしも		2 必ず		4 ×

언어지식 (문법) p.319

1	2	3	4	5	6	7	8	9	10
1	3	3	2	4	3	3	4	2	2

11	12	13	14	15	16	17	18	19	20
3	3	1	2	2	1	1	3	1	3

21	22	23
2	1	4

:: 문제1

1. 그 친구는 내일 여기에 올지 안 올지 모릅니다.

2. 빗속을 30분이나 걸었더니 감기에 걸리고 말았다.

3. 아이가 커 가면, 고등학교, 대학교로 교육비가 든다.

4. 당신은 무언가 선물을 받았던 적이 있습니까?

5. 오야마 씨는 지금 방에 없습니다. 문에 열쇠가 채워져 있습니다.

6. 일전에 대접을 받았으므로 오늘은 내가 내게 해 주세요.

7. 불을 켠 채로 자 버렸다.

　　電気(でんき)を点(つ)ける: 전기(전깃불)를 켜다
　　点ける: (타동사). (불을) 켜다, 붙이다, 지르다↔
　　消(け)す: (불을) 끄다
　　点(つ)く / 消(き)える (자동사)

8. 자유롭게 가져가세요.

9. 도쿄에 오기 전에는 규슈에 있었습니다.

　　동사 연체형(기본형) + 前: 九州에 머무르던 시점은 도쿄에 오기 전이다.

10. 밤중에 옆방 갓난아기가 울어서 전혀 잠을 잘 수 없었습니다.

11. 선생님은 내 작문을 고쳐 주셨습니다.

12. 반에는 같은 취미를 가진 사람이 몇 명 있습니다.

13. 죄송합니다만, 지하철역에 가려면 어떻게 가면 됩니까?

　　동사기본형 + には: ～하려면

:: 문제2

14. 이번 태풍으로 농작물에 커다란 피해가 발생했다고 한다.

15. 그는 아무 말도 하지 않고 돌아가 버렸다.

16. 남의 험담은 하지 않는 게 상책이다.

　　～に限る: ～하는 것이 최고다

17. 당신에게 있어서 가족과 일 중 어느 쪽이 소중합니까?

18. 업무를 한번 인수한 이상은 책임을 갖고 해야만 한다.

:: 문제3

> 해석
>
> 나는 프랑스에 유학하고 있는 동안 프랑스 사람 집에 하숙하고 있었습니다. 그 집 아주머니는 옛날, 여학교 교장 선생님을 했었던 사람이었습니다.
>
> 때때로 아주머니는 나에게 프랑스어를 가르쳐주었지만, 언제나 가르치는 것은 중학교정도의 쉬운 프랑스어였습니다. 나는 쉬운 문법이 시시해서, 조금 어려운 것을 외우려고 했습니다. 하지만 아주머니는 '기초가 중요합니다'라고 하면서, 몇 번이고 반복하여 초급 교과서를 반복하여 공부시켰습니다.
>
> 프랑스어에는 공손한 말투인 '당신'과 학생이나 친한 사람들 사이에서 사용하는 '너'라는 두 개의 말투가 있습니다. 상대를 보고 이 둘을 사용하지만, 아주머니는 '공손한 말투만 사용하라'고 나에게 말했습니다. 당신은 프랑스어가 서툴기 때문에 프랑스 사람처럼 사용할 수는 없다. 공손한 말이라면 어떤 경우라도 사용할 수 있다는 것이 아주머니의 교수법이었습니다.

N3 모의고사 3회 정답 및 번역

언어지식 (문자, 어휘) p.324

1	2	3	4	5	6	7	8	9	10
3	2	4	3	1	3	4	2	4	3

11	12	13	14	15	16	17	18	19	20
2	1	1	3	3	4	1	1	2	3

21	22	23	24	25	26	27	28	29	30
4	2	4	3	2	2	1	2	2	2

31	32	33	34	35
2	1	3	1	4

:: 문제1
1. 집세는 월말에 지불합니다.
2. 어떤 방법으로 한다면 빨리 능숙해집니까?
3. 바빠서 파티는 결석하겠습니다.
4. 땅속을 파 들어가는 사이에 바위에 부딪혔다.
5. 앉아만 있으면 허리가 아파진다.
6. 특급 지정석을 타기 위해서, 줄을 서지 않으면 안 된다.
7. 이 가게는 물건 종류가 풍부하다.
8. 새로운 식물이 발견되었다.

:: 문제2
9. 우체국 모퉁이를 돌면 무역회사가 있습니다.
10. 일본은 외국에 기계를 수출하고 있습니다.
11. 이 소설은 지루하기 때문에, 도중에 그만둬 버렸습니다.
12. 부모님의 병이 빨리 나으면 좋겠군요.
13. 쓰레기를 복도에 버리지 말아 주세요.
14. 오늘은 따뜻하니까 산책 하러 안 갈래요?

:: 문제3
15. 차는 주차장에 세워야 합니다.
16. 매우 아름다운 산이었습니다. 하지만, 사람이 많아서 시끄러웠습니다.
17. 접시를 마루 위에 떨어뜨려 깨뜨려 버렸습니다.
18. 최근 뚱뚱해져서 치마가 꼭 끼게 됐다.

19. 계산을 잘 못하는 것은 아니나, 경리일은 하고 싶지 않다.
20. 오늘은 일요일이기 때문에, 아빠가 부엌에서 요리를 만들고 있습니다.
21. 그 라디오는 전지를 바꿔 넣지 않으면, 들리지 않습니다.
22. 나는 연한 커피를 좋아하기 때문에, 물을 많이 넣어 주세요.
23. 죄송합니다. 이것은 어떻게 합니까? 설명해 주세요.
24. 「당신의 취미는 무엇입니까?」「영화를 보는 것입니다.」
25. 신주쿠는 사람도 가게도 많고 아주 번잡합니다.

:: 문제4
26. 이 집은 필요 없는 전기가 많이 켜져 있네요.
27. 첫 해외여행이어서 두근거립니다.
28. 조수석에 있는 사람도 안전벨트를 매 주세요.
29. 매우 겸손한 사람이었기 때문에, 사장님일 줄은 몰랐다.
30. 변명을 하기보다 우선 사과하세요.

:: 문제5
31. 1 ゆっくり　　3 すっきり　　4 やっぱり
32. 2 見えさえすれば　3 ニーズ調査　4 ジョギング
33. 1 あきらめない　2 覚えて　　4 ゆずる
34. 2 上手　　3 悪い　　4 きれいな
35. 1 ×　　2 わくわく　　3 はっきり

언어지식 (문법) p.329

1	2	3	4	5	6	7	8	9	10
4	2	1	1	3	4	2	1	4	4

11	12	13	14	15	16	17	18	19	20
3	3	3	2	1	4	2	3	4	2

21	22	23
1	3	1

:: 문제1
1. 저 사람의 이름을 알고 있습니까?
2. 항상 주말은 책을 읽거나 하며 지낸다.
3. 벽에 꽃 그림이 걸려 있습니다.
　　〜が +自動詞 +ている(상태)

4. 비가 내리면 세탁물을 걷어 주세요.

5. 일본은 국토가 좁고 게다가, 산림이 많다.

6. 다른 사람한테 돈을 빌렸다면, 돌려줘야 합니다.

7. 나는 엄마의 일을 도와드렸습니다.

8. 선생님 이야기를 들으면서, 메모를 하는 것이 어려웠다.

9. 스미스 씨는 일본어를 잘해서, 마치 일본인 같습니다.

10. 이 방에는 책이 깔끔하게 놓여 있고, 테이블 위에 꽃도 장식되어 있습니다.

11. 어렸을 때 아빠가 돌아가셔서, 고된 어린 시절을 보냈습니다.

12. 밤새 시끄럽게 해서 잠을 잘 잘 수 없었다.

13. 내일부터 여름휴가. 오랜만의 장기휴가인 만큼, 기쁘다.

:: 문제2

14. 어젯밤 리포트를 쓰고 있었으니까 제출할 것임에 틀림없다.

15. 어제 10년 전에 헤어진 뒤로 만나지 않았던 친구로부터 갑자기 편지가 왔다.

16. 나는 자기 전에 문단속 확인을 하고서가 아니면 걱정 때문에 잠들지 못한다.

17. 이 주변은 생선뿐 아니라 육류도 맛있다.

18. 통증이 없어진 것은 약을 먹어서 그런 것임에 지나지 않는다.

:: 문제3

해석

이런 일이 있었습니다. 수학여행으로 큐슈에서 도쿄으로 돌아가는 신칸센 안에서의 일입니다. 도착은 오후 6시 지나서이기 때문에 4시정도에 전원에게 샌드위치가 배분되었습니다.

모두 그다지 배가 고프지 않은 듯, 먹는 사람은 별로 없었습니다. 나도 배가 고프지 않아서 먹지 않고 가지고 가려고 했습니다.

그리고 시간이 지나서 쓰레기를 모으러 왔습니다. 나는 모두 먹지 않은 샌드위치는 가지고 갈 것이라고 생각했습니다. 하지만 그런 일을 하는 사람은 거의 없고 대부분의 사람은 한 입도 먹지 않고 버린 것입니다. 그것을 보고 있던 나는 가슴이 뻐근하며 아파왔습니다. 울고 싶은 기분이었습니다. 어째서 갖고 가지 않는 것일까? 나는 음식을 버리는 사람들에게 화가 났습니다. 이 세상에 살아가는 사람이라면 물건 하나하나를 소중히 하는 마음을 가져주었으면 합니다.

memo

memo